天台山胜境图

赤城洞天

三茅山福地

灵墟福地

金庭洞天

桐柏福地

盖竹洞天

司马悔山福地

桃源洞天

天姥山福地

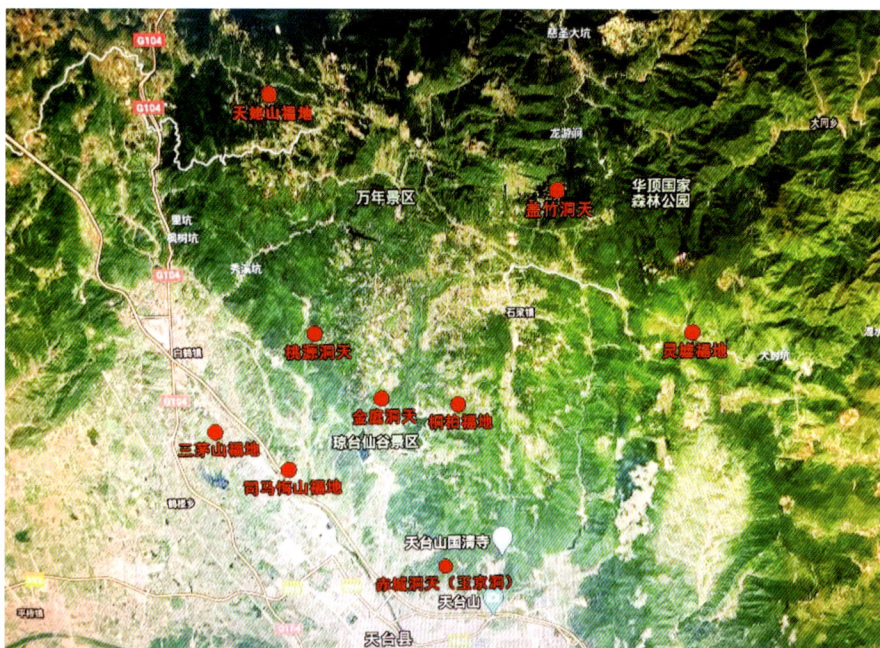
天台山洞天福地方位图

洞天胜境

天台山

朱封鳌　曹志天　著

浙江工商大学出版社
杭州

图书在版编目(CIP)数据

洞天胜境天台山 / 朱封鳌,曹志天著. — 杭州:
浙江工商大学出版社,2021.3
ISBN 978-7-5178-3922-4

Ⅰ. ①洞… Ⅱ. ①朱… ②曹… Ⅲ. ①山—介绍—天
台县 Ⅳ. ①K928.3

中国版本图书馆 CIP 数据核字(2020)第 102362 号

洞天胜境天台山
DONGTIAN SHENGJING TIANTAISHAN

朱封鳌　曹志天 著

出 品 人	鲍观明
策划编辑	沈　娴
责任编辑	费一琛　沈　娴
封面设计	观止堂_未氓
责任印制	包建辉
摄　　影	范坚军　林子禾
出版发行	浙江工商大学出版社
	(杭州市教工路 198 号　邮政编码 310012)
	(E-mail:zjgsupress@163.com)
	(网址:http://www.zjgsupress.com)
	电话:0571－88904980,88831806(传真)
排　　版	杭州朝曦图文设计有限公司
印　　刷	浙江海虹彩色印务有限公司
开　　本	710mm×1000mm　1/16
印　　张	20
字　　数	285 千
版 印 次	2021 年 3 月第 1 版　2021 年 3 月第 1 次印刷
书　　号	ISBN 978-7-5178-3922-4
定　　价	68.00 元

序　言

天台山绵亘于浙江东海之滨,风景秀丽,古迹众多,是中国著名的旅游胜地,也是道家修身养性的"洞天福地"。

2017年,在第四届国际道教论坛上,清华大学国家遗产中心主任、联合国世界遗产专家吕舟教授发表了题为《洞天福地:让道教精神跻身联合国世界遗产之林》的演讲,引起了与会专家的极大兴趣。2018年3月,在全国政协十三届一次会议上,全国政协委员、中国道教协会副会长兼秘书长张凤林道长提出关于申报"洞天福地"为世界文化遗产的提案,得到了道教界所有委员的联合署名。2018年,"洞天福地"项目申报世界文化遗产的工作正式启动,江苏省茅山等四处景点率先加入捆绑申遗成员单位。如今,海上丝绸之路的东南亚各国游客纷纷来到邻近东海岸的"洞天福地"天台山旅游观光,聆听这里的美妙传说,享受中华文化的盛宴。

根据道教经典记载,全国有大洞天十处、小洞天三十六处、福地七十二处。共计一百一十八处的"洞天福地"分布在从浙东到川西,从晋北到岭南的广袤国土之上。它们全都是风景秀丽、历史文化底蕴深厚并且有着优美传说的名山秀谷。现在,我们有一个很重要的工作要做,那就是厘清"洞天福地"之说的渊源,进一步搞清历史上有关"洞天福地"的各方面资料和民间传说,以及其在全国的分布状况。

值得注意的是,根据大量史料记载,天台山乃是"洞天福地"之说的源头。1988年,浙江省天台山被评为国家级风景名胜区,其主题词是山水神秀,佛宗道源。从道教方面说,更是如此。据晋代干宝(286—336)《搜神记》和葛洪(284—364)《神仙传》记载:周代彭宗、王乔,西汉茅盈、茅固、茅衷,东汉王思真、刘晨、阮肇、张皓,三国左慈、葛玄,晋代袁相、根硕、班孟、魏夫人、王玄甫、阴长生、许逊、许迈、杨羲、许谧、许翙等高道均曾在此隐修。因此,孙绰(314—371)在《游天台山赋》中极力赞美天台山:"夫其峻极之状,嘉祥之美,穷山海之瑰富,尽人情之壮丽矣。"并说:"涉海则有方丈、蓬莱,登陆则有四明、天台。皆玄圣之所游化,灵仙之所窟宅。"《搜神记》和《神仙传》中的大量记载,加上孙绰这位大文学家的生花彩笔,从此,天台山名声卓著,成了国内有名望的高道隐居修炼的胜境。

本书作者根据史书记载,经过长期的研究得出,天台山历代高道曾为中华"洞天福地"文化的弘扬做出了三大重要贡献。

第一,南齐天台山硕儒顾欢搜集历代天台山高道的真迹,著《道迹灵仙记》(亦名《道迹经》),成为"洞天福地"之说的源头。

关于"洞天福地"之说,学术界普遍认为起源于南齐的天台山高士顾欢的《道迹灵仙记》。据《南史·顾欢传》记载:顾欢(420—483),字景怡,南朝著名高士,吴郡盐官(今浙江省海宁市)人。前半生治儒学。孝建元年(454),他来到风景秀丽的天台山隐居,并开馆授徒,讲述《尚书百问》和《毛诗集解叙义》等,受业者常近百人。晚年服食,事黄老,崇奉道教,是道教上清派的主要传人。顾欢在中国道教史上的重要贡献是,他将搜集到的高道在天台山、委羽山、剡小白山等名山的真迹,加以整理,编撰成《道迹灵仙记》。此外,他还研究上清派的源流。对于流传至今的《上清源统经目注序》,陈国符在《道藏源流考》中认为它是顾欢所作。

《道迹灵仙记》记述的"洞天福地"以天台山为重点。这本经典对后世道士影响很大,有助于他们寻找历代高道修炼遗址。天台山民众十分重视顾欢对中国儒学和道学研究的重要贡献,将其隐居修学和授徒之山岙命名为"欢岙"。这个名称一直流传至今。

对"洞天福地"的历史遗址和人文景观做出进一步研究的是梁代高道陶弘景。陶弘景（456—536），字通明，号华阳隐居，丹阳秣陵（今江苏省南京市）人。他十岁读葛洪《神仙传》，立志养生。十五岁写《寻山志》。二十岁被引为诸王侍读，后拜左卫殿中将军。三十岁时出家学道，遍游名山大川，到处寻求灵异。永明十一年（493）东行浙越，到始丰县天台山拜访当地年长道士，从他们手中得到顾欢《道迹灵仙记》的底本，对此很感兴趣，便再搜罗各名山高道和神仙的相关传说，编成《真诰》一书。

在《真诰》中，陶弘景根据《道迹灵仙记》的记载，介绍了句曲山（茅山）、天台山、委羽山、括苍山等修仙之地的来历、地理位置、众神仙迹；"运题象"中特别介绍了天台桐柏山真人王子乔，并且提出"三十六洞天"之说。可以说，《真诰》一书是顾欢《道迹灵仙记》内容的进一步发展。

第二，唐代天台山高道司马承祯著《上清天地宫府图经》，全面介绍了中华大地的"洞天福地"。

真正全面介绍天下道家"洞天福地"的是唐代天台山高道司马承祯。司马承祯（647—735），字子微，法号道隐，又号白云子，人称白云先生，河内温县（今河南省温县）人。他是道教上清派第十二代宗师。少时笃学好道，无心做官。从高道潘师正受上清经法、符箓、导引、服饵等道术，隐居天台山玉霄峰，名望极高，与当时大文人陈子昂、卢藏用、宋之问、王适、毕构、李白、孟浩然、王维、贺知章称"仙宗十友"。武则天、唐睿宗、唐玄宗均曾派遣使者，迎其入宫，请教阴阳术数与理国之事。其羽化后，谥称"正一先生"。

司马承祯著有道书十多种，最主要的有《上清天地宫府图经》。在著述此书时，他根据顾欢《道迹灵仙记》、陶弘景《真诰》等经典，并回顾一生所游历的仙境名山"临目内思，驰心有诣，端形外谒，望景无差"［《天地宫府图（并序）》］，选定"天下十大洞天、三十六小洞天、七十二福地"，为之一一绘图，加上所在地点的说明，称《天地宫府图》。这些洞天福地，大部分是他亲历过的；也有一部分只是根据前人道书记载，他没有去过。

第三，晚唐天台山高道杜光庭著《洞天福地岳渎名山记》，进一步丰富了中华"洞天福地"的海山仙境。

司马承祯之后，继续研究道家仙迹，并精通仙史典籍的是天台山高道杜光庭。杜光庭（850—933），字圣宾，号东瀛子，处州缙云（今浙江省缙云县）人。唐懿宗时考进士未中，后入天台山学道，得读《上清天地宫府图经》，朝夕揣摩。唐僖宗时，为供奉麟德殿文章应制，随僖宗入蜀。后来追随前蜀王建，官至户部侍郎，赐号广成先生。后主王衍时，为传真天师。

杜光庭学识渊博，著述颇多。他著的《洞天福地岳渎名山记》一书，除了参考司马承祯的《上清天地宫府图经》外，还有许多新的内容。例如，增加了"中国五岳""五镇海渎""三十六靖庐"等山海仙境。此外，杜光庭所记"十大洞天""三十六洞天"与司马承祯辑录的《上清天地宫府图经》中的"十大洞天""三十六洞天"相比，内容虽基本相同，但个别名称、地点有异；杜光庭所记的"七十二福地"的名称与所在地，与《上清天地宫府图经》所述"七十二福地"的顺序番号大不相同，也有名称相同而地点不同，名称不同而地点相同，以及不少名称与地点都不同的复杂情况。对于这种情况，本书作者在调查天台山"洞天福地"的历史记载和当地民间传说时也遇到过。因此，只能仿照宋代张君房编纂道书《云笈七签》那样，让各种传说共存。

因此，我们可以较为肯定地说，道家的"洞天福地"之说源于天台山历代高道的著述。他们站在"玄圣之所游化，灵仙之所窟宅"的天台山，放眼五洲四海，全面记录了中华"洞天福地"的仙境文化。天台山拥有"十大洞天"中的第六大洞天玉京洞，以及"三十六小洞天""七十二福地"中的多处洞天福地。其中，对于金庭洞天、桐柏福地、盖竹洞天、桃源洞天、三茅山福地，由于名声极大，历代道书中对其所在地址有不同说法，也是情有可原的。人们只知道汉代的高道"三茅"（茅盈、茅固、茅衷）曾在江苏省句曲山（茅山）隐居。殊不知茅盈因曾祖茅濛（秦代人，见《天台山方外志》）曾在天台山修成正果，对天台山充满感情。据《天台山方外志》记载，茅盈曾长期居天台山修炼，并且治病救人，只在每年农历三月十八日和十二月一日回茅山与二弟相聚，有时还邀请两个弟同来天台山居住，他们在天台山的遗迹和传说有很多（如三茅山、三茅庵、三茅窠、茅导师等）。因此，有的学者认为天台山的"三茅山福地"应当与茅山的"地肺山福地"相媲美。

总而言之，天台山具有秀丽的山水和深厚的佛道文化，是中华"洞天福地"之源。朱封鳌先生多方考证，笃思明辨，考定天台山"洞天福地"的历史渊源，并邀曹志天先生一道亲临实地采访，经数年努力，共同著成此书。我相信本书的出版，一定能在弘扬中华优秀传统文化，配合有关机构向联合国教科文组织全面申报中华"洞天福地"世界文化遗产等方面起到积极的推动作用。

天台县政协主席、天台山文化研究会执行会长
陈政明
2020 年 11 月 2 日

前　言

　　天台山风景秀丽,古迹众多,是国家5A级旅游风景区,也是中国海上丝绸之路的节点之一。早在唐宋时期,天台山地区就是日本、高丽(韩国)等东亚国家的学者以及东南亚国家的学者前来学习的重要窗口。他们在这里旅游观光,并且留下了许多遗迹和传说,为天台山的"洞天福地"增光添彩。

　　对于文化旅游事业,习近平总书记极为重视。2017年9月,习近平总书记在致联合国世界旅游组织第二十二届全体大会贺词中指出:"中国拥有悠久历史、灿烂文化、壮美山川、多样风情,我们热情欢迎各国旅游者来华观光度假。"2019年4月,习总书记又在第二届"一带一路"国际合作高峰论坛的开幕式主旨演讲中指出:"我们要积极架设不同文明互学互鉴的桥梁,深入开展教育、科学、文化、体育、旅游、卫生、考古等各领域人文合作,加强议会、政党、民间组织往来,密切妇女、青年、残疾人等群体交流,形成多元互动的人文交流格局。"他诚恳希望优秀的中华文明能为世界各国人民所喜欢,并进一步发扬光大。

　　作为中华优秀传统文化之一的道家文化,阐释了"天人合一"与"道法自然"的东方文化核心思想。"洞天福地"是道家的一个仙域概念,并非仅存在于想象之中,而是有真正的实物载体、明确的历史传承的,是人类与自然和谐共生的重要范例,其对后世中国乃至东亚的自然地理、山水文化以及建筑艺术等都产生了深刻且深远的影响。按照联合国教科文组织《保护世界文化和自然遗产公约》的定义,"洞天福地"体现了文化景观"自然与人类结合的工程"的定义,体现了人类的文化精神,也反映了特有的自然和景观特征。

　　正如本书序言中所说:"根据大量史料记载,天台山乃是'洞天福地'之说的源头。"从南齐天台山高道顾欢的《道迹灵仙记》所说的"仙宫仙迹",到梁代陶弘景的《真诰》所说的"三十六洞天"。再到唐代天台山高道司马承祯参阅二书之说,结合自己毕生游历全国名山所见所闻,积数年之劳,撰成《上清天地宫府图经》,称全国名山有十大洞天、三十六小洞天、七十二福地,这些地方皆是神仙高道隐居之处,有许多神奇的传说。最后到五代天台山高道杜光庭,结合自己的所见所闻,将司马承祯的《上清天地宫府图经》再加上"五镇海渎""三十六精庐"等海山仙境。从此,中华道家"洞天福地"之说才得以完整形成。

2017年,清华大学国家遗产中心主任、联合国世界遗产专家吕舟教授发表《洞天福地:让道教精神跻身联合国世界遗产之林》后,申报"洞天福地"为世界文化遗产的工作正式启动。作为"洞天福地"之源的天台山,理应积极地投入这项伟大的工作中。从2017年到2020年,我们用了四年时间走遍风景神秀的天台山,一方面深入民间调查研究,另一方面考察地方史籍,以确认天台山为中华"洞天福地"之源。我们认真搜集天台山中有关"洞天福地"的美妙传说,根据史实和传说写成此书,希望在弘扬中华传统文化,推动洞天福地生态文明建设方面起到积极的作用。

据考证,我们今天看到的司马承祯的《天地宫府图(并序)》收录在北宋张君房编的《云笈七签》卷二十七"洞天福地部"和明代《正统道藏》本洞玄部灵图类。其中,有些"洞天福地"的具体地点有所出入。我们必须指出的是:司马承祯的《上清天地宫府图经》中所注的洞天福地的具体地名,并不是司马承祯生前就有的地名。这里不妨举几个例子,如关于"第六赤城山洞"的注释:

> 周回三百里,名曰上清玉平之洞天,在台州唐兴县……

据《天台县志》记载:西晋太康元年(280),晋武帝改始平县为始丰县(即今天台县),后一度并入临海县。唐武德四年(621),分临海县复置始丰县,属海州。在司马承祯的一生中,天台都属始丰县。至宝应元年(762),"改始丰为唐兴",这是司马承祯死后二十七年的事。可以推想:"赤城山洞"条中"周回三百里,名曰上清玉平之洞天"一句,应当是司马承祯《上清天地宫府图经》的原文;而"在台州唐兴县"一语,显然出自后人之手。正确的注释应该是"在台州始丰县"。

又如《上清天地宫府图经》中关于七十二福地的注释:

第一地肺山。在江宁府句容县界……

据《句容县志》记载:"唐武德七年(624),茅州废句容属蒋州。天宝元年(742),句容属丹阳郡。五代时期,升州先后改称金陵府、江宁府,句容均属之。"可见终司马承祯的一生,句容县都是属蒋州管辖的。若是他的注释,一定是:"地肺山,在蒋州句容县界。"

直到五代,句容县才属江宁府管辖。我们可以猜测,注释的人可能是五代的杜光庭。实际上,据道书记载,全国各地称高道修炼之山谷为地肺山或肺山的例子有很多。

还有一种情况,有些高道一生在多处名山修炼过,他把所修炼之处都称为同一洞天福地;更有一种情况,有些洞天或福地,由于名声很大,后人把家乡风景秀丽之处,也誉为某洞天或某福地,如金庭洞天、桐柏福地等,全国有多处同名。这就需要我们辨伪存真,对高道在有争论的洞天福地所居处的时间进行深入的考证。

衷心感谢天台县政协主席陈政明先生的指导,并惠赐序言;衷心感谢天台县文旅局局长蒋朝永先生、天台县旅游集团董事长车道本先生的帮助。蒋朝永局长为本书的写作进行了具体指导。车道本董事长长期以来致力于天台山旅游事业的开发:任白鹤镇镇长时,开发护国寺旅游;任洪畴镇镇长时,开发宝华寺旅游。如今,他又忙着开发整个天台山的旅游事业,兢兢业业、废寝忘食。他对于推动天台山"洞天福地"的考察规划以及生态文明建设方面做出很大的贡献。同时,衷心感谢文化交流中心月净大师对天台山文化无微不至的关怀!

最后,衷心感谢天台县文旅局范坚军先生为天台山"洞天福地"制作精准的方位图,感谢范坚军与林子禾惠赐优美的风景照片,为本书增色。

朱封鳌　曹志天
写于天台山文化交流中心
2020 年 8 月 20 日

目　录

第一章　赤城洞天

据司马承祯在《上清天地宫府图经》中记载："第六赤城山洞，周回三百里，名曰上清玉平之洞天。在台州始丰县（杜光庭在《洞天福地岳渎名山记》中则作'唐兴县'），属玄州仙伯治之。"

始丰县和唐兴县都是今天浙江省台州市天台县的古称。距天台县城两公里左右的赤城山，孤傲、高耸、独立，全山岩色赤红，壁立的峭岩屏列犹如城堡，所以名之为赤城山。

说这第六洞天"周回三百里"，是指赤城山周围重重叠叠的山峰中，几千年来，都有仙人居住。并且，这个第六洞天不但存在于地上，还存在于地下，地下的洞天比地上的洞天奇异得多、神秘得多。唐朝道士徐灵府所写的《天台山小录》中有："（赤城山洞）其下别有洞台，方二百里，魏夫人所治，南驰缙云，北接四明，东距溟渤，西通剡川，中有日月三辰，瑶花芝草，自晋宋梁隋暨唐天宝，尝望秩焉。"当然，这一切只有修炼成仙的人才能享受。

根据《天台山方外志》记载，战国时期高道茅濛，"字初成，入华山学道，白日升天，后居赤城"。秦汉时期，茅盈、茅固、茅衷三兄弟在天台山修炼成道，受命掌管赤城洞天。

《搜神记》记载，魏晋时期，上清派第一代太师魏夫人就住在赤城，修仙学道，成为历代天台山女仙的领袖。以后晋代猎人袁相、根硕在赤城遇见过女仙；"竹林七贤"之首的嵇康，在赤城从仙女处学得千古名曲《广陵散》；山顶巍峨的梁妃塔，是岳阳王萧詧为王妃出资而建。

赤城洞天的名声更是传向其他国。唐代日本高僧最澄到天台求法时，遇到成了国清寺护法伽蓝的仙人王乔（王子晋）。传说，瑞霞洞是宋代亦仙亦佛的济公年轻时读书的地方。济公圆寂后，后人崇拜他，在瑞霞洞设立乩坛，祈求济公永远显灵济世，抑强扶弱。种种传说，神奇莫测，表达了人们崇善嫉恶的美好愿望。

赤城洞天在道家"天下十大洞天"中具有与众不同的四大特色：一是传说这里地下洞天比地上洞天宽广、优美；二是传说这里居住着最早的神仙；三是传说这里以女仙著称；四是这里乃佛道双修的境地。

紫气缭绕的仙境

每当清晨，太阳喷薄欲出时，赤城山山顶霞光四射，就像女娲补天时使用的光彩射人的彩石，赤橙黄绿青蓝紫，秀丽异常。晋代大文学家孙绰在《游天台山赋》中称："赤城霞起以建标。"元代诗人曹文晦写过《赤城栖霞》诗，道："赤城霞起建高标，万丈红光映碧寥。美人不卷锦绣缎，仙翁泻下丹砂瓢。气连海屿贯旭日，光入溪瓮生春潮。我欲结为五色珮，碧桃花下呼王乔。"面对着万紫千红的丹霞秀色，诗人不禁飘飘欲仙，联想起彭宗仙翁的丹砂瓢，呼唤着远古的王乔仙人……

赤城山上有许多洞穴，分上、中、下三层布列，当地人称为"上岩""中岩""下岩"。这些洞穴，传说是远古时代彭宗和王乔等神仙炼丹的美丽仙境。

据元代赵道一《历世真仙体道通鉴》（以下简称《仙鉴》）卷九和《天台山方外志》记载，彭宗，号太清真人，字法先，彭城（今江苏省徐州市）人。二十岁时跟杜冲真人学道。当时，周穆王（？—前921）好黄老之术，"崇建灵坛，立庙置老君及尹真人像，广延天下学道之士，以绍仙风"。杜真人和彭宗被延请至灵坛。后来，周穆王游昆仑山，遇西王母于瑶池，逗留了一段时间。彭宗也趁此机会带着《丹经》，辞师东游，来到天台赤城山，看到山顶被五彩缤纷的云霞所环绕，知道这是仙境，于是便在赤城玉京洞住下修炼。

《仙鉴》中记述了彭宗在赤城山修炼时的异事：

> 尝宵中有神灯数枚，浮空映席，凝晖留耀，洞畅幽冥。或晨起修按，则气象高明，常有五色云霞，霏霏临绕，能三昼三夜通为一息。或自没水底，竟日方出。若瞑目僵卧，辄一年许不动，尘委其上，积厚如纸，见者皆疑已殒，及起，颜色愈鲜泽。

《仙鉴》中还记载,当时赤城山上人烟稀少,常常有毒蛇和猛虎进入彭宗住的玉京洞。彭宗只要对着它们轻轻吹一口气,它们立刻仰卧于地,"人虽磨触,终不得动"。彭宗笑着再对它们吹一口气,"解之方去"。

彭宗活了"一百五十余岁,常如二十年少"。据说他升天前,检点行李,把多年修炼而成的一大木瓢丹砂泼向空中,顿时,赤城山山顶喷射出五颜六色的光彩。云霞和丹砂的光彩糅合在一起,更加壮丽悦目。

至于诗中说的王乔仙人,便是王子晋。他是周灵王的太子。《仙鉴》说他"生而神异,幼而好道,虽燕居宫掖,往往不食。端默之际,累有神仙降之",左右侍者却并不知道。

一日,天台山浮丘公降临宫廷,教王乔"修石精金光藏景录神之法"。经过数年修学,大功告成,浮丘公率王乔升天。王乔升天后职位很高,"为右弼,主领五岳司侍帝晨"。后来,他被天帝派下凡来,专管金庭洞天。他喜爱彩霞缭绕的赤城山,常来玉京洞隐居,一有空就会吹笙。玉笙声似凤凰鸣叫,每每这时,天空中白羽毛的鸾鸟、红羽毛的凤凰纷纷拍打着翅膀,聚集在玉京洞口;还有许多其他奇禽异鸟,跟着来到庭前。赤城山山顶呈现出一派仙凡共乐的美好景象。

到了秦时,高道茅濛也来到天台山修炼。茅濛,字初成,陕西咸阳人,他"深识玄远,察览兴亡,知周之衰,不仕诸侯",隐在华山,跟着鬼谷子学道。学成道后,鬼谷子告诉他:"天台仙山是轩辕黄帝受金液神丹之处,你应当去那里修学,并且保国安民。"

茅濛遵从鬼谷子的嘱咐,乘龙飞到天台。看到彩霞飞舞的赤城山后,他便被迷住了,决定在赤城山山顶最高的一处洞穴——玉京洞中隐修。

秦始皇统一天下后,曾巡视江南。他到达会稽(今浙江省绍兴市)时听到童谣传扬道:

神仙得道茅初成,驾龙上升入太清。时下玄洲戏赤城,继世而往在我盈,帝若学之腊嘉平。

玉京洞

  "玄洲"是海山仙山,"赤城"指的是浙江省天台县赤城山。"盈"喻示"茅
盈"。"继世而往"的意思就更加明白了,说是有一个名叫"盈"的人,能将茅
濛的道术继承下去。

  秦始皇爱好神仙之术,指望长生不死,于是便按照童谣的意思,一面派
人往东海求仙,一面乘坐木轮车特地到天台赤城山玉京洞祭拜茅濛和茅盈。
此时正是秦始皇三十一年(前216)的腊月(十二月)。为了庆祝祭祀大典的
成功,希望从此国泰民安,秦始皇特地下令把当年十二月称为"嘉平之月"。

  《天台山方外志》还记载,西汉元寿年间(前2—前1),茅盈从茅濛学道成
仙,被玉帝封为"东岳上卿司命真君太元真人",赐给玉童玉女各四十人,治
宫在天台"赤城山玉洞之府"。这"玉洞"便是"玉京洞"。受他教导后,他的
二弟茅固和三弟茅衷也学道成仙。茅固治所在江苏茅山,茅衷治所在江苏
良常山。

  茅盈是位"仙医",据传他一直在天台山采药炼丹,治病救人。《天台山
方外志》中对他的记载很富有人情味:他每年农历三月十八日和十二月一

日，必回江苏与弟弟茅固和茅衷相聚。有时他还邀两位弟弟同来天台山，一道治病救人。

关于茅氏三兄弟在天台赤城山西北的三茅冈、三茅窠、三茅庵、三茅溪等地治病救人、扬善惩恶等的活动情况，《天台山方外志》和天台民间都有大量故事传说。"三茅"既是人情味十足的人，也是人们想象中的"神"或"仙"，或者说"一半是真人真事，一半是渲染或仙话"吧。本书将在第二章"三茅山福地"中详细介绍。

因此，唐代天台山高道司马承祯在《上清天地宫府图经》中，把"赤城山玉京洞"定为天下第六大洞天，名曰"上清玉平之洞天"。当地百姓特地在玉京洞旁开辟华阳洞，专奉茅盈、茅固、茅衷圣像，尊其为"三茅真君"。

从玉京洞往上走，不远就是赤城山山顶。山顶上有座宝塔高耸云天。烟霭云涛、晴岚雨气在塔头缭绕，更增加了山顶秀色。这座宝塔名叫"梁妃塔"。

据《天台山方外志·砖塔记》记载："梁妃塔，岳阳王为王妃建。"《砖塔记》中说的岳阳王，名叫萧詧（519—562），是编纂《昭明文选》的梁代昭明太子的第三子。岳阳王为什么要建造这座塔呢？这事得从头说起。

原来岳阳王萧詧晚年才被推上皇帝宝座，称梁宣帝，年号大定（555—562）。始丰县（今天台县）在梁国的辖境之内。当时，赤城山下住着一个美丽的姑娘，名叫水仙。她心地善良，深信佛法，常常济贫助困，很受乡亲们的喜欢。长到十八岁时，她与一个砍柴郎相爱了。

正当他俩相爱时，风云突变。始丰县城里城外贴着皇榜，说皇上下旨在全国挑选宫女。选美官到了天台，听到水仙姑娘的名声，便带着兵丁来到她家。他一看水仙姑娘果真是个绝色美女，连忙吩咐兵丁把她带走。水仙姑娘哭着喊着不肯走，兵丁们前拖后推。砍柴郎得到消息，急急忙忙赶来，大声喊道："她是我没过门的妻子，你们不能带走，不能带走呀！"

选美官根本不理睬砍柴郎的呼喊，强行将水仙姑娘带走了。

一对情人，就这样活生生地被拆开了。

再说梁宣帝萧詧，他本是位很不错的皇帝。他相信佛教，生活俭朴，不饮酒、不奢华。但是他的下属奉承他，都说做了皇帝，一定要选一批美女入宫，侍奉左右。

选美官把从全国各地选来的美女都送进了皇宫。一千多个新选的宫女，就像一千多朵鲜花，最美丽的花要数水仙姑娘。水仙姑娘被选美官奏准封为妃子后，只是低头哭泣，整天不吃不喝。萧詧忙于国事，没有亲近嫔妃，所以毫不知情。

再说砍柴郎在家里想着水仙姑娘，也是整天不吃不喝只是哭，心像刀绞一样。他想：要是能再见水仙一面，死了也甘心！于是，他便变卖了家产，所得银两当作路费，独自一人上京去了。

砍柴郎来到江陵高大的宫城门口，对守门的官兵说："将军，皇上有个新选的妃子名叫水仙，她是我的亲妹妹，求您答应让我进去见见她吧！"

两旁的官兵们大喝道："你吃了豹子胆啦，敢进皇宫？快滚快滚！"

"那么，求将军去通报一下，让水仙妹妹出来看看我吧！"

"谁给你通报？还不快滚！"官兵大吼。

尽管千恳求万恳求，但那官兵仍不肯通报。

"我要进去！我要进去！"砍柴郎发疯似的要冲进宫城。

"闯入宫城，就是刺客，格杀勿论！这是皇法，你知道吗？"官兵们吼叫着，枪尖刀口一齐对准他。

砍柴郎悲痛欲绝，便一头向石柱上猛撞过去。顿时，血如泉涌，他倒在了地上。

官兵们吃了一惊，心想，如果他真是王妃的哥哥，那就闯大祸了。其中一人怕祸祟惹身，便急急忙忙地进宫去禀告萧詧。

萧詧正在赏心殿上赋诗，一些宫女在旁边侍奉。官兵匆匆进来跪奏道："启禀皇上，宫城外有个汉子自称是水仙娘娘的亲哥哥，要见娘娘，臣等不让他进宫城。他，他就哭着撞死在石柱上了！"

水仙听了一惊，知道来的就是砍柴郎，于是放声大哭。萧詧一听急了，忙问："哪位是水仙？"

水仙大哭道："皇上，小女子就是水仙。如今我的哥哥死了，我要去见他最后一面！"

萧詧忙说："对，快去看看！"

水仙匆匆出宫，萧詧带上内侍总管跟在后面。到了宫城门外一看，果见砍柴郎躺在血泊里。水仙不禁泪如泉涌，跪地伏在砍柴郎身上，哭得死去活来。

她哭着哭着，突然大喊一声道："好哥哥，黄泉路上慢慢走，妹子伴你来了！"说着，一头向石柱上猛撞过去。官兵和两个宫女忙上前拦扶，但已经来不及了。她血流如注，死在砍柴郎的身边。

萧詧见了，也十分悲哀，深深自责，当即下了一道圣旨："从今以后，永远废除三年一度的'选美'惯例！"

第二年七月，萧詧怀念水仙妃子，特地来游天台山。因为水仙妃子生前信佛，萧詧便以梁妃的名义出资一千两银子，命始丰县官在赤城山山顶建造"王妃塔"，以示怀念。不到半年时间，塔便建成了，后人就叫它"梁妃塔"。据《天台山方外志》卷二十《文章考·宋天台般若新寺砖塔记》记载：当时萧詧为梁妃在塔中埋藏了四十九颗佛的舍利子，作为超度。而人们的心中，永远埋藏了这个千载哀婉的传说。

中国最早的"女仙"

第六大洞天据说是洞天史上中国最早有女仙修炼的地方。

登上赤城山的盘曲小径，穿过一片又一片如云如霞的紫槿花海，便可来到玉京山洞。洞门上面刻着"玉京洞"三字，洞门两侧刻着一副古联：

山中习静观朝槿；竹下无言对紫茶

进入洞口，里面是一个长长宽宽的庭院，庭院当中古柏翠郁、繁花灿烂。柏荫下面的古池、古轩、岩笋、苔痕寂寂地立着、卧着、倚着，好像在默默地向我们诉说着它们的亘古、它们的久远。

玉京洞天有别于中国道教其他九个大洞天。仙史中记载，它是中国最早的有女仙修真的洞天。

玉京洞的住持高玺道长带我们走进岩色赭红的山洞，洞内正中上首供奉着道教三清——元始天尊、灵宝天尊、道德天尊。旁边供奉着慈航真人（佛教称观音菩萨）。

高道长指着供桌下面一块近一米见方上雕莲花的青石板，说："相传魏夫人在这里升天之时，'地上笑涌金莲台'，据说这块青石板就是遗物。过去，青石板上还供有魏夫人的立像呢。"

据《历世真仙体道通鉴后集》卷三记载，魏夫人（251—334），名魏华存，字贤安，山东任城（今山东省济宁市）人。父亲名叫魏舒，在魏朝做过司徒。

出身官宦家庭使魏夫人从小就受到了良好的教育。五六岁时，父亲便督促她博览诸子百家，但不知道为什么，她总是喜欢读《老子》《庄子》等一些道教书籍。史书中说她"幼而好道，志慕神仙，味真耽玄，欲求冲举"（《唐沐涧魏夫人祠碑铭》）。

再长大一些，她的举止更让父母吃惊。除了喜读道书，她从来不吃荤腥，还喜欢服食诸如胡麻散、茯苓等道教修炼的药物。为了使自己能够专心修炼，她杜绝一切身外之事，连家中的亲朋来了，她也拒绝会见。

为此她经常与父母闹矛盾。为了避免矛盾，一天，她向父母提出去深山修炼。

父母不同意。无奈之下，她要求父母为她在家中后花园建起几间僻静的小屋。从此，她足不出户，在小屋中"读道书，静养炼"。

眨眼之间，她到了婚嫁的年龄，做媒的人几乎踏平了她家的门槛。可是不管是什么人，她都断然拒绝。

直到二十四岁，父母再也由不得她了，强迫她嫁给南阳籍的刘文（字幼彦）。结婚以后，她生了两个儿子，大的名叫刘璞，小的名叫刘瑕。

丈夫刘文做了修武县县令，魏夫人也随之到了修武县。

两个儿子稍稍长大，她便提出与丈夫分居，独居一室，静心修道。

魏夫人对道教的虔诚和崇敬终于感动了上天。西晋太康九年（288），魏夫人三十七岁。这年的一天，魏夫人正坐在静室的蒲团上闭目修炼，眼前忽然一亮。

魏夫人睁开眼睛，看见静室门口走进一大群仙风道骨的真人。魏夫人连忙从蒲团上站起来，稽首作礼："不知何方仙人驾临敝室，信女未曾远迎，还请原谅。"

为首的一个仙人笑呵呵地说："贫道名叫王褒。因为你专注三清，勤苦修炼，感动天帝。贫道等受扶桑大帝之命，特地前来授你神真之道。"

听说站在面前的就是自己向往已久的清虚真人王褒，魏夫人喜出望外，跪了下去，恳求王褒收她为徒。

王褒双手扶起魏夫人，高兴地说："好，好，贫道此来，为的就是收你为徒。"

说着，王褒从身边一个真人手中接过一个木匣。

打开木匣，魏夫人一看，满满一匣书籍呀。

王褒说："为师昔日潜心学道，遇见南极夫人、西城王君。这些书就是他们当年授予我的《上清真经》，总共三十一卷。为师就是依着这些真经修炼，才成为真人的。今日，我将这些书籍转授你。望你能诚心拜读，早日成真。"

说过这些话，王褒转身，手捧木匣，面向北方，毕恭毕敬地祷祝："奉天帝之命，于今良辰吉日，以褒昔年精思于阳洛山所受之宝书，传于魏华存，计三十一卷。华存当谨守明法，修真成仙。有泄此书者，身为下鬼，族及一门。"

祝罢，回过身来，将书匣递给魏夫人，说："此书当传真人，不仅我得如此，你今获此，皆天帝之命。自我之后，当有七人得它，至你已是第四人了。"

接着，王褒又将经书中的节度、口诀等一一传给魏夫人。

传毕，王褒退过一边。真人群中走出景林真人，将一部《黄庭内景经》授予魏夫人，说："此《黄庭内景经》有不可思议之神，你当昼夜存念。诵过万遍，便可洞观鬼神，调和三魂五魄，长生不老。谨记，谨记！"

接过《黄庭内景经》，魏夫人心中不知有多少感谢，正想稽首拜谢，眼前银光一闪，睁眼看时，仙人们已经杳然无踪。

几年之后，丈夫刘文得病去世。这时，中原一带发生了一场特大的饥荒，魏夫人散尽家中全部财产赈济灾民。

一天夜里，她又梦见真人王褒降临她家，对她说："夫人散财赈灾，乃一大善事，天帝知晓，甚为欣慰。为此，特遣我前来告知，中原一带将要发生一场大乱，已非静修之地。天帝命你带着两个儿子，渡过江淮，去南方避难。"

听从师言，她带着儿子来到南方。

到了南方，两个儿子都很争气。大儿刘璞升任安城太守，次子刘瑕任太尉从事中郎将。儿子们事业有成，给了魏夫人莫大的安慰。她对儿子说："孩子，你们都很争气，事业有成。从此，母亲再也没有什么牵挂了。母亲想离开你们，去寻觅一处仙山静修。"

两个儿子哪里肯啊，再三挽留。但不管他们怎么挽留，都没有用，最后只得同意母亲的选择。

东晋大兴年间（318—321），魏夫人告别儿子，带着侍女麻姑来到南岳衡山，在衡山集贤峰下搭了一个草舍，静心修道。这个草舍就是道教史上有名的"黄庭观"。

魏夫人在南岳黄庭观一住就是十六年。这期间，传说西王母曾经约请她到朱陵山上一起吃灵瓜，赐给她《玉清隐书》四卷。

晋咸和九年（334），魏夫人八十三岁了。一天，她突然对侍女麻姑和弟子们说，她要闭门静修，没有招呼，不得打扰她。

七天后的一个夜里，黄庭观上空忽然光华满天，仙乐悠扬。一群仙人驾着鹤车自天而降，来到观前的礼斗坛，扶着魏夫人登上鹤车，冉冉升上天空。

升天之后，魏夫人被天帝封为紫虚元君领上真司命"南岳夫人"，专管天下第六洞天——赤城山玉京洞。魏夫人成了道教上清派第一代太师，在玉京洞中住下。

听说中国第一位女仙魏夫人住在天台山玉京洞，天下的女仙纷纷来到这里静修悟道。从此，天台赤城山成了一个女仙云集的洞府。

青鸟传音

第六大洞天中还流传着仙凡相爱的动人故事。

其中"袁相根硕"讲述了猎人在赤城山遇到女仙的曲折经历,后人称为"青鸟传音"。这故事记载在晋代文学家陶潜所写的《搜神后记》当中。

故事说的是会稽剡县(今浙江省嵊州市)有两个猎人,一个名叫袁相,一个名叫根硕,同住一个村,共居一个院。

一天,两人结伴到天台山打猎,正在深山中走着,忽然看见前面丛林中有六七只山羊,飞一般从他们眼前奔过。袁相、根硕高兴极了,拔腿追上前去。山羊是善跑的动物,袁相、根硕在后面拼命追赶,总是追不上,幸好前面出现了一座又窄又险的石桥。

两人心里喊声好,这一下,你们总逃不掉了吧。谁知山羊像云彩一样轻盈地在桥上一掠而过。袁相、根硕凭着身强力壮,纵身一跃,也过了桥,继续向前追。一连翻越了几座山峰,离山羊的距离越来越近。眼看就要追上了,想不到眼前又迎来一座险峰。这座山与众不同,岩色赤红赤红的。山峰陡壁如削,山羊们在崖壁间跳跃腾挪,如履平地,眨眼之间便消失在密林之中。

袁相、根硕不甘心,循着山羊的足迹,在峭壁上追寻。

刚转过一个山弯,前面出现一片葱郁的松林。正找不着去路时,他俩猛听得"咿呀"一声。循声望去,看见前面不远处的绝壁上打开一扇门,露出一个洞穴,洞上头还镌着"天官"两个字。

两人奇怪极了,攀着葛藤,来到洞口,走了进去。洞里头是个颇大的庭院,佳木葱茏,奇花盛开,一股不知名的馨香扑鼻而来,两人不由得深深吸了几口。

他俩站在花树下,朝北望去,一个数丈高的洞穴中凌空架出一座两层琼楼,雕甍绣槛,极尽华丽。袁相、根硕本是习武之人,胆气豪壮,见庭院寂无

紫云洞

一人，便向着飞楼前面的台阶上走去。

上了台阶，见是一条岩石铺就的游廊，游廊尽头处一字儿排着十几间房屋，其中一间房门开着。

袁相走了过去，伸手在花格木门上轻轻叩了几下，不见响动。回头对根硕说："我们进去看看。"

刚刚迈进门槛，便有一股似兰非兰、似麝非麝的香气袭来。再一细看，房内摆设一如大户人家的闺阁。原来是女子的闺房呀！这一下把两人惊住了。他们虽然胆气豪壮，但错踏进人家闺房，不是男子汉大丈夫该行的事。两人一时间不知如何是好，呆呆地立在原地，进也不是、退也不是。

正在尴尬之时，屏风后面传出一阵环佩叮咚之声，那股似兰非兰、似麝非麝的香气愈加浓烈。没等他们醒过神来，屏风后面转出两个妙龄女子，娉娉婷婷迈着碎步向他们走来。

袁相到底老成一些，抬头打量，只见两个女子，年龄都在十六七岁，穿着一袭飘动的青衣，身材窈窕，面容姣美，气质雍容而又娴静。

看见袁相傻乎乎地呆望着自己，年龄稍大的女子扑哧一笑，说："早望郎来……"

说罢，两位女子相视而笑，满面通红地低下头来。

此话一出，袁相、根硕更加惊讶，陌面不相识，怎么能这样称呼呢？

两位女子向袁相、根硕招招手，好像有一股什么力量推动着他们，袁相、根硕不由自主地跟着女子走进屏风。屏风后面的摆设更加富丽堂皇，灯烛高燃，亮得像白昼一样。

女子捧出两盏热气腾腾的仙茶。袁相、根硕轻呷一口才下喉咙，便觉全身毛孔张了开来，浑身上下有说不出来的畅快感。他们心里想，一定是遇上神仙了。

这一想一畅快，僵硬的舌头竟然灵光起来。袁相斗胆问道："敢问两位姐姐芳名？"

年长一些的女子说："妾名莹珠。"指着旁边一位，"她是我的妹妹，名唤碧玉。魏夫人曾对我们说过，你们心地善良豪爽，猎除猛兽，为民除害，令人敬佩！我和妹妹都很敬慕你俩。魏夫人了解我俩的心意，已在仙缘簿中记录了我们的名字。为了撮合我们，才让您俩来到这里！"说罢，姐妹俩粉面出现红潮，低头不语。

袁相和根硕大喜，说："既蒙两位仙姐错爱，我俩当终身奉献一片真情！"说罢，两人在魏夫人的像前跪拜叩头，感谢夫人的撮合之恩。

当晚，袁相配莹珠，根硕配碧玉，双双结为夫妇。

时间约莫过去半年。一天清晨，莹珠对袁相说："夫君，妾有好友住在山下，今乃渠大婚之日，妾与碧玉一起前去庆贺，多则半月，少则十天，一定回来。夫君如觉寂寞，可在园中莳花种菜，静待我等回来。"说罢，举手作别。

袁相、根硕将莹珠和碧玉送到门口，看见她们穿着一双软底的绣花拖鞋，在绝壁巉岩上行走，犹如行走在平地上一般。

仙女走了，袁相、根硕感到从未有过的寂寞。人啊，一旦寂寞，容易想这想那。寂寞中的袁相、根硕不由得思念起家乡的父母兄弟。

袁相说："根硕弟弟，我等离家已经半载有余，不知父母兄弟情况如何。

今日仙女外出有事，我们何不趁此机会回家一趟。"

根硕点头赞同。

第二天，两人离开天官洞府，下山朝家乡走去。

仙女到底是仙女，袁相、根硕这边一动念，她们便知道了，立刻驾起云头飞回赤城山。看见袁相、根硕已经走出十里开外，她们速速赶上，降下云头，拦在前面，说道："夫君惦念桑梓，记挂父母，乃人之常情，妾等于情于理不能阻拦。奈何我们前生有缘，有幸结为连理。今日远行，妾等情当饯行。请夫君暂随妾等回洞，聊奉薄酒以壮行色，如何？"

袁相、根硕为仙女的情义所深深感动，回转天官洞府。

酒过三巡，莹珠伸出玉腕，解下一个系在腕上的绣花香囊，递给袁相，说："临行之时，妾等无以为赠。只此小小香囊赠君珍藏，到时自有用处，慎勿轻开，切记、切记。"

袁相又惊又喜，双手接过，藏在怀中。

两人回转家乡，见过父母兄弟，互诉别后情状，一连几日，亲朋邀宴，热闹非常。

几日一过，该走访的亲戚都走访了，该问候的话也问候过了。空闲下来，两人不由得想起远方的伊人，拿出那个绣囊细细把玩，一边玩、一边深情地呼着："莹珠、碧玉，莹珠、碧玉……"

不可思议的事情发生了。袁相、根硕这里一呼唤，绣囊中忽然响起仙女熟悉的应声。从此，每天夜里，两人就对着绣囊与远方的仙女互诉衷肠。

袁相父母发现袁相和根硕每天晚上都迟迟不睡，有些奇怪，前去打探，发现两人对着一个绣囊在说话。更奇的是，那个绣囊之中还发出两个女子清丽的声音。

这一下把袁相父母吓了一跳，他们以为是什么狐仙之类缠上了儿子，放心不下。

第二天，袁相、根硕到田里拔草。父母偷偷进了袁相的房间，从枕头底下寻着那个绣囊，打了开来。真是奇怪，《搜神后记》的原文是这样写的：

> 囊如莲花，一重去，一重复，至五盖，中有小青鸟，飞去……

原来绣囊当中藏着一朵含苞欲放的莲花。他们剥开莲苞的苞片，里头还是苞片，又剥去第二层苞片。就这样一层一层地剥去，剥到第五层时，看见里头藏着一只青青的小鸟，一双小眼乌溜溜地望着袁相父母。

袁相父母伸手去捉小鸟，小鸟忽地飞了起来，撞开窗户纸，飞出房外。

袁相父母大吃一惊，立即奔出房门，看见小鸟已经飞上天空，清脆地鸣叫两声，在房屋上空回旋了一圈，便朝着南边的天空飞去。

袁相、根硕从田里回来，发现绣囊已经被人打开。一问，是父母干的，又说不得什么。从此，他们再也不能与仙女互通心声了。

两人像被抽去心一样，整天失魂落魄。他们来到田间劳作，也是手拄锄头，直直地站着，木木地望着南边的天空发呆。不管亲朋好友怎样劝慰都没有用。

一天，袁相又到田间劳作。近中午时分，母亲差遣家人为他送饭。家人来到田头，只见他又拄着锄头，面朝天台山，一动不动。接连叫了几声，他都没应声。

家人奇怪，下田来到他的身边，发现他只剩下一个躯壳，不知什么时候已经蝉蜕羽化了。

几乎在同一个时辰，在家整理猎具的根硕也羽化在一把竹椅上。邻居们都看到根硕家发出一道金光，直向天台山射去。

"青鸟传音"这个故事十分传奇。也有人认为，这是古人的一种超前思维和丰富想象，那个可爱的绣囊就是今天手机的先声……

千古妙曲

第六大洞天有个山洞，叫作"水仙洞"，当地人又叫它"听琴洞"。据传三国时期的大学者嵇康对水仙洞中的"琴仙"刻骨铭心。

据说,近年在陕西省潼关县隋朝皇家大墓出土的文物中,有东晋葛洪的遗书《嵇中散孤馆遇神》,其中记载:三国魏景元三年(262),都城洛阳郊区的刑场中,三千多名太学生齐齐站立在秋末冬初的凛冽寒风中,怀着满腔悲愤,为他们心目中的恩师送行。

恩师名叫嵇康。此刻的他沉静地踞坐在刑场当中,抬头望了望四周的太学生,继而望了望天空的日影。这天本是有太阳的,但在这午时将到的时候,北风吹来了一团彤云,遮住了日影,刑场中的杀气瞬间浓重了起来。

嵇康的表情仍然很沉静,就像平日坐在家中书案前一样。看看日影未到正中,离行刑时刻尚早,他向周围的人说了声:"给我一张琴。"

琴声在冬初的寒风中响了起来,激越、高亢,与刑场的气氛不一致。

太学生队伍骚动起来:"啊,《广陵散》,是《广陵散》。"

《广陵散》是一首古琴曲,起自汉朝,古称《聂政刺韩王曲》。全曲自始至终贯穿着一种愤慨不屈的浩然之气。

刑场上的嵇康始终端坐如斯,心静如水,周围的骚动在他的琴声中很快平静下来,整个刑场只响彻着从他那灵巧的手指下溢出的优美而高洁的琴声。人们,包括太学生、市民,甚至监斩的官员都被这琴声感染了,似乎已经忘了这是恐怖的刑场,似乎忘了那操琴之人是一个冤屈的死囚,无不全身心沉浸在慷慨激昂的琴声之中。

良久,琴声戛然而止。嵇康缓缓地抬起头,环视众人。全场静得听不到一点声音,连风声都停了。人们没有从琴声中醒过来。他们不知道,这将是他们最后一次听到《广陵散》了。

嵇康收回目光,伸手轻轻抚摸着琴弦,轻得如同一缕云丝地叹了一口气,惋惜地说:

昔袁孝尼尝请学此散,吾靳固不与,《广陵散》于今绝矣!

午时三刻,这位旷世奇才在屠刀下冤屈而死,年仅三十九岁。

嵇康排在当时鼎鼎大名的"竹林七贤"之首。

"竹林七贤"是魏晋期间七位著名贤士的合称。这七贤是嵇康、阮籍、山涛、阮咸、向秀、刘伶和王戎。他们都是当时全国闻名的大文人,在生活上提倡不拘礼法,清静无为,不以王朝为意,常常聚在竹林之中喝酒、纵歌。他们这样做,不是故作惊世之举,实际上是用这一种放诞的生活态度来对抗当时腐朽的王朝。

嵇康(223—262),谯国铚县(今安徽省濉溪县)人,字叔夜。父亲嵇昭,字公远,官至督军粮治书侍御史。哥哥嵇喜,官至太仆、宗正。他自己娶了沛王的女儿为妻。沛王是曹操之孙,因此他成了一名皇亲国戚,官至曹魏中散大夫。

论才能,更是不用说,当时的人们不但公认他是一位大文学家,还公认他是一个思想家、音乐家、画家和书法家。

性格决定命运,这句话在嵇康身上得到了印证。嵇康性格耿直,犹如一株修竹,宁折不弯,羞于与当时腐败的官宦为伍,这就给他自己埋下了悲剧的种子。

常言道:宁愿得罪君子,也不要得罪小人。嵇康不幸,偏偏得罪了一个小人。这个小人名叫钟会,不但成了他一生的克星,他最后连性命也丧在钟会的手里。

钟会的性格和嵇康恰恰相反,他年轻时就很有野心,总想出人头地。野心令他做出拜访嵇康的决定。他想,他去拜访嵇康,要是嵇康能为他说上几句赞美的话,他就能名满天下。

到了嵇康家中,嵇康正在打铁。钟会躬下身,深深施了一礼,说:"嵇先生,不才钟会拜见先生。"嵇康听了,非但没有停下打铁的动作,还歪着头,白了钟会一眼。白眼之后,他仍是一句话不说,低下头只顾自己打铁。

钟会在嵇康面前站了整整一个时辰。后来,嵇康沉不住气了,低着头,一边翻动打击着手里红通通的铁块,一边问道:"何所闻而来,何所见而去?"钟会不亢不卑地回答:"闻所闻而来,见所见而去。"

钟会把这次会见当作莫大的耻辱,从此将嵇康当作不共戴天的敌人。

过了一段日子,钟会投靠了司马家族。再过一段日子,他成了司马昭的心腹。有权有势了,他就寻思着如何报复嵇康。

嵇康得罪了钟会,如果不再得罪司马家族,命运也没有这么惨。还是性格决定了他的命运。他是一个忠诚的人,认为娶了曹氏之女,就要忠于曹氏。可是,对司马昭来说,对嵇康这样一个大才人,是必须争取和网罗的。

司马昭差了一个使者,带着许多礼物前去求见。嵇康仍然只顾自己打铁,连坐都不让一声。使者等久了,说:"大将军说过,如果先生嫌使臣不够规格,他将亲自来。"听了这话,嵇康心想,不好,要是司马昭自己来,倒是不好招架。三十六计,走为上计。

当晚,他便离开家,躲到会稽上虞族兄家中。

族兄属于上虞一个大族,跟嵇康一样喜欢修身养性、服食内丹,还喜欢吟诗弹琴,他们志趣相投。

一天,两人坐在花园的水榭中切磋琴艺。族兄说:"你知道吗?天台山赤城洞天中有个习琴高人,只是无缘相见。"

嵇康来了兴趣:"天台山,天台山在哪里?赤城洞天又在哪里?"

族兄站起身,推开花窗,指着南边的天台:"在南边,据说有好几百里呢。"

说者无心,听者有意。第二天早晨,族兄起床,不见嵇康的踪影。问嵇康的书童嵇喜,嵇喜说:"昨晚还一个人弹琴到深夜呢,怎么今日说不见就不见了呢。"后来问到一个家人,才知道嵇康一大早便背着一个包袱,朝南边急急走去了,说是要到天台山一个什么赤城洞天学什么琴。

族兄要派人追赶。嵇喜说:"别追了,追也无用。我这主人是个琴痴,听说有琴可学,魂都会被捉去的。"

嵇康一个人来到了赤城山下。找不到路,他只好悬藤而上。刚到半山,忽然听到一阵幽幽的琴声,犹如山泉叮咚,美妙极了。嵇康停下脚步,侧耳细听。啊!原来是有人在弹伯牙、子期的《高山流水》呀。

嵇康有些兴奋,循着琴声,向前走去。转过几道山弯,穿过一丛青松,看见一个山洞。山洞悬挂在悬崖峭壁上,洞口上面隐隐可见"水仙洞"三个字。美妙的琴声就像流水声一样。

听着这天乐一般的声音,嵇康高兴极了,这一定是族兄所说的高手了。

紧紧肩上的包袱,他紧赶几步,来到洞前,只见两扇洞门半掩着。嵇康不敢造次,伸出手来轻轻叩了几下。

随着叩门声,里头的琴声戛然而止。响起一个女子银铃般的声音:"谁呀?请进。"

嵇康推门进去,这洞外窄内大,洞顶吊着一颗夜明珠。一位女子坐在一张古琴面前,抬起头,笑着望他。女子十七八岁,身穿一袭鹅黄衣裙,容颜秀丽,犹如天人,扑面袭来一股说不出的馨香。

嵇康上前施了一礼:"在下嵇康,闻琴声而来,还请上仙恕在下唐突之罪。"

女子站了起来,巧笑着说:"山野女子,粗俗琴声,有辱先生高洁之耳,还请先生多多指教。"

正说着,一个梳着丫髻的小女童从里洞端出一盏清香扑鼻的茶。女子指着茶说:"这是自采自制的赤城茶,不成敬意,请先生慢品。"

嵇康端起洁白如雪的茶盏,轻呷一口,一股从未有过的清香透入肺腑,浑身上下有说不出的畅快,他赞叹道:"此茶清香已极,真是世外仙品。自古名茶配雅琴,今日正是时候,敢请上仙可为在下奏一曲否?"

女子微微笑道:"这赤城山水仙洞等闲之人很难进来,今日,小女能与先生相见,也是前生有缘。二十年前,高人孙登先生曾经到此,临别时对小女子说,二十年以后,有一位名叫嵇康的大才子将来赤城。今日正是孙登先生说的那个日子,想必先生便是那个大才子了。"

嵇康谦虚道:"在下哪里是什么大才子,孙登先生过誉了。"接着又说:"这赤城洞府真是人间仙境啊。"

女子说:"谁说不是呢。天台山赤城洞本是茅盈茅真人的洞府,世间高人谁不向往。孙登先生临别之时还对小女子说过,说先生您是世间第一位高洁之士,宁折不弯,是位知音,并嘱咐我,可将《广陵散》传给您。"

嵇康惊讶得站了起来:"《广陵散》?就是那首在世上已经失传多时的《广陵散》吗?怎么还在?"

"是啊!这《广陵散》自汉朝以来,已在尘世间消失良久。世间的人都不知道它还在赤城山中存留着。此曲乃是琴曲之中的大丈夫，因为天台山的磅礴大气与之相合，才在此山藏留至今。"

嵇康这才明白个中缘由，忙不迭地点头："原来如此。"

小女子坐回琴凳，问道："先生既来此洞，就是有缘之人，可要听小女子弹一曲否？"

嵇康受宠若惊，一时间不知如何回答才好。

望着嵇康这副神态，小女子莞尔一笑，不等嵇康回答，便轻舒玉手，在琴弦上翻飞。一曲激越的琴声在洞中响了起来，先如泉水叮咚，继似疾风骤雨。紧接着，竟如电闪雷鸣，江河呜咽……

手止，曲罢。嵇康仍然沉浸在琴声中，呆呆地望着，如痴如醉。好久，他才如梦初醒，站起身来，向着仙女深深施了一礼："嵇康有幸，今日得闻天籁。敢请上仙将此曲传教与我，不知可否？"

女子想了想，说："此曲在这水仙洞中存留已有几百年，历来都是师徒相授，口口相传，从未传出山去。师父在世时，曾对我说过，要学好这首《广陵散》，必先有'浩然之气'，必先有为正义、为道义宁死不屈的气概。孙登先生说您是当今世间少有的正义高洁之士，今日一见，果然气度浩然。曲传有心者，琴授有缘人。好吧，小女子今日就破例传给您吧。"

嵇康惊喜不迭，立即跪在地上拜起师来。

女子离开琴凳，伸出双手扶起嵇康："先生乃世间第一大才子，如此行礼，折杀小女子了，快快请起。"

当晚，嵇康就留在洞中学习《广陵散》。才过三天，他便已十分熟练，尽得曲中精髓。

三天后，嵇康与女子依依惜别。出了洞，转过那丛青松，嵇康回过头来，想再见女仙一眼。想不到，眼前已是云雾一片，他再也瞧不见那个水仙洞了。

从此，人们将水仙洞称为"听琴洞"。还说，离听琴洞不远的地方曾经有过一座茅棚，叫作"嵇公馆"。人们只知道史书中记载的嵇康和《广陵散》，却不知道天台赤城洞天水仙洞和传授《广陵散》的赤城仙女。

日本最澄梦遇王子晋

第六大洞天是中国佛道双修的异境,有佛书道史中许多异事为证。

据明代传灯大师《天台山方外志·神明考》记载:

> 周灵王太子晋,生为神仙,死而魂为天台山神,掌吴越水旱,司
> 命一方,又能皈依三宝,作兰若护法之主,灵应事迹甚多。

王子晋(前565?—前549),姓姬,名晋,字子乔,亦名乔,是东周灵王(姬泄心)的长子。他幼时便聪颖异常、温良慈爱、博学多才、不慕富贵。平时,他喜爱静坐吹笙,乐声优美至极,犹如凤凰在鸣叫。年仅十五岁,他便被周灵王封为太子,辅助周灵王处理国事。不久,东周京城一带暴雨成灾,谷、洛二水泛滥,危及王宫。情急之下,周灵王采取壅堵的办法来治水,结果是洪水更加泛滥。在这危急的关头,王子晋据理力争,提出用疏导的办法来治水,想不到竟然激怒了周灵王,将他贬为庶人。

王子晋离开洛邑,拜浮丘公为师,一心学道。他先上了缑山,后来到了天台山金庭洞天的金庭馆,修成真仙。之后又隐居在玉京洞,被封为右弼真君,掌管吴越水旱。

南陈太建七年(575),智者大师因读孙绰《游天台山赋》"赤城霞起以建标,瀑布飞流而界道",慕天台山水胜境,率领弟子来到天台山,居赤城山中岩寺,白天讲经说法,夜晚教导弟子修持三观,降服群魔。

有一天,王子晋乘坐祥云,在天台山上空巡察。当他飞到赤城山的时候,从半空中看见智者大师正在中岩寺里修持和降魔,神通莫测,心中十分仰慕。于是降下云头,来到智者大师面前,虔诚礼拜,请智者大师收下他作为弟子,传授他一心三观的降魔妙法。智者大师知道他是管辖天台山的仙

人，却对佛法如此信奉，相当感动。于是，便收下他为徒弟，教给他一心三观。后来，他见王子晋深通音律，吹得一手好笙，又教给他佛家的梵呗。

王子晋对智者大师说："师父，你于我有大恩，作为弟子应当报答。不知我能为佛教天台宗做点什么功德呢？"

智者大师看他如此诚心，就说："你有这样的诚心，甚好，甚好。我正在筹建国清寺，待寺院建成之后，你就作为护法伽蓝，好吗？"

王子晋听了，欣然接受，从此便成了国清寺的伽蓝菩萨。他本来就是一个好心肠的神仙，做了护法伽蓝以后，对老百姓有求必应。因此，前来求他保佑的善男信女愈来愈多。

据日本《山家要略记》记载：日本国有"天台神道"，又称"日吉神道"（因所奉山王在日吉神社），所奉"山王"，就是天台山的王子晋。这是为什么呢？

延历二十三年（804）四月，日本高僧最澄随遣唐使来到天台山求取佛法。最澄先到长安，再从长安到明州（今浙江省宁波市）。他在明州因病逗留了一段日子，延历二十四年（805）九月二十六日到达台州府所在地临海县，拜见了台州刺史陆淳。陆淳为最澄签了度牒，介绍最澄到天台山拜访道邃、行满、惟象等几位大师。

最澄来到天台山，先到玉京洞，祭拜山神王子晋。再上修禅寺，跟随行满大师学习天台宗教义。然后，下山到国清寺继续跟随道邃学习天台教义，接着又跟国清寺的惟象法师学习密法，得传《大佛顶大契曼荼罗行事》。

最澄住在国清寺，每天除了读经、抄经，听大师说法之外，一有空就到寺院的各个殿堂巡礼、朝拜。在朝拜的过程中，他有些疑问：在别的寺院，香火最旺盛的都是大雄宝殿，可是在国清寺，香火最旺盛的却是小小的伽蓝殿。伽蓝殿坐落在大雄宝殿东边，是三间普普通通的平房，很不起眼。前面一个小小的长方形小院，也是平平常常，没有什么奇特。要说奇特，也只有倚墙种植的一株老梅树，据说是智者大师的弟子章安大师种的，已经有二百多年历史了。

这伽蓝殿不但白天人头攒动、烛火辉煌、香烟袅袅。到了晚上，更是热闹非凡，前来求梦的人把殿里殿外，甚至走廊都睡满了。

这到底是为什么呢？

他向道邃法师提起这个问题。道邃法师告诉他，伽蓝殿之所以香火如此旺盛，是因为这个伽蓝佛有些特殊。他名叫王子晋，本是东周的太子，在天台山成仙以后，被大道君封为天台山神。智者大师来到天台山以后，在国清寺封他为佛教的护法伽蓝。他神通广大，凡是前来祈梦的人个个应验。碰到大旱的时候，百姓们还求他降雨，也很灵验呢。

听了道邃法师的话，最澄心潮涌动。他想，天台山确实是一座天下少见的佛国仙山，佛、道二教在这里竟是如此的和合，如此的交融。他又想，既然王子晋是一个交通佛道两界的神人，又如此灵验，有可能的话，将他请到日本去，那该有多好。

这天晚上，最澄带着一个蒲团来到伽蓝殿前面。这时，伽蓝殿的里里外外已经铺满了前来求梦的善男信女的床铺。最澄好不容易才寻到一个空位，放下自己的蒲团。接着，他来到殿中，在伽蓝佛面前点香焚烛、喃喃祈祷，祈祷伽蓝佛能托给自己一个好梦。然后他回到蒲团上，端端正正坐下，闭上眼睛，虔诚地诵起经来。

真正是不可思议！不长时间，他便觉得自己从蒲团上飞了起来，飞出了国清寺，向着西北方向飞去。不一会，他落在一座颜色赭红的高山前面。

最澄放眼望去，高山上长满郁郁葱葱的松林，松林深处现出一带金碧辉煌、巍峨壮观的宫观。

最澄登上山岭，向着宫观走去。来到宫观门口，只见门额上面写着"玉京观"三个大字，一个小道童已经恭立在那里，稽首道："最澄大师，你来得正好，右弼真人已经在殿中等您了。"

最澄跟着小道童进了宫门。宫门十分高大，门柱是用玉石雕制的，总共三道，每道都有两个道童肃立侍候。宫门走尽，是一条长长的甬道。甬道光滑洁白、晶莹闪光，不知是用什么铺就的。两旁花木扶疏、百花盛开，散发出一股股最澄从未闻过的芳香。

走完甬道，迎面便是高耸入云的宝殿。上面有一块匾额，写着"右弼真君殿"。殿前是一条高高的玉石台阶路。

站在台阶面前,最澄被眼前宝殿的气势镇住了。他深深吸了一口气,随着小道童踏上玉石台阶。他一步一步地数,总共有九十九级。

来到宝殿门口,只见宝殿中灯火辉煌。他整了整衣衫,踏进宝殿,看见宝殿正中上方,有个高高的台子,台子上设着一个高广的宝座,宝座上坐着一个头戴金冠的仙人。宝殿下面的两侧整齐地排列着上百个衣冠鲜明的仙人和道童。

看着这副威严庄重的阵势,最澄不敢抬头。正想跪下,上面戴金冠的仙人开口了:"最澄大师,你是日本国宾,不必行此大礼,一边坐吧。"

话音刚落,那领路的小道童已经从左边端来一个锦墩,放在最澄面前,说:"大师,请坐。"

最澄向着台上的仙人合十礼拜,然后在锦墩上坐下,一时之间竟然不知道说些什么为好。

正在犹疑之时,台上的仙人又开口了:"最澄大师,你不必拘礼。你能来到这里,也是一种缘分。我就是你想见的王子晋,既在道门担任右弼真君,主管天台仙山,兼管吴越两地水旱,又经智者大师册封,成为天台山寺院当中的护法伽蓝。你是日本国的高僧,智者大师是东土释迦,天台宗教义深邃。如今,有了你这样的日本高僧前来学习,天台宗一定能在日本广为弘扬。"

"承蒙真君夸奖,最澄一定不负真君期望,愿尽毕生精力弘扬天台宗。"最澄站了起来,又一次向着王子晋礼拜。心中暗想,右弼真君既然能护持天台山的佛法,当然也能护佑其他地方的佛法。想我日本,乃是一个岛国。每逢夏秋,常常遭受台风之灾,拔树倒屋,淹没农田,百姓家破人亡,苦不堪言。如果能把右弼真君请到日本去,不但能护佑日本的天台宗,还能护佑日本百姓,该是一件多么荣幸的事。

最澄大师正想说出心中的愿望,想不到王子晋早已洞悉他的心思,微笑着说:"最澄法师,你无须说了,我已知道你心中的愿望。你将佛教天台宗带往日本,我理应前去护持。再说,日本的百姓与我国百姓有着深厚的血缘关系,我也应当前去护佑他们。这样吧,待我请示过大道君,如蒙大道君恩允,便随你去日本。"

王子晋的话音刚落，殿下两班仙人和道童便齐声高呼起来："右弼真君慈悲，右弼真君英明。"

赞颂声响彻宝殿。最澄吃了一惊，醒了过来，原是南柯一梦。他睁开眼睛，发觉自己仍然坐在蒲团上，一轮明月正倚伏着古梅的青砖围墙上升，四周是一片此起彼伏的鼾声。远处传来"笃笃笃"三声云板的响声，原来已经是三更了。

第二天一早，最澄就把自己在梦中见到伽蓝佛的情景一五一十地告诉了道邃法师。道邃法师听了，感叹地说："大师，你梦中的情景是赤城山玉京洞，右弼真君供奉在那里。既然是右弼真君恩允，你就按着右弼真君的吩咐去做吧。"

又过了一段日子，最澄要回国了。他想，不知右弼真君请示大道君的事做得怎么样了。第二天，他离开国清寺，来到赤城山，在赤城寺中宿了一夜，做了一个梦，梦中又与右弼真君王子晋相见了。王子晋对最澄说，大道君已经同意他去日本国，已经封他为"山王一实神道"，成为一个守护日本天台宗的神祇。

最澄回到日本，禀明天王，为王子晋建起"山王一实神道殿"，塑起神像。从此，日本便有了一种神佛同体的信仰。

瑞霞洞盛传的济公乱诗

第六大洞天中还流传着宋代佛道双修的济公（1148—1209）显灵的千年传说。

赤城山瑞霞洞据说是济公年轻时候读书的地方。

据传，当时济公带上粮食住在洞里。他白天静心读书，晚上为了放松心情，便和当地的村民朋友谈天。村民很穷，常常向他诉说自己的苦处和愿望。济公听毕笑了,便喝了两口酒,眯着眼,吟出一首诗来。吟毕,笑着对他们说:"你们回去好好琢磨这首诗,就能找到解决问题的办法!"村民开始不信,回去后仔细琢磨诗句,并照着去做,果然解决了问题,实现了愿望。"济公神诗"的名声从此在天台山盛传。

济公圆寂后,为了怀念他,每年五月十四日他的忌辰,天台人民都在赤城山瑞霞洞前为他建造的济公亭里举行大规模的扶乩活动。后来,这种活动时间更密,每月十四日举行。明清以后,扶乩活动成了天台山地区一种特有的风俗(这种风俗至今仍在东南亚地区和我国港、台一带民间奉祀的济公庙中流行)。

济公古洞(瑞霞洞)

济公亭扶乩诗大都晦涩难懂,就像《济公传》中济公说的话,往往很神玄。民国期间,县人编有《清夜钟声》一书,专载这些乩诗传说。如今,这些乩诗在东南亚一带流传,故事神奇生动,让人感到妙不可言。

下面两则乩诗传说,是前人根据《清夜钟声》中的记载讲述的。

李月娶妻

清乾隆年间(1735—1796),天台县西乡有个郎中,名叫李月。他不但医术高超,而且心地善良、安分守己,常常节衣缩食,用行医得来的钱救济穷苦的人。他三十多岁,妻早亡,膝下无子,只有老母与他相伴。

一天,老母又对李月念叨起来,要他续娶。李月耐心解释道:"母亲,孩儿实在不愿续娶。孩儿一是想多积蓄些钱周济贫苦；二是要对得起泉下曾经相依为命的结发贤妻，万望母亲成全孩儿的志愿，不要再提续娶的事！"

老母说："我知道你心地善良，乐善好施，这是值得称道的；但你若娶了一个贤妻，夫妻俩勤劳刻苦，积蓄更多的钱周济贫困，不是更好吗？你常说要对得起泉下的结发贤妻，却不想想'不孝有三，无后为大'的古训。你不延续后代，又怎对得起你死去的父亲呀！"说到这里，抹着眼泪，又呜呜地哭了起来。

李月是个孝子，一见母亲哭得伤心，忙上前劝解道："母亲万勿悲伤，孩儿依您再娶就是。"

老母听了才止住哭，抹干泪水说："早该这样。"她想了想，又说："今年五月十四日，是济公忌辰，你到赤城山瑞霞洞济公亭求求济公，问他你的姻缘在何方。回来我们商量续娶的事。"李月点头称是。

农历五月十四日那天，赤城山上红男绿女，络绎不绝。瑞霞洞前的济公亭上更是香烟袅袅、灯烛辉煌。

李月一大早就从家里起身，肩背香袋，随着朝拜的人群来到赤城山瑞霞洞前，按次等待求乩。好不容易轮到李月求乩。李月向"济公大师"通报了姓名、年龄及取妻的愿望。"济公大师"沉吟半晌，将乩把猛向桌上一击，然后徐徐吟诗道：

鸳鸯楼上记当年，翠叶狂风秋雨残。

屠狗小儿何足道，赤城玉树予君看！

记录员把"济公大师"的诗录下交给李月。李月捧着乩诗读了又读，茫然不解，只得叩头再问道："弟子愚鲁，不懂诗意，望济公仙明示！""济公大师"手指东方，说："你妻姓叶，在县东百里。她的丈夫将死！——退！"

李月不敢再问，忙退出亭去，反复吟咏着诗句，心想：诗中有"鸳鸯楼上"等句，总该是一场婚姻吧！便回到家里把"济公大师"的明示告诉了母亲。

老母听了，说："济公仙师也真糊涂，怎么丈夫还没死，就把妻子许给了你。唉！"

李月说："是呀，母亲！孩儿绝不想娶叶氏这样的女子。不过，济公仙说她的丈夫将死！……将死，一定是病得厉害。孩儿是郎中，不能见死不救？尽管百里路远，还是要去医治他的！万一把他医好，使他们夫妻白头到老，岂不是天大的善事？"母亲觉得有理，便决定让李月整装前去寻找。

第二天清晨，李月背起药箱，带着简单的行李，出县城东门，约行百里，到了宁海县的海游镇（今属三门县），此时已是傍晚时分。他感到腿酸口干，想歇息一下，恰见街道转弯处挑出一面酒旗，便进酒店挑选了一张干净桌子坐下，喊道："掌柜的在吗？"

喊了两遍，不见有人接应，正待再喊，忽听得一声雷鸣般的吆喝："喊什么魂？你瞎了眼啦，不见店里人都死光了吗？"

李月吓了一跳，抬头看斜对面桌子上坐着个凶神恶煞的大汉。他怒目圆睁，眼里布满血丝，一脸横肉，脸上长满络腮胡子，敞开的胸膛上满是黑毛。面前放着一个大酒缸，一碗猪肉，一碗牛肉。他把缸里的酒舀到碗里，三两口就喝完一碗，然后大嚼牛肉。

他的吆喝声刚落，店堂里才战战兢兢地走出一个十五六岁的白皙少年。他先小心翼翼地走近那汉子，轻声地说："老大哥，酒若不够，我再拿来！"那汉子瞪了他一眼，没有答话。少年才轻步走到李月面前，说："让客官久等了！我刚刚正侍奉老母喝药，请见谅！你要吃点什么，我就拿来！"李月说："来一碗酒，一碟花生米。"少年点了点头，不一会，就把酒和花生米摆到了他的面前。

李月边喝酒，边偷眼望着那凶横的汉子，只见他一连喝了五六碗酒后，忽然拍案大喊："鸟婆娘，你既已典给我为妻，为什么还不下楼陪我喝酒？"里边没有声音，那汉子又大喊道："贼乌龟，你还不肯放婆娘来呀！等会老子跟你算账！嘿！"里边还是没有声音，但似乎隐隐有人在啜泣。

李月觉得情况有些不对，心想，还是早点离开为妙，便赶忙喝完了酒，喊那少年出来付清了酒钱，准备离开。这时天色已晚，他想起此番远来的目的，便对少年说："请问小哥，这一带可有个姓叶的女子？据说她的丈夫将死,我想见见他!"

少年还来不及答应,那凶横的汉子却操着沙哑的声音吼叫起来:"你找姓叶的婆娘干什么?你是她的什么人?"

李月忙解释道:"我是天台来的郎中,听说她丈夫将死!我是来救治他的病的。"汉子听了,愈加恼怒,说:"贼郎中,告诉你,我典了叶氏,我就是她的丈夫,你竟敢当面咒我'将死'!你,你……"李月忙说:"不敢,不敢!"便从怀里取出济公的乩诗来,交给那汉子,说:"我是根据济公仙的吩咐,才找到这里的。救人一命,胜造七级浮屠呀!"

汉子接过纸条,读起那首乩诗来。读到第三句时,忽然怒目大瞪:"什么?什么?贼郎中,你敢骂我'屠狗小儿',呸,呸!我不要你的狗命,还算人吗?"说着,他从脚下的杀猪篓里取出一把闪亮的杀猪刀,向李月扑来。

李月吓得魂飞天外,急忙夺路逃走。他见店堂边有座小楼,门还开着,慌不择路,便直奔楼上。汉子持刀紧追不舍。李月逃上楼后,急忙把门关上。回转头见靠壁床上坐着一个绝色的女子,满脸泪痕。床边坐着一个中年男子在好言劝她,像是她的亲人。那女子早已听清楼下发生的事,见李月逃上楼来,便说:"大哥,你快走!这边有个小门,可通店外。"

李月按照指点匆匆逃出酒店。这时,听见店里传出猛烈的撞门声、粗暴的咒骂声、男子的劝阻声,忽然又传出女人号啕大哭的声音……李月吓得不敢再听,赶忙逃离。在黑暗的夜色中,他沿着原路悄悄往家赶。到家后,老母问他:"怎么这么快就赶回来了?"他惊魂未定,喘了半晌,才叙说了经过。老母叹道:"恐怕是惹了大祸啦!"

李月从未碰到过这样的惊险场面,吓得病了两个多月,直到八月初,病情才逐渐好转。他觉得上次的事蹊跷,是不是济公仙搞错了呢?八月十四日,又是济公扶乩的日子,他决定再去请济公仙开示。

李月背着香袋刚走到赤城山下,就望见远处围着一大圈看热闹的人。他便挨上前去,由于人太多,还是看不清里面发生的事,只听见旁边两人在谈论,一人叹息道:"这两人的身世,实在是太惨了!这种残暴的歹徒真是该杀!"另一人说:"瞧那女子,颇有姿色,怪不得暴徒垂涎呢!"

李月尽力挤上前去,这回可看清了:一个十六七岁的白皙少年跪在地上,满脸愁容,背上插一根草签,上写"嫁嫂葬母"四字,含泪向大众叩首泣求。他后边站着一个二十多岁的美貌女子,在掩袖哭泣。李月觉得这两个人面熟,蓦然一想,这不就是酒店中所见的人嘛!忙走上前去,双手扶起少年,说:"小兄弟,你还认得我吗?"

少年擦了擦泪水,仔细一看,认出是李月,便喊道:"大哥,原来是你呀!"便抱着李月大哭起来。那女子也认出了李月,不禁悲喜交集。

少年哽咽着把他家所受灾难的经过一一告诉了李月。

原来那少年名叫张平,象山县石浦人。一年前,他随哥哥张顺、嫂嫂叶氏及母亲丁氏一道,渡海来到海游镇,开了一间小酒店谋生。海游镇上的屠夫赵大是个有名的地痞头子,欺负张顺是外来人,常到酒店来喝酒。一次,他来店里喝酒时,恰逢叶氏当炉,见她长得天仙般美貌,当着张顺的面调戏叶氏,并要张顺把叶氏典给他受用。张顺当然不答应。赵大大发雷霆,怒目圆睁,打了他两巴掌后,推翻桌子,把碗盅摔了个粉碎,临走还扬言道:"贼乌龟,你仔细想想,三天后再来找你。若不答应,我定将店里器物统统砸碎,让你留下老婆,扫地出门!"张顺胆小懦弱,况且又是外地人,吓得愣了好半天。

三天后,赵大带上几个打手,气势汹汹地来到店里,问张顺想好了没有。张顺迫于赵大的嚣张气焰,只得含泪答应,但又嗫嚅着说:"妻子那天吓成了病,卧床不起,要待她病好后,才能侍奉大哥。"赵大不信,上楼去看,果见叶氏病容憔悴,躺在床上。他怕此时办喜事不吉利,只得说:"过几天再来成婚。"

几天后的一个傍晚,赵大在镇上卖完了猪肉,背着杀猪篓,又来到张顺的酒店。一进门就喊:"婆娘,婆娘,你身子好了吗?"不见回声,便上楼去看,只见叶氏仍躺在床上,张顺坐在床边,哭丧着脸。赵大一把抓住叶氏前襟,大吼:"你这死不死,活不活的!快起来陪老子喝碗酒!"

张顺劝解不脱,就喊弟弟上楼来。二人好不容易才把赵大劝到店堂坐下。张平忙端来酒缸、酒碗、猪肉、牛肉等摆在桌上,亲手舀满一碗酒,请赵大喝。

赵大边喝边骂,喊叶氏快下楼陪酒。正在这时,李月到了海游,恰好跨进了这家酒店,遇到了前面所说的十分惊险的场面。当时,幸亏叶氏指路,他才逃出了后门。张顺却吓得发抖,不知所措。直到赵大用脚踢倒了房门,他才慌忙中起身拦阻道:"大……大哥!你千……千万别杀人!有话好说,有话好说呀!"

赵大见张顺拦阻,如火上加油,大吼道:"你这贼乌龟,谎称婆娘有病,又敢关门阻我,放走贼郎中。我不杀你,怎解心头之恨!"说罢,一刀刺进张顺胸膛。张顺晃了一下,顿时血如泉涌,倒地气绝。叶氏一见,忙从床上扑下来,大喊:"救命呀!救命呀!"这时,张平和老母丁氏闻声也赶上楼来,见这情景,号啕大哭。哭声惊动了巡捕兵,一队捕兵奔上楼来,把直愣着眼、满手鲜血的赵大紧紧捆住,送往县衙。

不久,赵大被判斩首,但他的一伙狐朋狗友因垂涎叶氏的美貌,仍然常来店中胡闹。张平一家不得安宁,加上老母和嫂嫂均有病在身,店是再也无法开了。

一天,老母把张平和儿媳妇叶氏叫到跟前,说:"眼看这里咱们是再也待不下去了,听说天台赤城山济公极灵,何不去求个乩诗,问问后半生的命运,也好做个安排呀!"张平和叶氏都点头称是。

张平变卖了余下的店产,当作路费。八月十日,他们筹备停当,一早出发。张平挑着行李,叶氏扶着婆婆,行了两天,才来到天台县城。可怜老母因带病上路,加上途中劳顿,八月十三日便死在客舍。叔嫂俩哭得死去活来,他们身边的钱不多,不够买一口棺材,只得忍痛商定"嫁嫂葬母"的办法。八月十四日那天是济公亭扶乩热闹的日子,叔嫂俩上了赤城山,由张平出面,背插草签,为嫂嫂卖身。

张平讲完了这段悲惨的经历,李月听得泪水满眶。他边听边想:济公仙说的"鸳鸯楼上记当年",原来指的是要遇上一场像《水浒传》中"血溅鸳鸯楼"那样的事;叶氏因容貌出众,一家人受暴徒的折磨,就像"狂风秋雨"没完没了;而赵大这"屠狗小儿"残害良民,不是自寻死路嘛!如今叶氏终于逃离魔窟,来到天台,她含泪站在那里,多么像一株赤城山上的"玉树",楚楚动人！这些纷杂的经历,乩诗中不是句句都应验了吗? 济公仙真是神通广大呀!

李月当即拔下了张平背上的草签,出钱买了一口好棺材,安葬了丁氏,并将张平和叶氏带到了自己家里,告诉老母张家的悲惨经历。叶氏爱李月为人忠实,表示以身相许。老母听了悲喜交集,连称:"济公仙乩,姻缘天配!"从此,一家四口快快乐乐地过日子。

潘翰林外放

清同治某年的五月十四日,一顶官轿从新昌县城出发,越过崇山峻岭来到天台赤城山瑞霞洞前的济公亭停下。满亭男女正排着队,等待济公仙按次赐示乩诗,解答休咎。众人见来了官轿,忙让出一条路来。

轿中走出一位年纪五十多岁的老爷,他头戴花翎,身穿马蹄袖的青袍,颈挂朝珠,两道浓眉中间隐隐露出不得意的憔悴之色。他踱着方步走到挂着济公像的扶乩桌前,正在求乩的男子见了他来,便让在一边,他做了一个表示歉意的手势,命随从点起香烛,向济公仙三跪九叩,然后伏在地上,等待赐下乩诗。

扶乩的济公仙睁开迷迷糊糊的眼睛,朝此官看了一下,随即念念有词,手中的乩把愈转愈快,忽地将乩把在案头敲击了一下,高声吟道:

扶藜因喜笑阎公,桃李花开八闽中;
恰似寻春双彩蝶,画廊才过巧相逢。

记录员把诗录下,奉呈给老爷看。老爷反复吟读,仍摇头不解。他因是读书人出身,碍于面子,没有向济公仙请求开示。他在赤城山四周转了一番,又在瑞霞洞喝过茶,便命抬轿下山,回新昌县城去了。

这位老爷姓潘名育,出身于书香门第,考中进士后,官至翰林学士。他在翰林院一待就是六年,每日与诗书打交道,虽是朝官,但靠有限的官俸度日,生活非常清苦。他有不少朋友,都是同科进士,原先在朝中六部任郎官,后来都想方设法、穿针引线,调任府县官去,不到三年,便赚了大把银子,盖了房子买了地,享用不尽。他恨自己实在无能,不会巴结上司,所以至今仍找不到外调的门路。他这次从京师请假回乡探亲,在家中又被妻子数落了一番,因此更加闷闷不乐。几日前,他听人说,天台赤城山济公亭的乩诗极灵,五月十四日尤为热闹。因此,他特地来求济公仙赐诗,告知他仕途命运如何。如今得到的却是模糊得令人无法理解的诗句,看来是枉走这一遭了。

谁知轿子刚抬到家不久,京中太监就专程来宣读圣旨。皇帝在圣旨中夸奖潘育:兢兢业业,六年如一日,编史著书,劳苦功高,决定改授他为福建福安知县,让他开阔眼界并体察下情。县城中的士绅闻讯,纷纷赶来向他祝贺。潘老爷非常高兴,猛然想起赤城山济公亭中求得的乩诗,便拿出来给大家看。有人解释道:"第二句诗'桃李花开八闽中'说的就是老爷升迁的事。闽就是福建,诗中用晋代潘岳任河阳令,种植桃李,号称'河阳一县花'的典故,暗示老爷要改任福建知县,不是很明显的吗?"潘老爷听了连连点头。

正在这时,看门的陈三扶着藜拐杖一瘸一拐地走了进来。潘老爷惊问:"你的腿好端端的,怎么忽然变成这个模样了?"陈三笑着说:"没啥没啥,是刚才一不小心跌倒了。"原来,朝官的仆人势利得很,他们把外放的朝官看作天上仙人。主人一旦外放,鸡犬跟着飞升。特别是外放官的看门人,狐假虎威,求见官者须交钱才给通报的情况已成惯例。他得到主人外放的消息后,认为自己发财的机会来了,站在台阶上,高兴得跳起来,大叫道:"我就要成仙了!"不料一脚踏空,摔坏了腿骨,所以扶着藜杖。人群中有人知道这事的底细,笑着说:"这第一句诗'扶藜因喜笑阍公',阍公就是看门人,不也分明应验了吗?"满堂人听了,都跟着大笑。

第二天,潘老爷辞别家人,先回京城谢了皇恩,又到翰林院办过交接,然后乘坐马车到福安去上任了。

到了福安,潘老爷给随从的四个仆人分别安排了事务:陈禄为内勤;宋云、钱虎为外勤;陈三虽然瘸了腿,但念他干这份差事多年,懂得应付各种各样的来客,决定仍让他看门。陈三当然高兴。他看到每天早晚求见潘老爷的人络绎不绝,不少人都为私通关节送礼而来。他心中有了底,便要了个手腕:有时故意拖着,不予通报。送礼的人求见心切,只好先送些钱物给陈三,求他通报。这样,一两个月过后,陈三就收了不少钱财。宋云、钱虎和陈禄暗中知道,莫不眼红。

一天,宋云找到陈禄,发泄心中的不满,说:"陈三这个瘸子真是有造化,仍然守此美职。我们这些手脚健全的人反不如他,真是岂有此理!"说到这里,他停了停,又接着说:"老哥,你和老爷接触多,能否帮小弟想办法,在老爷面前美言几句,让小弟换个看门职司。事成之后,小弟将重重谢您!"

陈禄是个很狡黠的人,听了这话,微微一笑,说:"办法是有的,只怕宋弟不愿做罢了。"

宋云说:"只要老哥肯帮小弟想出良策,小弟哪有不愿做之理!"

陈禄笑着眯起双眼,放低声音,说:"今夜三更,只消如此如此,保证老爷喜欢,事成有望。"说到这里,看了宋云一眼,又说:"你若犹豫,就永远没有机会了。"

宋云点点头。

当夜三更时分,宋云把妻子刘氏打扮得花枝招展,然后让她捧着盛有糕点的盘子,自己提着灯笼给她带路,送到潘老爷卧室的走廊之外。他怕被人发觉,便让刘氏捧着盘摸黑进去。

刘氏从没来过这里,不熟悉路径,只得边摸索边走。好不容易,转过回廊,她看到潘老爷的房门中漏出一丝亮光,还听到了干咳声,知道老爷尚未入睡,心中暗喜。正待举左手叩门,忽然噼啪一声,手中的瓷盘和别人的瓷盘猛碰了一下,两个盘子同时落地,哗啦啦地摔得粉碎。

宋云听到响声,吃了一惊,忙跑过来提灯一照。万想不到对面站着发呆的竟是钱虎的老婆竺氏,她也打扮得花枝招展,手中端着的瓷盘也已摔得粉碎。

刘氏生性泼辣,恼羞成怒,指着竺氏大骂:"你这贱人瞎了眼啦,敢把老娘的瓷盘敲了!"

竺氏也不甘示弱,回敬道:"你不是偷汉子,半夜打扮成这个模样到老爷房前来干什么?"

第一章 赤城洞天

这时,钱虎闻声也急忙提着灯笼过来。原来他和宋云一样,在屋里等着老婆的消息呢。眼看事情已经败露,他便对宋云使个眼色,让他把老婆带回。谁知刘氏因竺氏骂她偷汉子,竟扑上去抓住竺氏的头发不放,两人便扭打起来。宋、钱二人劝止不住。潘老爷在房中听到吵闹的声音,开门一看这情状,心中明白了大半。他先喝令两个妇人回房,然后把宋、钱叫来,查问缘由。

原来钱虎和宋云一样,也想换看门的美差事,这天中午也来找陈禄,请求帮他想想办法。陈禄听了暗笑:他们都找上门来,我何不让两家都曝个光,在这里立脚不住,将来再想个办法赶走陈三,这看门的美差事不就是我的了? 主意已定,他便笑着把对宋云说过的办法认认真真地告诉了钱虎。并说,今夜三更老爷批阅完公文入睡前,我就来通知。钱虎听了,千恩万谢。

就在宋云的老婆刘氏送糕点出发时,陈禄急忙跑去告知钱虎。于是,竺氏也端起糕点盘出发。由于两人在同一时间出发,行到老爷房前时,黑暗中都看不见对方,因此富有戏剧性地撞了个满怀,闹了个大笑话。潘老爷听了宋云、钱虎的陈述,又经追问,知道是陈禄出的坏主意。他勃然大怒,把陈禄唤到跟前,猛打了两巴掌。最后,气呼呼地对三人说:“快滚回去,今后此事不许对外人乱说!”第二天,为了防止坏名声外传,潘老爷又将陈禄、宋云、钱虎三人连同其家属遣送回家。

潘老爷办完此事后,怒气才消了一半,忽然想起济公亭乩诗中的最后两句:“恰似寻春双彩蝶,画廊才过巧相逢。”不禁失声大笑道:“应了,应了! 这‘寻春双彩蝶’,不就指打扮得花枝招展的刘、竺两个女子嘛。四句诗都应了! 济公仙乩,济公仙乩呀!”

从此,赤城山瑞霞洞济公亭扶乩诗的名声传遍四方。

第二章

三茅山福地

据《天台山方外志》卷十二和《历世真仙体道通鉴》卷十六记载，茅家三兄弟（茅盈、茅固、茅衷）在茅山修成真仙之后，上天对他们进行分封。大茅君茅盈封为"东岳上卿司命真君太元真人"，赐玉童玉女各四十人，治宫在"天台赤城山玉洞之府"；二茅君茅固封为"句曲山真人定禄右禁师茅君"，治所在"句曲之山"；三茅君茅衷封为"下茅地仙至真三官保命微妙冲慧神佑神应真君"，治所在"良常之山"。

据传茅盈居赤城山玉京洞时，发现离赤城山五公里外的一座草山上，云蒸雾绕，仙气腾腾。他深知这是"地肺山"，此山每天呼天地之灵气，吸日月之精华，在此修炼，最易修成正果。因此，他便来到此山搭茅建庵，白天采药为民治病，晚间在庵中坐禅修炼。后来，他把在天台发现地肺山之事，写信告知他的两位弟弟茅固和茅衷。两位弟弟闻讯后，从句曲山和良常山赶来修炼。从此，这座山被当地人称为三茅山。

元代诗人袁桷（1266—1327）在《句曲山迎真送真词序》中记载："大茅君，每岁十二月二日由天台归茅山，以春三月十八日复归天台，故有迎送之词。"也就是说，一年十二个月当中，三位茅君有将近八个月的时间在天台山，为当地百姓采药、治病、驱邪、禳灾，从来不收分文。

为了感恩和纪念三位茅君，直到今天，在天台赤城山以西那块几十平方千米的土地上，还留下一连串以"三茅"命名的地名：三茅山、三茅头、三茅镇、三茅街、三茅庵、三茅宫、三茅村、三茅寮、三茅冈、三茅桥、茅导师、西演茅……这种现象为全国所有道教圣地所仅有。据唐代高道徐灵府《天台山小录》记载："（赤城玉京洞）其别有洞台，方二百里，魏夫人所治。"可见"三茅"活动的这一带地方，也属于赤城洞天管辖的范围。

大茅君茅盈

大茅君茅盈生于公元前145年，因出生时"红霞盈室"，取名茅盈。据《历世真仙体道通鉴》卷十六记载，茅盈是咸阳南关人，字叔申。曾祖茅濛，已学仙飞升。祖父茅嘉，秦庄襄王时做过高官，封广信侯。到父亲茅佑时，家中只靠着祖父留下的几亩薄田维持生计。

茅盈的父亲虽然是个农民，但对三个儿子的期望非常之高，一心盼望三个儿子博取功名，光宗耀祖。

转眼间，茅盈十八岁了，两个弟弟茅固和茅衷也长大了。

一天，父亲茅佑对他们说："你们已经长大，应该像祖父一样建功立业。从今天起，你们出去历练，实现自己远大的理想。"

三兄弟拜别父母，出了家门。走了半天，他们来到咸阳南门外。两个弟弟说："哥，我们进城吧。"茅盈说："弟弟，我们茅家有位高祖，名叫茅濛，曾经在华山修道，最后修成神仙，我想学高祖，入山修道。"

两个弟弟再三劝他进城，茅盈始终不肯。就这样，三兄弟在咸阳南门外一个三岔路口分了手。

曾祖茅濛的神奇事迹，自幼便在茅盈心中埋下了种子。

长大之后，茅盈到处打听，什么地方可以学道，哪座山中有神仙。有人告诉他，北岳恒山住着神仙。与两个弟弟告别以后，茅盈便独自一人向着恒山走去。

进了恒山后，茅盈寻来寻去，寻了好久也没有碰到神仙。一天，他在一处高高的悬崖上遇见一个采药老人，老人送给他两本书，一本是《道德经》，一本是《周易传》。

茅盈来到恒山深处，找了个有山泉的山谷，搭起一个茅棚，终日诵读《道德经》和《周易传》，盘腿打坐，饿了吃山果，渴了喝清泉。

转眼之间六年过去了，茅盈把《道德经》和《周易传》读得滚瓜烂熟。可是，甭说白日飞升，连几尺高他也飞不起来，一点道术都没有。茅盈十分懊恼，心想，什么时候才能像曾祖父那样得道成仙呢？

每天晚上，他都在想这个问题，想到很晚很晚。这天晚上，也不知什么时候，他迷迷糊糊地睡了过去。忽然，茅棚中大放光明，满屋充盈着一股似兰似麝的异香。光华中，一个美丽得无法形容的天仙款款地走到他的面前。

茅盈大吃一惊，赶紧爬起身来，有些结巴地问："敢，敢问姑娘，你……"

美丽的天仙露出笑容，朗声道："茅盈，莫惊，莫慌。我乃太玄玉女，奉你曾祖茅濛之命，前来指点你。西城有王君得了真道，你可以前去拜他为师。"

茅盈高兴得几乎要跳起来。啊，苦修六年，终于找到名师了。

正想向仙女询问西城在哪里，王君又是谁。可是，眼前银光一闪，太玄玉女已经化成一阵清风，不见了。

茅盈再也睡不着了。他想，自己在恒山苦苦修了六年，进步如此缓慢，就是因为没有名师指点啊。今晚承蒙曾祖指点，终于找到了道路。

他跪了下来，朝着天空，再三拜谢，感谢曾祖父茅濛，感谢太玄玉女。

西王母传道

据《云笈七签》记载，第二天一早，茅盈便收拾行李，下了恒山，向西走去。他不知道西城在哪里，只凭着感觉。既然叫西城，一定在西边吧。

一路之上，他见人就问。人们说，没听见过西城呀，只有一座西城山，离这里有几百公里呢。

几百公里茅盈是不怕的，为了拜师学道，就是万里，他也会走。

茅盈向着西边，跋山涉水，走了一个多月。这天，他来到一座高山前。这座山比恒山还要高，顶峰直插云天，崖陡林密，根本无路可走。茅盈站在山下，等了半天，才碰到一个樵夫。打问之下，知道这座山就是西城山。

茅盈拜别了樵夫，紧紧肩上包裹，攀藤附葛，朝山上爬去。爬了半天，一块板壁一样的断崖挡在面前，光秃秃的，连个能抓的柴根都没有，怎么办呢？

正在发愁之际，面前的岩壁中忽然响起一阵隆隆的声音。在响声中，岩壁缓缓向两边移动，中间现出一道裂口。

茅盈擦擦眼睛，朝裂口中望去。岩缝里头黑乎乎的，不知有多深。岩缝尽头，却有一点亮光。再仔细一看，亮光中，一位白发白须的神仙坐在蒲团上，一动不动。茅盈正在奇怪，岩缝中传出神仙的声音："来者可是茅盈？"

茅盈赶紧跪下，应道："弟子正是茅盈。请问上仙，西城王君住在哪里？"

神仙道："我便是西城王君，名叫王成。汝与我有缘，进来吧。"

茅盈走进岩缝。奇得很，这岩缝口刚刚能挤进一个人，可愈向里走，愈是宽敞高大。到了里头，原来竟是一个高大宽敞的仙洞。仙洞四壁不知镶嵌着什么，闪闪发光，照耀得如同白昼一般光明。

茅盈来到王成面前，跪下行礼："弟子奉太玄玉女之命，前来拜师，望师父成全。"

王成抬眼，仔细打量茅盈。他看见茅盈生就一副仙风道骨，是个不可多得的仙才，便点点头说："既是太玄玉女指点，那就住下吧。"

茅盈在西城山住了下来，王成教他"治心之要"和"服气之法"。

仅仅过了三个月，茅盈便掌握了"治心之要"和"服气之法"。王成很满意，对茅盈说："短短三月，你便掌握了'治心'和'服气'之法，很好，很好。你要记住，这两样是道法的根本。有了这基础，你可以学习更加上乘的道术了。好吧，依你曾祖茅濛吩咐，今天，我带你去见西王母。"

茅盈跟着师父王成，来到西王母居住的昆仑山。

西王母的住处比王成居住的地方更加神奇。

西王母的住处，名叫"悬圃"，悬在半空之中。"悬圃"中有一个名叫"阆风苑"的花苑。"阆风苑"中有一座九层高的楼台，层层都用白玉垒筑。楼台左边是深不见底的瑶池，右边围着宽阔无边的翠水，等闲之人根本无法进入。

西王母住在昆仑山，道号"全真祖师"，掌管天下女仙。

西王母早从茅濛那里得到消息,知道面前这个弟子将来要在凡间担当大任,又从太上老君那里领了法旨,传授他道教最高境界的"玉佩金铛之道"和"太极玄真之经"。于是,西王母便很高兴地收下茅盈作为弟子。

茅盈的资质不是一般人能够比拟的,不管什么东西,他一学就会。他在昆仑山跟西王母学了整整三年,把西王母教给他的"玉佩金铛之道"和"太极玄真之经"全部学会,烂熟于心。

临别那天,西王母赠给茅盈一块洁白透明的玉佩和一个闪闪发光的金铛,嘱咐他说:"茅盈,你在昆仑山学了'玉佩金铛之道'和'太极玄真之经',这两种道法是道家最上乘的道术。今天,我将金铛和玉佩授赠予你,你一定要好好收藏。从此之后,你只要佩带金铛和玉佩,口念太极玄真之经,便可遨游九天之上,飞抵神仙洞府,也可以延请诸位神仙降临人间,更不用说召唤一般的小神小仙了。不过,你要切切牢记,真正的修道者,学会道术后不可炫耀,震惊世人。你所学之术,非到要紧关头,不可轻易使用。同时,你还要牢记,真正的神仙不光是为了自己。真正的神仙是接地气的,是人间百姓的保护神。你要用自己的所知所学,为世人服务,解救众生的疾苦。"

茅盈将西王母的教导一字一句地全都记在心中。茅盈终其一生为百姓解救灾厄,与西王母这一席教导分不开。

茅盈跪在地上,再三叩头,发誓似的说:"弟子一定牢记王母教诲,做一个接地气的神仙,年年月月为百姓服务。"

说完之后,他跟随王君,回到西城山,继续修炼。

升位东岳司命上卿

《历世真仙体道通鉴》卷十六记载,茅盈出家修道三十一年。六年在恒山,三年在昆仑山,二十二年在西城山。

三十一年后,茅盈四十九岁了。

道教徒，不像有些人所想象的那样不食人间烟火、不通人情。道教徒讲究融入人世社会，为百姓着想，为百姓服务。所以，他们也是讲究仁义道德、讲究孝悌的。

茅盈身在西城山，修炼之余也时时想念家中年迈的父母和亲爱的弟弟们。

这一天，他在茅棚中打坐，忽然想到，他已离家三十一年，父母年老了，不知身体如何。两个弟弟也不知过得怎么样了。作为人子，三十多年未曾尽过一天孝道，他实在是惭愧啊。作为一个修道的人，岁月还很长很长，而父母却是逐渐变老。他觉得自己应当先回去服侍父母终老，再回来修道。

想到这里，他决定回家。他对师父王成说了自己的想法。王成支持他，对他说："儒家有句话，叫'父母在，不远行'，这也符合我们道教的理念，我同意，你回去吧。"

茅盈向王成行了跪拜礼，佩上西王母送给他的玉佩和金铛，嘴里念起"太极玄真之经"。刚刚念完，呼的一声，身体便飞了起来。这时的茅盈已有道行，不需要像凡人一样闭上眼睛。他在空中朝下望去，只见山川河流、村镇阡陌都在脚下飞一般朝后面退去。

不到一个时辰，熟悉的家乡山河便已来到脚下。再近一些，看到一座村寨，寨门的石匾上刻着"南关"两个大字。日思夜想的家乡终于到了。

茅盈下了云头，朝着家门走去。

这一天，茅盈家中分外热闹。大门外面车马喧阗、人头攒动。大门上红灯高挂，彩绸飘扬。茅盈老远便听到一阵欢乐的唢呐声。

原来，这天是茅盈两个弟弟升官的日子，家中正在举行盛大宴会。

三十一年前，茅盈和两个弟弟在咸阳城外三岔路口告别。他进了恒山，弟弟走进咸阳帝都。三十一年来，两个弟弟宦海中沉浮，依靠自己努力，一步步升迁。这一年，二弟茅固已经当上"武威太守"，三弟茅衷当上"西河太守"。父母高兴，阖家欢乐，方圆几十里的亲朋好友、乡里乡亲纷纷前来庆贺。

茅盈向着家门口走去，看见父亲和两个弟弟站在大门前面，满面笑容，正在迎送前来庆贺的宾客。

茅盈挤过人群,来到父亲面前,"咚"的一声跪了下去,叫了一声"父亲"。

听见喊声,父亲低头一看,见地上跪着一个像乞丐一样的人,头戴旧道冠,身穿烂道袍,脚上草鞋破烂不堪,吃了一惊,厉声问道:"你是何人? 胡喊乱叫?"

茅盈又磕了一个头,应道:"父亲,我是茅盈啊,不孝儿看你来了。"

听说面前这人是自己儿子,茅佑又羞又怒:今天正是两个儿子的大喜日子,这个不成器的东西,早不来,晚不来,偏偏这个时候来,这不是成心要拆我的台吗?

茅佑越想越气,口中大骂:"你不是我的儿子,快给我滚出去。"

茅盈跪着不动。

茅佑怒发冲冠,伸手取来一根竹杖,朝茅盈头上打去,边打边大骂:"我打死你这个不成器的东西。"

"啊!"众人惊叫一声。眼看茅盈就要头破血流。

千钧一发之间,不可思议的事情发生了。那竹杖刚刚敲到茅盈头上,"叭"的一声,竹杖断成几十截,朝四面八方飞去,"中壁壁穿,中柱柱陷"。

茅盈却毫发无损,仍然跪在地上叩头,说:"父亲,您老休要气恼,您如果气出病来,真的是儿子大不孝了。今日两个弟弟升官,这是一件好事。不过,弟弟做官,我学仙道,也是人各有志。弟弟做官,为父亲带来荣耀;我学仙道,采药治病,也可以为父母带来健康长寿呀。父亲啊,儿子离家三十多年,未曾一天侍奉您老人家,这是儿子的不是。儿子今日回来,为的就是弥补过去。从今天起,儿子再也不走了,在家奉养父母终身。"

听茅盈说得入情入理,加上众位亲友劝解,父亲的气慢慢平了下来,长叹一声,说:"你起来吧。"

从此,茅盈便在家中住了下来,衣不解带、夜不安卧、端汤端水,侍奉父母五十三年,直到父母去世。

五十三年过去,茅盈一百零二岁了。他埋葬了父母,将自己分得的房屋田产全部赠给乡亲,只带着一件换洗的道袍,告别乡亲,出了家门,向东南方向走去。走了几里,来到一个无人的地方,他佩上金铛和玉佩,嘴里念起"太极玄真之经",腾空飞了起来。一会儿,他飞到江苏省句曲山上空,看到这座山风景优美、气候宜人,适宜修道,便降下云头,在山中建起一座茅屋住下修炼。他在句曲山中采药炼丹,为民治病,不收分文。民众实在无可报答,只得为他立起一块"有求必应"的匾额,还将句曲山改名为茅山。

汉元寿二年(前1),茅盈一百四十四岁了。八月已酉这一天的清晨,他像往常一样,正在茅棚中收拾采药用的器具,准备出去采药。忽然,天空中传来一阵动听的乐声。他觉得奇怪,放下药筐,走出茅棚,抬头望去,只见一群神仙正从空中缓缓降下。一会儿,他们到了地面。茅盈一看,原来是师父王成、南岳真人赤君、上元夫人和许多仙童陪侍着西王母降临到句曲山。

茅盈高兴得不知如何是好,赶忙将他们接进茅棚。刚刚坐下,还没来得及用茶,小道童又急急进来禀报:"师父,外面又来了很多仙人。"

茅盈更加惊讶,对西王母和王成说:"王母、师父,你们稍坐片刻,贫道出去看看就来。"他跟着小道士走出茅棚,只见天空中又降下无数仙人,将茅棚前面整个坪场站得满满当当。

为首的仙人来到茅盈前面,自我介绍说:"小仙名叫冷广,乃是玉帝派遣的使者。"接着,他指着身边几位仙人,一一介绍说:"这位是太微帝君使者管修条,这位是太上老君使者叔门,那几位是金阙圣君使者王郎、王忠和鲍丘。只因茅盈你在家孝敬父母,出家救护百姓,功德甚巨,玉帝封你为'东岳上卿司命真君太元真人',特遣我等前来赏赐各种冠服器具。"说罢,喊了一声:"茅盈前来受赐。"

茅盈应声上前,跪在地上。冷广将一枚镌有"东岳上卿司命真君太元真人"字样的神章赐给茅盈。

接着,太微帝君使者管修条赐给茅盈一件用紫色羽毛编织、绣着八龙图案的锦缎仙袍。

太上老君使者叔门,赐给茅盈一个铸有金虎真符的流金铃。

最后,金阙圣君使者王郎、王忠和鲍丘端过一个硕大的玉盘。玉盘当中盛着一枚四节咽胎流明神芝、一枚金阙玉芝、一枚金英玉芝、一个长曜仙桃、一根碧绿晶莹的洞光仙草。

三位使者让茅盈当场吃下神芝、玉芝、仙桃和仙草,穿上锦缎羽毛织成的仙官袍服,胸佩玉符,手握金铃,端端正正地站着。

这时,仙乐再一次奏响。仙乐之中,西王母他们步出茅棚,对茅盈说:"茅盈,今日是你的大喜日子。你吃了四节神芝,位升真卿;吃了金阙玉芝,受职司命;从此寿比天地。玉皇大帝命你统领吴越神仙,管辖江左山河,你要好自为之。"

茅盈跪在地上,叩头说:"小仙谨遵玉帝仙命。"

西王母说完,又命令四位帝君的使者将仙官所需的所有仪仗、服饰和车辆搬到茅盈的院子中。

口谕宣毕,冷广和四位帝君的使者将这些仪仗等器物搬进院子里,然后一一与茅盈告别,乘着彩云,升天而去。只有西王母、西城王君和上元夫人留了下来。

西王母和西城王君特地带来天宫御厨精制的各种美味肴馔,招来吴越山脉河川大小众仙,在茅棚前坪地上搭起帐篷,为茅盈举行盛大的庆贺宴会。

西王母端起玉杯,站起身来,对与会众仙说:"诸位上仙,今晚,吴越地界所有神仙聚会句曲山,一起庆贺茅上卿就任新职,此乃仙界一件大好事、大喜事。从今之后,汝等都在茅上卿的管治之下,行使各自仙权仙责,诸位上仙务必听从茅上卿号令,务必遵守仙规仙矩,做好分内职责。"

西王母话音刚落,众仙齐声应道:"我等谨遵王母圣命,听从茅上卿号令,谨遵仙规仙矩,做好分内职责。为茅上卿干杯。"说罢,各自端起酒杯,一饮而尽。

干杯之后,西王母招呼众仙重新坐下,说:"诸位上仙,趁此盛宴,我还要宣布一件大事。茅上卿有两个弟弟,一名茅固,一名茅衷,两人在天宫中均列仙籍,有地仙之份。宴会之后,众仙回转各自洞府,我与西城王君、上元夫人、茅上卿一起前去咸阳,为他们指点迷津,引导他们来句曲山修炼。"

众仙听了,个个欢喜,再次向茅盈表示祝贺,祝贺他们兄弟三人一同修成真仙。

茅固、茅衷升地仙

宴会圆满结束后,众仙回转各自洞府。

西王母带着上元夫人张灵子,与西城王君、茅盈一起乘坐仙鹤,穿云破雾,向着咸阳飞去。

只不过一顿饭工夫,便到了咸阳上空。

西王母指着咸阳城西南一座花木扶疏的花园,对茅盈说:"茅上卿,看到了吗,你两个弟弟正在花园中下棋呢。"

茅盈低头一看,真的,在咸阳城西南角上有一座十余亩的花园,花园连着一个偌大的宅院。花园中间那座六角的亭子中,两个弟弟真的在聚精会神地下着棋。

西王母对大家说:"我们下去吧。"

四只仙鹤从云中缓缓降到亭子前面。

茅固和茅衷正下得出神,忽然看见四只仙鹤自天而下,大吃一惊。再一细看,吃惊得差点喊出声来。那走在前面的仙人不就是自己的大哥嘛。啊!大哥真的修成天仙了。两人赶紧站了起来,走出亭子,向着茅盈等四位仙人迎去。

茅盈紧走几步,搀住茅固和茅衷,说:"二弟、三弟,你俩慢点,慢点。"

茅固激动地说:"大哥,我们早就听人说你白日升天,想不到今日会来家看望我们。喜,喜煞小弟了。"说完,指着西王母他们,问道,"大哥,请问这几位上仙,是……"

茅盈赶紧介绍:"这位是名闻天地人三界的西王母。这位是名闻天下的西城王君,也是愚兄的师父。这位是上元夫人张灵子。你们快快过来见礼。"

茅固、茅衷跪了下去,叩头施礼。

西王母说:"茅固、茅衷,你们年老体衰,不必如此多礼。"然后,吩咐上元夫人说:"快将他们扶起来。"

上元夫人应了声"是",上前将茅固、茅衷扶了起来。

在茅固、茅衷带领下,一行人穿过花园,来到客堂。

茅固吩咐下人上茶。接着,又吩咐备办素席。

酒过三巡。

西王母对茅固、茅衷说:"茅固、茅衷,我们今天是专为你俩来的。你俩虽是凡胎俗子,但天宫仙籍记载,你们都有地仙之份。为此,我们特地来到你们家中。素宴过后,你俩如果愿意跟随茅盈入山学道,我便将修炼地仙的真经授给你们。如不愿意,素席结束,我们立刻告别。不知你俩意下如何?"

茅固、茅衷看到比自己年纪大了许多的大哥修成真仙,一百四十多岁的人了,面貌还是如此年轻,就像三四十岁的后生。对照自己,满头白发、满脸皱纹、背脊佝偻、手扶拐杖,走不上几步,便气喘吁吁。在这人间,他们虽然也已算是长寿之人,但与大哥相比,一个在天,一个在地。今天,西王母说他们两人有地仙之份,这是千年万年也修不来的机会,怎有不愿意之理。

想到这里,茅固和茅衷齐声说:"我俩愿跟大哥出家,入山修道。"

西王母说:"好,既然你们愿意跟随茅盈入山修道。我有《太霄隐书》《丹景道精》等四部道经赠给你们。我去之后,你们即随茅盈去句曲山好好修炼,将来天帝还有任命。"

西王母吩咐上元夫人将四部道经赠给茅固、茅衷,让他们签下表明学道决心的誓约,便与西城王君离开咸阳,乘鹤回山。

茅固、茅衷跟着茅盈来到句曲山,在茅盈所居茅棚附近的一个山洞中住下,依着西王母所赠四部道经修炼。茅盈又教他们咽津服气养血壮筋的办法,还让他们服下自己多年炼成的"九转还丹"。兄弟俩在句曲山中修炼了四十年,果然修成了地仙。

又过了五年,西王母派遣紫虚元君来到句曲山,传达玉皇大帝的圣旨。据《太元真人东岳上卿司命真君传》记载,玉皇大帝在这次圣旨中分封大茅君管治东岳,治宫在赤城玉洞(今浙江省天台县赤城山玉京洞)之府,有玉童、玉女各四十人，出入太微，受事太极，总括东岳。

分封中茅君茅固为"句曲山真人定禄右禁师茅君"，主管天下禄位，治句曲山。

分封小茅君茅衷为"下茅地仙至真三官保命微妙冲慧神佑神应真君"，治良常山。良常山是句曲山的一部分，位于句曲山北陲。

为了兼顾赤城和茅山，茅盈定下每年十二月初，会同天台山诸仙去茅山稽查；来年三月十八日自己生日，再和两个弟弟返回天台。

三茅庵

三茅庵坐落在天台县西十五公里。关于它的来历，千百年来流传着一个美丽的传说。说的是一年的三月十八日，大茅君带着两个弟弟和玉童玉女从句曲山乘鹤飞到天台。他们先在飞鹤山落脚，然后再到玉京洞。他们在玉京洞中建起道宫，采仙药，炼真丹，还经常背着药囊走村串户为百姓治病。这一年，恰逢天台山发生了大瘟疫，兄弟三人一面传道，一面治病，救治了无数的人命。

一天傍晚，前来玉京洞求治毛病的病人们都下山去了，可是茅盈没有歇着，他带着玉童玉女为病人准备第二天的草药。

明月从东边的山冈升起，渐渐升到中天，茅盈和玉童玉女终于将第二天所需的草药整顿齐备。茅盈站了起来，伸伸胳膊，走出玉京洞，打算在洞前的岩石上静坐一会，今晚明月如此皎洁，正是饮服月精的好时光。

刚刚坐下，一阵微风吹来，风中传来一阵痛苦的呻吟声。谁这么晚了还没回去？

茅盈叫来一个玉童，吩咐他沿着下山之路仔细寻找。

不一会，玉童回来禀报说，是一个六十多岁的老婆婆，她今天上山为儿子讨要草药，回去时，走到百步峻，一不小心跌伤了腿，坐在山道上动弹不了。

茅盈一听，立即起身，赶到老婆婆身边。老婆婆正坐在百步峻的石级上，一声声呻吟。

茅盈就着月光仔细察看，老婆婆的小腿跌断了。他赶紧从身边葫芦中倒出一粒药丸，让老婆婆服下。接着他又吩咐玉童回转玉京洞，取来一束新鲜草药。他将草药放在嘴里嚼烂，敷在老婆婆小腿上，外面用树皮包扎得当，接着往包扎处吹了一口仙气。

茅盈说："老婆婆，你站起来走走，试试看。"

草药刚刚敷上，老婆婆就觉得一股透心的清凉，仙气一吹，小腿便一点也不疼了。听见茅盈吩咐，她站了起来，一走，真的完好如初啦。

茅盈吩咐两个玉童，一定要将老婆婆好好送到家中。

玉童和老婆婆走了。

茅盈回到洞中，却一点也睡不着。他想，我所居住的玉京洞，离山下足足有一百多丈高，山陡路窄，病人们上下十分不便。今日这老婆婆幸好只跌断了小腿，要是滚下岭旁的深涧，怎么得了。他想来想去，觉得要为百姓治病，就得找一个让老百姓方便的地方。

他决定下山去寻找一个新的住处。

第二天，茅盈乘坐仙鹤飞到三茅溪上空，往下一瞧，只见三茅溪畔一个大村寨村口的大樟树下围着一群人。

他来到村口，看见大樟树上贴着一张榜。上前细瞧，原来榜上写着，寨主公子三天之前上山猎虎，虎没打着，被虎一惊，跌下山坑，头破血流，命在旦夕。如若有人救得公子，赏银一千。

茅盈心想，寨主乃是有权之人，如果治好他的公子，银子可以不要，向他要一处近村地方居住，倒是不错。再说，这救死扶伤本来就是自己该做的事。

想着，他上前，一把揭了榜。

众人一看，原来是住在赤城山上的神医，一齐嚷了起来："神医来了，神医来了，公子有救了。"

几个看守该榜的寨兵连忙将茅盈带到寨主家中。

寨主迎了出来，拱手作礼，道："神医如能治好小儿，定以千两银子相谢。"

茅盈说："先让贫道看看贵公子伤势。"

寨主带着茅盈来到内室。只见公子躺在床上，两腿骨断成数截，额头裂了一道口子，隐隐有脑浆渗出，昏迷不醒，只剩一口气。

茅盈伸出手指，分开公子双眼看了看，对寨主说："闲杂人等，且退出房外。"

寨主手一挥，满屋的人退了出去。

茅盈吩咐仆人取来半碗童便，兑了半碗黄酒，将公子牙关撬开，缓缓灌了下去。然后，他从身边的布袋中取出几把芳香扑鼻的新鲜草药，吩咐仆人在石上捣烂，敷在公子两腿断裂之处。

接着，茅盈从怀中取出一个葫芦，倒出一撮芳香扑鼻的淡黄色药粉，撒在公子头裂之处。撒毕，他俯下身子，朝那裂口吹气。

寨主在旁看着，急了，赶忙阻拦，说："神医，犬子头裂，应当避风，你不能吹气呀。"

茅盈说："寨主放心，贫道所吹，不是一般之风。按一般说法，头脑破裂，确应避风。但是贫道口中之气，乃贫道三昧真气。"

寨主这才放心。

茅盈撮起嘴唇，呼的一口气吹了过去。真是不可思议，真气到处，药粉立刻溶了开来，成了药液，变作一层薄膜，盖住了公子额头裂口。裂口刚刚被蒙住，便听公子轻轻哼了一声，竟然缓缓睁开眼来。

寨主喜出望外，朝着茅盈连连作揖："先生，真是神仙呀。"

当晚，茅盈住在寨主家中看护公子。

第二天一早，茅盈要回赤城山为百姓治病。他吩咐寨主："贫道昨晚照料公子，公子当无大碍。今天，寨主只需将童便黄酒喂他三次便可。等到夜里，贫道再来为公子换药。"

就这样，茅盈昼去夜来。仅仅三天，寨主公子便能下床走路了。

寨主十分感谢,捧出一千两银子感谢。

茅盈说什么也不肯收。他说:"贫道为人疗伤治病,从不收取分文。"

寨主真诚地说:"些许薄礼,先生一定要收下。否则,在下终生过意不去。"

茅盈说:"银子,贫道是坚决不收的。寨主如果觉得实在过意不去,可以答应贫道另外一个请求。"

寨主说:"别说一个请求,十个、百个,只要我能做到,都满足你。"

茅盈说:"贫道住在赤城山玉京洞,为人采药治病。奈何山道陡峻,病人上下十分辛苦,尤其是年老体弱之人,更不方便。贫道意欲在贵村附近,寻一处幽静地方建个茅舍,一边修道,一边为百姓治病。不知寨主能允许否?"

听说是这么一件事,寨主笑着说:"神医啊,就这么一件事,容易得很,容易得很。这村寨面积很大,大溪两旁都是在下的管辖范围。明天,在下陪你一起出去踏勘,只要神医看中的地方,我就用这一千两银子为你建一个住所。你看如何?"

茅盈点头:"如此甚好。"

第二天,茅盈吩咐玉童回转赤城山玉京洞,说是如有病人到玉京洞求医,轻者,由玉童、玉女负责治疗;重者,送到村寨中来,待茅盈与寨主去大溪边寻找地方归来亲自治疗。

玉童遵照吩咐,回转赤城山。

茅盈在寨主陪同下,向大溪边上走去。

从早到晚,茅盈在寨主陪同下,走遍大溪所有的山山坳坳。傍晚时分,终于在离村寨南边约一公里找到一处理想之地。

这是一个离平原只有十几丈高的小山坳。山坳西北面横亘着一道山冈,山冈上长满密密层层的松树。山坳两侧又是两道山冈。三道山冈环抱着一片谷地,宛似一个燕巢。更为可喜的是,谷地前头还有一大一小两个山顶湖泊。四周丘峦层层叠叠,地气蒸腾,俗称地肺山。

站在湖泊边上,茅盈朝着东南方向望去,星星点点的茅舍就在脚下。他心想,这里风水极佳,又近村居,没有比这更理想的地方了。

转过身子,他对寨主说:"寨主,这个小山坳,前水后山,三冈环抱,松茂竹翠,风水绝佳。四周岚气环绕,真像贫道原来居住的茅山。再说,离地不高,又近村庄,便于百姓来往医病。寨主,你如果愿意,贫道就在这里建个茅舍吧。"

寨主说:"只要神医看中,在下哪有不愿之理。今天天时已经不早,明天,我们一起前来结界定桩如何?"

茅盈连连点头:"贫道替百姓谢谢寨主。"

听说茅盈要在这个小山坳隐居建房,远远近近的百姓纷纷赶来帮忙。挖土的挖土,搬石的搬石,很多人还将家中的木料门板捐了出来。寨主拿出那一千两赏银,作为工钱和材料费开支。

不到三个月,一座有着三个四合院的道观就在这小山坳中落成了。茅固和茅衷听说大哥从赤城山搬到新居,也从句曲山和良常山赶来庆贺。

茅盈对他们说:"这里是地肺山,岚气环绕,最宜道家修炼。我们三人一起住在这里采药炼丹,为百姓治病。好吗?"

茅固、茅衷高兴地说:"好,好,每年大哥生日的前三个月,我们就来这里与大哥同修。"

为了感谢"三茅君",百姓们就将这道观称为"三茅庵",把山下的村庄改名"肺垟"。

古老的三茅庵至今仍在。

今天,我们从 104 国道西侧一个叫白岭的山坡上去,穿过红旗渡槽西头一个叫"长文岗地道"的拱洞,再向前走一段不远的路,便可来到这个神秘的山坳。古老的三茅庵就坐落在山坳正中,古朴、沉静,像一个饱经沧桑的老人正在闭目养神。

这是一个尚算完整的四合院,幽静而又洁净。两千多年之前的三茅庵拥有中院和前院,其遗址就坐落在这个四合院的前部,现在已经被辟为菜地。在这初夏季节,菜地里几处带豆、黄瓜,几处毛芋长得蓬蓬勃勃,似乎在向我们暗示三茅庵虽然饱经沧桑,但依然有着旺盛的生命力。

如今,坚守在三茅庵中的是一位老人,初看才七十岁光景,可是一问,已经八十三岁了。和老人交谈之后,我对他肃然起敬。

老人名叫徐昌标,他刚生下来,母亲就抱他到这里守庵,整整八十三年了。以前,他有一个老妻、一个女儿和他一起守庵。老妻三十多年前就逝世了,女儿也出嫁了。三十多年来,他就是这样,一个人日夜守望着这个几乎已被世人遗忘的"三茅"祖庭。

我说,你在这里守望了八十三年,真了不起。

徐昌标说,道友,你说得还不够,不止八十三年啊,因为,从我爷爷算起,我们已经在这里望了一百二十七年了。

原来,他们祖孙三代一直坚守在这里。他的爷爷名叫徐三文,本来在三茅村守望"桥头庵"。据《天台县志》记载:清光绪十八年(1892),三茅溪发洪水,沿溪房舍被冲毁,死了许多人,桥头庵也被大水冲毁了,片瓦无存。徐三文没办法,只好来到三茅庵帮工,从此就在三茅庵住了下来。后来,传到儿子徐台钗,又传到孙子徐昌标。徐三文和徐台钗也是长寿之人,都活到了九十多岁。

徐昌标又说,原来从杭州到临海的官道是经过三茅庵的。那时,三茅庵人来车往,十分热闹,香火也比较旺盛。三茅庵的规模也比现在大得多,官道一直通到现在庵前的水塘边,那水塘便是原来的放生池。民国十一年(1922),修起城关到白鹤的公路以后,这里一步步衰落了。

传说明朝万历年间(1573—1620),有个上杭城赶考的秀才,骑着马,带着一只狗经过这里。这天正是阴历六月六日,天气炎热,看见三茅庵,秀才便进去朝拜,求三茅真君保佑。他求了一个上上签,意思是让他赶紧动身,今年定有好运。秀才高兴极了,出了三茅庵,骑上马往北走。走了几十里,秀才忽然发觉包袱、雨伞掉在三茅庵放生池旁的路上,那只狗也没跟上来。秀才本想回去拿,想想时间来不及了,要是误了考期,又要等三年。包袱、雨伞没有赶考重要。于是,他便放弃了包袱、雨伞,继续往前赶路。

那一年,运气真好,秀才得了第一名。回转路上,他经过三茅庵,此时距上次求签已经过了二十多天。他想到庵中还愿,感谢三茅真君。到了庵前,一看,他吃了一惊,包袱、雨伞还在放生池边上,那只狗还趴在边上看望着。秀才赶紧下马,走过去一看,狗已经饿死了,可是两只前爪还牢牢保护着物品。

　　秀才又是悲伤又是感动。进了三茅庵，管庵的道士对他说起狗看包袱的事。道士说，这只狗忠诚，我们赶也赶不走，给它吃也不吃，二十多天呢，它就趴在那里牢牢地守望着，一有人靠近，就狂吠。真是只义犬呀。

　　秀才拿出银子，叫道士为义犬做了一场法事，又为义犬做了坟。消息传了开来，四面八方的人都赶来观看。大家都说，狗实在是比人还有义气。从此当地便流传着每年阴历六月六日为这只义犬做道场的习俗。

三茅赶石造大桥

　　天台山三茅溪畔有个三茅村，三茅村头有座三茅桥。

　　有一年三月十八日，茅固、茅衷遵约从茅山来到天台为大哥庆贺生日。此后，他们就在三茅庵住了下来。每天，他们除了打坐修炼，就是出去采药或者到病人家中为他们治病。

　　离三茅庵不远的桃源洞畔盛产各种草药。有一阵子，三兄弟常常天不亮就乘坐仙鹤，飞到桃源洞畔的山上采药。

　　这一天，他们从桃源洞畔采药回来。刚刚飞到三茅溪上空，忽然听见一阵"哩哩啦啦"的唢呐声。

　　三兄弟停住仙鹤，往下一看，原来是一支送亲队伍正从一个小山坳中走出来，沿着一条曲曲弯弯的卵石小路，向着三茅溪边走去。

　　那时的三茅溪还没有桥，靠着一排碇步过水。

　　送亲队伍走上了碇步，刚走到溪中央，忽听得"哗啦啦"一声巨响，像千军万马一样的洪峰，墙一般地从溪上游转弯处冲了过来。

　　送亲的人急忙抬轿往岸上逃去，可哪能来得及。他们一边高喊"救命，救命"，一边在洪水中挣扎。顷刻之间，他们便被洪水卷走了。

　　你说青天白日为什么会有洪水呢？原来，三茅溪发源于万年山。俗话说:"夏天雷雨隔瓦栋。"三茅村这里艳阳高照,万年山那边已是大雨滂沱,洪水就这样不期而至。千百年来,不知有多少百姓就这样被无情的山洪吞噬了宝贵的生命。

三兄弟看到这种情景,不约而同地喊了一声:"不好。"

茅盈喊道:"二弟、三弟,快救人。"

三兄弟立即飞到三茅溪上空,同时挥起仙拂。霎时间,三道银光从仙拂中射出,射向溪中央。银光到处,洪水裂开,洪水中现出一条大路。紧接着,三道银光合并一处,化作一阵清风,将新娘和送亲的人们推送到岸上。

新娘和送亲的人醒了过来:"是谁救了咱们呀?"

睁眼一看,原来是住在三茅庵的三个神仙。他们纷纷跪在地上,一边礼拜,一边说:"谢谢神仙,谢谢神仙。"

茅盈说:"不用谢,不用谢。"此时,他取下身边的葫芦,倒出一把黑色的药丸,对领头的人说:"乡亲们,你们刚才浸了水,受了惊,将这药丸一人一粒吃了,身体就会康复如初。"

领头人接过药丸,分给众人。

三兄弟与众人辞别,回转三茅庵。

当天晚上,茅盈对两个弟弟说:"山下这条大溪,没有桥,年年发大水,年年害百姓,应当想个彻底的法子。"

三弟茅衷说:"大哥说得对,依我看,得在溪上建座桥才能救百姓。"

二弟茅固想得仔细:"大哥和弟弟说得对,是要建座桥。可造桥要材料。用木料吧,经不起大洪水,得用石料。可这一带周围都是砂岩,没有坚固的石材呀。"

茅盈说:"二弟说的是。这大溪边上都是沙性的猪肝岩,造不得桥。离此不远的桃源洞畔倒有花岗岩,又采不得。采了,就坏了桃源洞的美景。到哪里去弄这么多石材呢?"

低头沉思的三弟茅衷抬起头,说:"大哥、二哥,有办法了。"

"什么办法?"

"离这里约十公里,有条始丰溪。始丰溪南边有座石山,石山上的石材又洁白又坚固,世世代代有人采去起屋造宅。我们何不到那里采呢?"

茅盈、茅固齐声说:"好,十公里路,难不倒我们。"

仙人做事历来是说干就干,而且是不让凡人知道的。

当夜,三兄弟飞到如今溪边村南边的石山上。只见石山上有许多采石留下的石仓洞。三兄弟走进石仓洞,朝着岩壁,挥起仙拂,横一划,竖一划,顷刻便切下一块石条。不长工夫,便采齐了石料。

接着,三兄弟一齐挥起仙拂,赶羊一样,把石料赶到三茅溪畔,在白天新娘落水的地方造起桥来。

他们赶着石条,按桥的样子,砌起桥墩,正干得热火的时候,忽然,岸上有人喊起来:"谁,偷了我家大白羊?"

这一喊,露馅了,桥架不成了。三兄弟只得隐了身形。

原来,这是一个住在三茅村的懒人,绰号叫"懒虫"。

懒虫平日不下地干活,专靠三茅溪发大水,在溪中捞些东西过日子。

这一天,发了洪水,他怕白天人多,别人抢了洪水里的东西,趁着半夜三更,一个人偷偷来到溪边捡便宜。

懒虫下了溪,走近一看,哪里是什么白羊,原来是一堆雪白的石条。石条也好,搬回好卖钱。懒虫下水去搬,可哪里搬得动,气得往石条上打了一拳。嗨,把手打破了,血滴在石上,痛得叫爹叫娘。

懒虫捧着血淋淋的手回去了,嘴里直喊:"晦气,晦气。"

三兄弟见懒虫走了,又下到溪中继续架桥。可不管他们怎么努力,石条再也赶不动了。

正在这时,村子里响起鸡鸣声,天要亮了。没办法,三兄弟只得回到三茅庵。

桥没架成,三兄弟闷闷不乐。茅衷说:"我们的仙法为什么不灵了呢?"

茅固说:"因为那个凡人把血滴在石条上,破了仙气,所以不灵了。"

茅衷说:"大哥,你想个办法吧,我们照办。"

茅盈想了想,说:"如今只有一个办法,将我们的血滴在石条上,驱赶凡人血光,才能把桥架成。不过,我们修道之人,一旦皮破血流,真气外溢,至少要少百年道行,不知两个弟弟肯不肯?"

茅固、茅衷说:"大哥,为了百姓,我们愿意少百年道行。我们修道,不是光为自身。光为自身,就不是真道了。"

第二天晚上,他们又来到头夜造桥的地方。他们刺破手指,将血滴在桥墩上。哈,仙拂一挥,那些石条就听话般地飞起来,一层层往桥墩上叠去。不长工夫,一座又宽又平的石桥造成了。

天亮了,百姓从家门出来,呆住了:"怎么,昔日洪水滔滔的溪上一夜工夫架起一座桥呀?"

这时,懒虫走了出来,说:"我知道,我知道,前天夜里,我半夜出来,看见三个神仙在溪中赶白羊。我喊了一声,神仙遁走。过去一看,哪有白羊,原来是一堆石条。我气得往石条上一拳,把手捶破了,血滴在石条上。都说神仙之法不能见凡人血光,我在石条上滴了血,神仙怎么还能造成桥呢?"

众人正在议论,一位白发白须的老人走了过来,对众人说:"凡人滴了血,一定要用神仙自己的血来冲,才能重新造桥。神仙滴了血,手一定破了。依我看,这桥一定是住在三茅庵的三个道士造的。情况是不是这样,去三茅庵看看他们的手就知道了。"

百姓们说:"对,去三茅庵看看就知道了。"

百姓们走过这座新建的大桥,向着三茅庵走去。

进了三茅庵,百姓们看见三兄弟正在院子里捣制草药,往指头伤口上敷药呢。

看见这个情景,白发白须的老人对众人说:"看到了吗?就是这三位神仙,为了我们百姓,刺破指头,滴血石上,才造成大桥。我们要世世代代牢记这三位仙人的大恩大德啊。"

说着,他带头跪了下去。一刹那,百姓们在庵里庵外跪满了一片。

茅盈、茅固和茅衷见了,赶紧说:"父老乡亲们,大家起来,快起来。你们这样做,折杀贫道三兄弟了。"

为了纪念茅家三兄弟,百姓们就把这座桥命名为"三茅桥",把自己居住的村庄命名为"三茅村"。

茅导师

茅导师，本来的意思是姓茅的老师。可是如今，很奇怪，这"茅导师"竟然成了一个村庄的名字。这到底是怎么一回事呢？

这个村庄坐落在三茅溪下游的南岸，现隶属于天台县始丰街道。

茅导师

据《天台地名志》记载，"因古时此村居一道士，群众尊称为导师，村民姓茅，故名"。

由此可见，茅导师是一个道士。这个道士是谁呢？20世纪70年代初，我曾经为此走访了当地的老人。老人们告诉我，这位道士便是茅盈。当年，他们还说了这么一个故事。

老人们说茅盈、茅固和茅衷三兄弟在今天属于白鹤镇的"三茅庵"住了下来，日日为老百姓采药治病。一年又一年，一晃之间，便过去了二十年。

二十年岁月，是整整一代人啊。二十年中，三茅村人口不断增多，三茅村原有的土地不够耕种了，于是，人们向着三茅溪下游那片平坦肥沃的平原迁徙。慢慢地，在下游现在叫作"鬼叫垟"的地方形成了一个大村庄，就是现在的茅导师村。

茅导师村周边土地肥沃，又近溪水，百姓们温饱有余。但是有处美中不足的地方，就是村子离"三茅庵"太远了，有二十来里路呢。这样一来，百姓们有病去三茅庵求治就很不方便。

住在三茅庵中的茅盈也想到这一点。他想，二十年前，我从赤城山移到三茅庵，本以为方便百姓了。可二十年过去了，村庄发展了，三茅溪下游的病人又不方便了，怎么办呢？

这天傍晚，前来治病的病人回家了，茅盈叫来两个弟弟，和他们商量。茅盈说："两个弟弟，我们来三茅庵已经二十年了。这些年，我们治好了不少病人。可是，经过二十年，山下的人多了，村大了，人们不断向三茅溪下游迁徙，渐渐地在下游聚集成一个大村庄。那村庄离这里有二十多里。二十里，对于一个病人来说，路程不近，很不方便啊。为此，我想了好久，为了方便百姓，我们不能再一起住在这里。我们得分开来，住到下游那个村子去，百姓才能方便看病。"

茅固、茅衷点头："大哥说的是，让我俩到那个村子去吧。"

茅盈说："我想过了，你们两个仍旧留在三茅庵，继续为这里的百姓治病。我到下游村里去。"

兄弟三人就这么商定了。

第二天，茅盈告别两个弟弟，带着几个玉童，来到下游那个村子，在村边搭了一个茅棚，为百姓采药治病。

茅盈道行高，不管什么疑难杂症，几乎都是药到病除，名气越传越广。

一天，一个十三岁的少年来到茅棚，说要出家修道，拜茅盈为师，为人治病。茅盈看他一双乌溜溜的眼睛，一副聪明的样子，便收了下来。

小道士很勤快，每天跟着茅盈上山采药，帮着茅盈洗药、切药，帮着茅盈为病人煎药、换药，忙得不亦乐乎。

茅盈为病人治病，不但不收分文，还要倒贴煎药的柴钱、炭钱。病人们过意不去，一定要茅盈收下钱。茅盈说什么也不肯。推辞到最后，病人们说："道长，这样吧，我们这点钱就算捐给道观，献给祖师，作为朝拜祖师的香火钱。道长，这你总该收下吧。"

听病人把话说到这个地步，茅盈不好再坚持，于是便收下很少很少一部分香火钱。他将这一部分收入另外记账，另外储藏，全用在朝拜祖师上，决不在自己身上用一文。

他吩咐小道士："记住，施主们的香火钱，我们一分一厘都不能动。动了，用了，下世要披毛戴角还。"

小道士点点头："徒儿知道。"

日子一天一天过去，小道士信守诺言。

眼看到了年终，这是一年之中最热闹的日子，村里家家户户捣年糕、杀年猪，备办春节的佳肴。

这一年，因为村子里有几个病人病重，茅盈没有在十二月初二回转茅山，而是在三茅溪下游这个道观过春节。

道观就在村子旁边，家家户户煮肉煮鱼的香气一阵阵飘了过来。

茅盈闻到了，像没闻到一样。小道士就忍不住了，每逢香气飘过来，就禁不住深吸几口，嘴里唾液滴滴答答地。也难怪他，因为道观里生活异常清苦，平日里素菜淡饭，有时连滴油星也难见到，一个正在长身体的少年，怎能不贪嘴呢。

春节那天，为了感谢茅盈，来道观朝拜祖师的人像牵绳一样不断头。到了下午，朝拜的人少了一些。茅盈吩咐小道士看好门户，当心火烛，自己带着玉童去村里为一个跌伤腿的老人换药。

茅盈走后不久，一个衣着华丽的富翁来到道观朝拜祖师。拜过之后，递给小道士十两银子，说是香火钱。

小道士收了下来，将富翁送到门外。这时，一阵风吹过，又飘来一阵扑鼻的肉香。小道士使劲吸了几口，心想：快一年了，连点肉末都没揩牙，太难熬了。师父正好不在，我何不扣下一点香火银子买肉吃呢。

回转道观，他扣下半两银子，揣在怀中，出了山门，朝村头那家小饭店走去。

小饭店的店主，只要有银子，只要是生意，都做。小道士点了一碗红烧肉，一只烧鸡，一斤卤牛肉，吃了个不亦乐乎。

吃完了，一算，恰好二钱银子。

小道士心里乐呵呵的。好啊，今日吃了二钱银子，还剩下三钱，下次有机会再来过。

小道士打着饱嗝，出了店门，心满意足地向道观走去。

他刚走进山门，听见一阵"噗、噗、噗"的捶衣声。抬眼一看，一个从未见过的白发老婆婆在衣裳石板上捶洗呢。小道士走了过去，只见老婆婆在捶洗一块脸巾。再一看，这块脸巾是自己的呀。他奇怪地问："老婆婆，你从何处来？怎么在这里洗起我的脸巾来啦？"

老婆婆头也不抬，仍然捶洗着脸巾，一边洗一边念："心若正，脸巾净；心若歪，脸巾黑。世上肉，美滋味；咽下肚，损功德；功德损，银变铁。"

小道士听了，心里一怵。他掏出剩下的三钱银子一看，哎呀，白亮亮的银子真的变成了一块黑脱脱的生铁啦。

小道士目瞪口呆。

这时，不可思议的事情发生了。他眼前金光一闪，哪还是什么老婆婆，站在他面前的竟是师父茅盈。

小道士慌了，"扑通"一声跪在地上，连连叩头认错："师父，徒儿知错，徒儿知错，徒儿以后再也不敢了。"

茅盈将捶洗得干干净净的脸巾递给小道士，说："记住，脸要天天洗，私欲要时时降，才能得真道。"说毕，头也不回，走进屋去。

从此，小道士再也不贪财、不贪吃。过了几年，他也成了一个有道行的高道。

这件事传了开来，人们说："茅道士不但是一个救死扶伤的神仙，还是一个诲人不倦的导师。茅道士住在我们村，连我们后代都能受益，我们把村名叫作茅导师如何？"

众人听了，一致称好。

从此，这个位于三茅溪南岸的村子，就叫茅导师村。

三茅宫和三官堂

天台山三茅溪畔还有三茅宫和三官堂。

三茅宫

据传有一年，三茅溪一带大旱，半年无雨。三茅兄弟在今天三茅宫的地方设坛祭天。祭毕，好雨便哗哗而下，直至灌满了所有良田方才停止。为了感谢三茅兄弟，百姓们建起一座道宫，塑上三茅神像，朝拜祭祀。两千多年过去了，直到今天，三茅宫依然屹立在三茅溪畔。

因为年代久远，当年的三茅宫已经倒坍。现在我们见到的三茅宫是白鹤镇新楼、溪东、三茅、后泽、上泽、鹧鸪畈六村的村民于1995年集资重新建造的。三茅宫占地七千一百二十八平方米，建筑面积七百七十八平方米，有门厅、碑廊及东西两条轴线上的建筑。

东轴线第一幢建筑为灵官殿，这是半人字屋顶建筑，占地一百三十二平方米。殿中供奉道教最崇奉的护法神王灵官。

从灵官殿左右两侧通道往北，便是茅濛祖殿，高八米，面积二百一十平方米，单檐歇山顶建筑，祖殿两侧建有厢房。祖殿中主供三茅高祖茅濛。茅濛右边供奉境主大帝，境主大帝是当地乡民的保护神。两侧供奉着吕祖、紫阳真人、朱相、叶相、文判、武判。朱、叶两相是明代开国将领。朱相名叫朱亮祖，叶相指的是叶琛。朱亮祖后来被朱元璋活活鞭死。文判、武判为境主大帝的随从。

茅濛祖殿的东厢房是斋堂。西厢房是文昌殿和客堂。文昌殿中供奉着文昌帝君和财神。

东轴线最高处为三茅真君大殿，是三茅宫体量最大、最高、最雄伟的殿宇。其高十五米，深十九点五米，为五开间歇山顶建筑。殿中供奉茅盈、茅固、茅衷三位真君。

三茅宫西轴线的建筑，最南端是一个造型别致的放生池。放生池由一大一小两个水池连接而成，状如葫芦。两池交接处，上架拱形小桥一座，桥面镶嵌鹅卵石，古色古香。池周茂林修竹、花木扶疏，清幽宜人。

放生池往北，上台阶，可见两座并排的殿宇。左为观音堂，右为胡公殿。观音堂内供奉送子观音和五尊莲花童子。胡公殿供奉胡公大帝（胡则）和他的四位娘娘。

关于三茅宫，当地还流传着许多神奇的传说。

据范正干等老人说，古时候，在现在三茅宫前面不远的三茅溪旁边，有一个名叫"三官堂"的道观。其规模不小，香火也很兴盛。一年，三个书生上京赶考，走到这里时，天上下起倾盆大雨，洪水暴发，冲垮了三茅溪上的木桥。

三个书生望着汹涌澎湃的洪水，眉头百结。科举考试时间非常严格，如果误了期限，又要等整整三年。怎么办呢？

眼看天就要黑下来了，雨还是下个不停。这里前不巴村、后不着店，到哪里宿夜呢？正在为难时，前面田间小路上走来一个道士打扮的人。他来到他们面前，好心地问："客官，你们到哪里去？"

为首一位书生行礼回答："回道长，我们三个是进京赶考的书生，走到这里，恰遇山洪暴发，冲毁木桥，过不了溪。请问附近可有住宿之处？"

道士稽首道："这四周没有村庄，更甭说旅店了。贫道就住在离此处不远的三官堂，三位客官要是不嫌弃，今晚到小观暂住一宿如何？"

三个书生抬头看看天，天马上就要黑了，于是对道士说："只是太麻烦道长了。"

道士爽快地说："出门人谁背着屋走路呢。"说着便带着三个书生向三官堂走去。

当晚，三个书生宿在三官堂，打算等雨停歇洪水稍浅，蹚水过溪进京赶考。可是人算不如天算，这场豪雨竟然下了三天三夜还不肯停下。

望着眼前这瓢泼大雨，三个书生心里像滚油煎煮一样，怕误了考期。

道士看出了他们的心事，安慰说："客官，我们殿中的祖师神灵验得很，你们可去求求，也许能逢凶化吉。"

"请问殿中供奉何方神祇？"

"是茅盈、茅固和茅衷三位茅君。"

三个书生学富五车，通晓儒释道三教，知道三茅真君是司命、定禄、保命之神。上京赶考不就是求取禄位吗？实在是太凑巧了，他们高兴地跟着道士走进三茅真君殿。

三个书生点香焚烛，跪地求告，摇动签筒。

"啪"一声轻响，签筒中跳出一支竹签。书生拾起一看，乃是上上之签。道士为他们解了签诗，说是有吉人相助，今科定中，又说："三位客官莫忧莫愁，祖师赐签，上上大吉。我这道观名叫'三官堂'，正好应上了三位客官，你们今年一定得中功名。"

三位书生心中阴霾一扫而光，定下心来，在观中读书。

半月之后，雨止水退。三位书生辞别道士，上京赶考。

三茅真君真正灵验。就在三位书生滞居"三官堂"之时，皇后生下一个皇子，举国上下为之庆贺。为此，皇上颁旨将科考日期往后推迟一个月。

三位书生进了考场，如有神助，文章做得花团锦簇。放榜时，个个中了进士。

三位书生回转天台，出资重修"三官堂"，将三茅神像装裱一新。

老人们说，"三官堂"存在将近一千年。后来，因为年深月久，风雨摧残，修了又倒，倒了又修。最后一次是在20世纪中期。

岁月忽忽又过去四十多年，到了1993年。

村民在现在三茅宫的地方建起一座道观。并将这座道观叫作上方殿。

两年之后，1995年夏天，村民又在原来上方殿的基础上，将殿宇向着北边山冈扩建。不长时间，一座颇具规模的纪念三茅的殿宇便建成了。

1997年，经天台县道教文化研究会批准，上方殿改名为"三茅真君祠"。

1999年，经天台县道教协会批准，殿宇正式定名为"三茅宫"。

2019年上半年，一个原本在玉京洞修炼的田高厚道长来到了"三茅宫"。在当地村委会和善男信女的帮助下，田道长夜以继日地工作，种花莳草，铺设地坪，整修客堂和灵君殿，使"三茅宫"的面貌在短短几个月间便有了很大的改观。现在，三茅宫比以前更加明亮、更加美丽、更加齐整，出现了欣欣向荣的面貌。

第三章

灵墟福地

据杜光庭《洞天福地岳渎名山记》记载，道家七十二福地的第十四福地灵墟福地"在台州天台县北，是白云先生隐处"。司马承祯，自号白云子，人称白云先生（因司马承祯善书法，人们把他比作晋代教"书圣"王羲之写字的白云先生）。

灵墟原是智者大师（538—598）的隐修处。据明代《天台山方外志》卷十三《古迹考》记载："初，智者大师入山，见一老父告云：'师上庵遇磐石可止。'果如所告，于此晏坐，其后成寺，因号灵墟。"隋开皇五年（585），赐名灵墟道场。宋治平三年（1066），改称天封寺。

据《天台山志》记载，灵墟福地周回百里，主峰一千一百多米。站在山顶眺望，四周山峰如同一层层花瓣团团围绕，自身仿佛站在莲花顶上，故名"华顶"。晋代大书法家王羲之（303—361）在此跟白云先生学习书法。南朝陈智者大师在此隐居修炼。唐代大诗人李白（701—762）曾到此游览，留下传诵千古的诗篇。归云洞和黄经洞是唐代高道王远知（509—635）和八仙之一的吕洞宾隐修的地方，洞口整天白云缭绕、仙气十足。这一带有王羲之洗墨池、智者大师拜经台、李太白读书堂、吕洞宾黄经洞等名胜古迹。

洗墨池和鹅字碑

王羲之喜得仙鹅

据说，晋建武年间（25—56）的一个夜晚。

年青的书法家王羲之在天台山华顶峰的一个茅棚里十分专注地练习书法。

写了一段时间后，他仰望窗外，只见那嵯峨黛绿的群山、满山葱郁的树木、湛蓝辽阔的天空与缥缈的几缕白云，恰好构成了一幅雅趣盎然的淡墨山水画。

他越看越喜欢，于是便放下笔，信步走出茅棚。茅棚就在峰顶，他俯瞰足下，白云迷漫，环视群峰，云雾缭绕，一个个山头探出云雾外，层层相裹，状如百叶莲花，华顶正当花之顶，故名"华顶"。

王羲之是当时著名的大书法家。他为了自己的书法能够精益求精，还到处求访名师。他听人说，天台山有一位隐居的高道，名叫白云先生，不但道行精深，而且善于书法，被人尊为"隐仙书圣"，但他来无影去无踪，很难见到。

王羲之非常仰慕，心想：这样的"书仙"正是我的偶像，我一定要想法见到他，向他请教。

两个月前，他就带着行李和笔砚，独自一人来到天台山华顶峰，住在一个破旧的茅棚里，每天除了烧饭，就是写字。他相信"心诚则灵"，我一定能见到白云先生。

正在这时，他忽听得头顶上一声鹅鸣。王羲之急忙仰头看：只见白色的鹅背上骑着一位老者，眨眼间，仙鹅已振翅飞到了他的面前停下。他知道是仙人光临，急忙跪下叩头："恭迎大仙光临，请问仙号，以便请教。"

老者从鹅背上跨出,哈哈大笑道:"贫道就是你每日念叨的白云先生!"

王羲之大喜过望,忙请老者进入茅棚,请坐奉茶之后,呈上自己写的字,下跪道:"弟子久仰书仙大名,今日得见,真是万幸。请书仙审览拙作,不吝赐教!"

白云先生点点头,一手捋须,一手拿过王羲之写的字仔细琢磨。最后,他指着王羲之所写的"永"字,说:"书法变化无穷,艺无止境,贫道可用您写的'永'字八笔顺序为例,谈谈正楷笔势的方法。点为侧,侧锋峻落,铺毫行笔,势足收锋;横为勒,逆锋落纸,缓去急回,不可顺锋平过;直笔为努,不宜过直,太挺直则木僵无力,而须直中见曲势;钩为趯,驻锋提笔,使力集于笔尖;仰横为策,起笔同直画,得力在画末;长撇为掠,起笔同直画,出锋稍肥,力要送到;短撇为啄,落笔左出,快而峻利;捺笔为磔,逆锋轻落,折锋铺毫缓行,收锋重在含蓄。你只要照此仔细琢磨,铁杵磨成针,功到自然成!"

王羲之听了,顿觉耳目一新,佩服得五体投地,连称:"是,是! 弟子一定遵教,决心在华顶峰住上三年,苦心练字,直到写出的字使书仙满意为止!"

白云先生点头微笑,道:"好,好,孺子可教!"想了想,他又说:"还有一点十分重要,写字运笔十分重要,笔势要刚中有柔、柔中有刚!"

说到这里,他伸手指指面前那只仙鹅的脖子,笑着说:"要像仙鹅转颈那样,刚柔兼济,笔笔优美!"

王羲之转头看那仙鹅,仙鹅也看着他。好一会,那仙鹅才伸掌漫步,摆动脖颈,步步刚柔兼济,就像运笔那样潇洒。

白云先生看在眼里,笑着说:"这样吧,看来你很喜欢我的仙鹅,我就把它送给你吧! 让你有个伴,又可作为学书法的运笔楷模!"

王羲之听了大喜,连忙伏地拜谢。

等他抬起头来,白云先生已乘着云朵飞上了高空,大声嘱咐他说:

"只有积墨成池,才能传艺千古……"

王羲之连连叩头,说:"弟子一定牢记仙师教导!"

从此,王羲之就与仙鹅做伴,在华顶峰茅棚住了三年,每天苦心练字。茅篷前有个水池,池水全被墨汁染黑,这就是《天台山方外志·古迹考》所记载的"王羲之洗墨池"。王羲之"积墨成池，传艺千古"的经历在这里传开，从此他被后人称为"书圣"。

曹伦选补"鹅"字碑

这个神异的传说，记录在国清寺右侧走廊墙壁上镶嵌着"王羲之独笔鹅"石碑的旁边。

据说王羲之很爱仙鹅，每天从仙鹅的行走、游泳等姿势中体会书法运笔的奥妙。他经过长期琢磨，反复练写，终于写成了一个令自己非常满意、独具匠心、独笔一气呵成的"鹅"字，请人刻上石碑，竖在华顶峰上，供游人观赏。见者无不赞叹，尊其为"台山千古墨宝"！经过长期战争动乱，到明代末年，"鹅"字碑不幸佚失。此事令全国书法界的大师们无不为之惋惜，有传说是"鹅"字碑随着仙鹅升天了，也有传说是王羲之为保护"墨宝"，把它埋进了地下。传说纷纷，不一而足。

岁月匆匆，过了一千五百多年，到了清代晚期。天台县城出了一个书法家，名叫曹伦选。他酷爱王羲之的书法，特地带上一本王羲之《兰亭集序》法帖，来到华顶峰，在当年王羲之的墨池旁边盖了一间茅屋，决心学到王羲之书法的精髓。他不分日夜地苦写苦练，把洗墨池的池水染得更黑了。

一天深夜，他像往常一样在烛下写字。忽然，他听见窗外"轰"的一声巨响。他赶忙探头去看，只见庭院里金光一片，花草树木都被映得闪闪发光。曹伦选有些惊慌，拾起桌上的砚台，朝窗外掷去。砚台刚刚着地，"忽"的一声金光顿时逝去，窗外仍然是一片如水的月光，四处静得出奇，就像方才什么事都没有发生过一样。

曹伦选觉得奇怪了，他想，难道自己的眼睛花啦，可是，声音却是实实在在的。他立刻推开纸笔，走出门外，就着月色一看：哎呀，那块砚台陷进地下有半尺多深。他连忙折一根树枝挖起砚台，捧回屋里，就着烛光看，奇怪！原来黑黝黝的普通砚台变成了晶莹闪亮的玉石了。

他想，自己刚才并未用力，砚台怎么会陷进地下这么深呢？又怎么会凭空变成玉石呢？他越想越觉得奇怪，跑到华顶寺，叫醒了当家和尚。

和尚们拿着锄头铁耙，来到洗墨池旁边，在砚台陷下去的地方挖开土，看看有什么奥妙。挖着，挖着，听见"当"的一声。拿灯一瞧，原来是锄头碰上了一块石板。他们把石板挖了出来，这块石板呈长方形，厚厚的，上面隐隐约约还有花纹。

曹伦选找来扫帚，又叫和尚从洗墨池中提来一桶水，洗刷了一番，字纹显出来了，原来是半个"鹅"字。

曹伦选高兴极了，赶紧叫和尚们继续往下挖。可是挖了老半天，始终找不到另外的半块。

曹伦选又是喜欢又是惋惜，他伸出手掌抚摸着石碑，喃喃地说："多好的'鹅'字呀，龙飞凤舞，笔力千钧，可惜只剩下半块，可惜呀可惜！"

当家和尚笑着说："曹公，你今夜掷砚得碑，亲睹书圣墨宝，实在是亘古少有之大幸。以先生如此高超绝伦的书艺，一定能补全这块千年国宝，使千秋墨宝重放异彩，不必怨嗟啊。"

曹伦选摇摇头，连声说："难哪，难哪，想我曹伦选一生欣羡'二王'笔法，苦心孤诣追慕数十年，仅能得其皮毛，怎敢狗尾续貂呢？"

当家和尚说："曹公此言差矣！昔日精卫填海、夸父逐日，其狂其痴恐怕远在此续碑之举之上吧，有志者事竟成嘛。"

听了这话，曹伦选心头一震：是呀，我一生追慕"二王"，今朝有此机会，却为何却步呢？心中顿时领悟，他点头道："长老一言，令在下茅塞顿开。王羲之这独笔鹅字巧夺天工，一气呵成。在下虽然才智驽钝，也要拼着一生努力，将它补全，不让此无价之宝残缺半边。"

第二天，当家和尚来到曹伦选住处，送给曹伦选一支硕大的毛笔，说："曹公，这支毛笔是明代大书法家董其昌当年游天台山时赠给华顶寺的传家宝。董公极爱王羲之的鹅字，他曾不辞劳苦，三上华顶，可惜没有找到'鹅'字碑。临走时，他喟叹再三，将此笔赠予我的祖师，说日后若有人发现王羲之的'鹅'字，就将这支笔赠予他。曹公，几百年过去了，今天这支笔总算找到它的主人了。"

听了当家和尚的话，曹伦选激动极了，颤抖着手接过这支大笔，细细一看，笔杆上刻着"笔底烟云"四个字，左下方落款刻着"董其昌"三字。

曹伦选抬头，对当家和尚说："想我曹伦选学书数十年，艺浅技拙，竟能得到先辈大师如此青睐，实是三生有幸。师父，感恩你对我的信任和期望，从此以后，我就在这洗墨池旁边，用这支毛笔将半个'鹅'字补足。不了此愿，决不下山！"

从这天开始，曹伦选起五更睡半夜，茶不思饭不想，日夜苦练，一连练了七年，终于学得王羲之书法的精髓。

这一天，他兴冲冲地叫来华顶寺当家和尚和众僧，凝神舒臂，落笔犹如云烟，一笔下去，终于补成了半个"鹅"字。

众人望去，那补上去的半个"鹅"字，和王羲之留下的半个"鹅"字，简直是水乳交融、浑然天成。当家和尚合掌庆贺道："阿弥陀佛，施主七载寒暑，终于合璧，难得，难得！这是佛祖保佑，皇天不负苦心人呀。"

曹伦选补成"鹅"字碑的消息传开了，方圆百里的人们纷纷赶到华顶寺观看。可是这华顶寺离天台县城足足有三十公里，山高坡陡，十分不便。曹伦选请华顶寺当家和尚将补成的"鹅"字刻在石碑上，搬到山下的国清寺，镶嵌在西方三圣殿东首的殿壁上，让更多的人欣赏千古书圣王羲之留下的墨宝！

拜经台和莲花峰

智者拜经引密谛

据《天台山方外志·古迹考》记载，拜经石在华顶峰，相传为智者大师向西天竺拜《楞严经》处。

拜经石，又称拜经台，公元 580 年，有位印度高僧来到中国，听说天台山有位号称"东土小释迦"的智者大师在讲经，于是前来拜访。相见之后，双方

位于拜经台下西南坡的黄经洞

交流得很融洽。这位印度高僧告诉智者大师，他看到过印度王宫中珍藏的一部国宝《楞严经》，是龙树菩萨从龙宫中看到，并根据回忆背诵下来，抄写成册的。智者止观中三种观照的法门和印度《楞严经》中的意趣完全相符。

智者大师一生弘扬止观，当时他正在研读《妙法莲华经》，对经中的"六根功德"来源心有不明，于是就向这位印度高僧请教。印度高僧说，《楞严经》中关于这方面义理的阐述十分详尽。

智者大师很想尽快拜读《楞严经》，就殷勤珍重地祈请这位印度高僧，希望他能设法将《楞严经》奉请到东土。

印度高僧回国后，牢记智者的嘱咐，对他的弟子般剌密谛说："徒儿啊，中国有位'小释迦'之称的智者，他和《楞严经》有深厚的法缘，日夜盼望看到此经。我年老了，无能为力，你一定要设法把此经奉送到中国，以满足他的心愿啊！"

般剌密谛法师连连点头，说："弟子一定按照师父的嘱咐，把此经奉送到中国！"

从此,般剌密谛法师废寝忘食,日夜抄写,把整部《楞严经》抄录出来,装订成册,然后带上它出访中国。然而,因为《楞严经》当时被印度国王奉为"龙宫宝物",不许外传,驻守海关的官吏从般剌密谛法师身上搜查出《楞严经》后便把它没收了,并且不许他出国。般剌密谛法师只好返回,但他谨遵师父嘱咐,赴中国送经之心丝毫没有动摇。

再说印度高僧走后,智者大师求法心切,特地在他所住的天台山华顶峰上筑了一个拜经台,面向印度的方向,虔诚地礼拜。他拜了十八年,殷切盼望《楞严经》能早日传到东土来。

后人感怀智者大师虔诚礼拜《楞严经》的心意,在华顶峰拜经台旁建造了一座智者大师拜经塔,以资纪念。

唐神龙元年(705),般剌密谛法师采用了常人难以想象的方法,他先将经文写在一种极细的白布上,把自己臂膊的肌肉割开,把写好经文的白布塞进去,然后将创口缝合,等刀口平复后,再行出国。这次,般剌密谛法师终于瞒过海关检查,成功地渡海来到中国。

唐中宗非常重视,命般剌密谛法师任译主,另请两位印度法师任译音和证译,当朝宰相亲任笔录,润饰文采。从此,印度《楞严经》才在中国流传开来。

莲花经页化群峰

站在华顶峰上观望:四面都是莲瓣般的山峰,景色真是美极了!

这些山峰是怎样形成的呢?

传说当年智者大师每天清晨带领弟子登上华顶峰,朝南礼拜《楞严经》半个时辰后,便坐在山顶的大石旁,对弟子们讲解他最精通的《妙法莲华经》。台下僧众坐着听讲。那经卷的讲稿是一页一页放着的,智者大师每讲完一页,便挥一挥袍袖。奇怪!袖风把经页吹走,顷刻化为一瓣莲花;这花瓣愈飘愈大,慢慢变成一座莲花瓣形的山峰。

智者大师就像坐在花顶之上,端庄肃穆,通身放射着金光。

在天台山智者大师当年讲《妙法莲华经》的地方,经页变成的莲花形群峰至今仍浮在云海中,缥缈恍惚,成为"华顶观云"一大奇景。因此,后人便在山顶上立了一块"智者大师拜经处"的石碑。

每天,智者大师讲完经,弟子们都回到华顶峰下的华顶寺住宿。智者独自一人住在山顶的茅棚中修炼止观。据《天台山方外志·灵异考》记载,有一天晚上,智者独坐修炼,到了半夜,忽然"大风拔木,雷震动山",情形非常恐怖。风声和雷声过后,一群魑魅魍魉出现在空中,有的"头戴龙虮",有的"口出星火,形如黑云,声如霹雳"。他们大声吼道:"这里是我们的地盘,你敢住在这里,我们将把你一口吞下!"

智者仍然低眉瞑目,不动声色,沉着冷静地教诫道:"改恶从善,成佛之道!"说罢,仍然正襟危坐,修习他的止观。

群魔看到智者没被他们的恐怖行为吓倒,便另设计策。

过了不久,智者忽然看见母亲和父亲由一位禅僧带领,驾着一朵彩云飞来。母亲一见智者,便抱住大哭道:"儿呀!你在这里独自生活,实在太苦了!跟我回家去吧,免得我朝思暮想!"父亲也在一旁相劝,悲哽流涕,一派悲凉的气氛。

智者深知这是一种"魔幻",仍然静坐不动,深念实相,知道"实相无相,无相无不相"。

约莫过了三个时辰,天色微微亮了,眼前所见的现象完全消失。智者抬头看,前面坐着一位神僧,对他含笑点头赞叹道:"佩服,佩服!您能够制伏强、软二缘,你是真正的勇者!"

智者知道眼前坐着的是一位佛法高深的神僧,是专门来考验自己学佛毅力的,于是便叩头请问道:"大圣啊,您认为学佛最好的法门是什么?应当怎样学,怎样弘宣?"

神僧答道:"学佛最重要的是要记住'一实谛',学之以般若,宣之以大悲。从此之后,您除了自己学好外,还要教好学僧,我会时时处处在你身边关护您的!"

说罢,神僧便不见了。

智者连忙起身对着高空礼拜。

智者在华顶一直修炼了三年，真正精通了止观修持功法，著述了《童蒙止观》和《摩诃止观》两书，成为天台宗弟子修习止观的津梁。弟子们精通止观之后，不仅健康长寿、百病不生，还能降服心魔。

因此，后人又在拜经台旁造了一座"智者大师降魔塔"，作为纪念。

智者度高丽般若

宋代志磐的《佛祖统纪》中，记载着一个来自高丽的高僧和他的神奇事迹：

> 禅师般若（一作波若），高丽人，开皇十六年（596）来诣佛陇求禅法，未久，有所证悟。智者谓之曰："汝于此有缘，须闲居静处，成辨妙行。华顶峰去此六七里，是吾昔日头陀之所在，住彼进道，必有深益。"师即遵奉明晦，宴坐十六年未尝下山。忽一日，往佛陇上寺，有三人侍行，须史不见，次至国清下寺，告别同志。居数日，无疾而化。龛出寺门，开眼示别，至山，闭目如故。

开皇十六年（596），智者大师来到天台山修持和弘法已有二十多个年头了。智者大师创建的天台宗，经过二十多个年头的弘传，从中国传到外国。远在朝鲜半岛的高丽和尚般若，因为信奉天台宗，仰慕智者大师，不远万里，跋山涉水来到天台山。

般若禅师在修禅寺拜见了智者大师。智者大师见他道心坚固、资质颖悟，便高兴地收下他作为弟子。般若在智者大师的教导下，非常努力地修禅，不长时间，便"有所证悟"，领悟了许多天台宗的道理。

智者大师暗中观察，觉得般若这个人悟性的确很高，又十分努力，是一个颇堪造就的僧人，如果加以培养，能够成为一代高僧。于是决定让他到更加艰苦的地方禅修。

般若对智者大师十分崇敬。自从来到佛陇以后,每天早晨和黄昏,他都必定前去问候智者大师。这一天,早课以后,般若又来到智者大师的禅房问候。

智者大师接受了般若的礼拜,抬眼望着垂手站立在一旁的般若,对他说:"般若,你和天台山有缘,须闲居静处,方有更大成就。此去佛陇不远,有一个华顶峰,是我当年行头陀之所。过几天我带你到那里去静心修学,必有深益。"

般若听了,合十念声阿弥陀佛,拜倒在地,说:"弟子愿听师父指点,去华顶峰修学。"

过了几天,般若跟着智者上了华顶峰,在一座破旧的茅棚中住下,跟随智者大师静心修学。

华顶峰山高林密,人迹罕至,物资贫乏,天气苦寒。寂寞冷清的环境,清苦至极的生活,恶劣透顶的天气,都难不倒般若。

一天晚上,般若正闭目盘腿,端端正正地坐在蒲团上修学。忽然,茅棚中大放光明。般若闭着眼睛,用力忍住心智,不为所动。接着,他听到一阵裙裾的窸窣声音,鼻中闻到一股从未闻过的沁人心脾的脂粉芳香。这是什么呀?般若心中一动,不由得睁开眼睛,哎呀,原来是一个十七八岁的妙龄少女。只见她娉娉婷婷地走到他的面前,对他说:"法师,你正当青春年华,何必在这里像枯木桩一样修学呢。我是华顶峰附近一个民女,跟我走吧,我们俩结为夫妇,男耕女织,自由自在过一世神仙一样的日子,该有多好!"

般若赶紧闭上眼睛,尽量抑制已经开始波动的心思。那美女见他这般模样,知道他的心思已经动摇,更加上前一步,靠近他的身体,伸出葱管一样洁白的手指,前来拉他。由于贴着身子,那股如麝如兰的香气显得格外浓烈。般若吸进鼻中,脑中"嗡"的一声,顿时迷糊了起来。

他犹犹豫豫地想从蒲团上爬起来。这时,茅棚中突然响起智者大师洪亮的声音。智者大师对般若说:"般若,你要镇静,要坚守空观。空者,离一切相。你要以空观荡除见思之相。切记!切记!"

实在是不可思议,智者大师刚刚说完,茅棚中的光亮立刻消失了,芳香飘散了,那美女也不见了踪影。

从此以后,般若每次修学的时候,如果碰到一些异常的现象,他便用智者大师的"空观"理念去破除,那些异象再也没有出现。

过了一段日子。一天晚上,般若在茅棚中修学,忽然,他看到自己年迈的母亲来了。母亲颤颤巍巍地走到他身边,爱怜地对他说:"儿啊,自从你走了以后,我们全家到处寻找你呀。今天晚上,我总算找到你了。原来,你在这样一个又寒冷又荒僻的地方做和尚,这叫我怎么放心得了啊。儿啊,我们家中有良田百顷、广厦千间,足够你这一生快快乐乐、富富贵贵。儿啊,你快点跟娘回去吧。娘实在是想死你了。"说着,母亲的眼泪像水一样流了下来。

望着母亲的满头白发和满脸皱纹,听着母亲爱怜的话语,般若心里像刀割一样疼痛,鼻子一酸,泪水夺眶而出。他从蒲团上爬了起来,激动地叫了一声:"娘啊!"

他正想扑到母亲的怀中,茅棚中忽然响起智者大师的声音:"般若,般若,你赶紧坐回,要运用假观。假者,无法不备,称之为假;眼前所见,皆是假象。切记,切记!"

真是不可思议,智者大师的话刚刚说罢,般若眼前母亲的身影立刻消失了。茅棚里外仍然是一片寂静,只有从木楞窗照射进来的一片月光,白亮亮地映照在泥地上面。

心魔这种东西常常是一起再起,确实是最难克服的。过了半个月,一天晚上,般若正在修学,又看见父亲来了。年迈的父亲挂着一根拐杖,刚刚走进茅棚,便没头没脑地骂道:"你这个不孝的东西,自你走了以后,我们全家到处寻找,花了多少心思!原来,你躲在这里做和尚。好啊,你生为人子,双亲犹在,却不思孝养,你还是人吗? 快快跟我回去!"

般若说:"父亲,请你原谅儿子不辞而别。儿子在这里修行,走的是一条正道啊,儿子这样做也能使您和母亲得益的。儿子为你俩诵经,为你俩祝福,用佛力加被您和母亲同生极乐世界。父亲,这才是儿子真正的大孝呢。"

父亲看到自己劝不动般若,火冒三丈,"呼"地举起手中的拐杖朝般若的头顶敲来,骂道:"你还强词夺理,你到底走不走? 不走,就敲死你!"

般若有些害怕了! 心想:要是这一棒敲了下来,我不是没命了吗? 正当般若发急的时候,智者大师又发声了:"般若,别急别急,你应当修中观。观一念之心,非空非假,即空即假,称之为中。中观是学佛最高的境界,过了这一关,你就能修成正果了!"

智者的话刚刚说完,般若面前父亲的假影立即消失无踪了。般若清醒了过来。

第二天一早,般若来到智者禅室感谢智者的开悟。智者叫他坐下,进一步给他讲解了"一心三观"的道理。智者说:"般若,天台宗所立的'空假中'三观是用法眼观察世界的最上乘法门,你以后遇事都要用'空假中'洞悉一切,认清魔障,坚持正法!"

般若听了智者的教导,犹如醍醐灌顶,智慧顿开。从此,修持时那种种假象再也没有在他眼前出现。

第二年,智者大师告别般若,下了山。就在这一年,智者大师圆寂了。

般若在华顶峰整整住了十六年。他遵照智者大师的教诲,天天诵念《妙法莲华经》。十六年中,他一步也没有下过山,终于领悟了天台宗要义,修成正果。

般若后来在国清寺住了一段时间。他看到许多高丽僧人也慕名前来国清寺学习天台宗,心里十分高兴。一天,他把那些高丽学僧叫到自己的僧寮,对他们说:"高丽和大隋是友好的邻邦,你们要认真学好天台宗的义理,回转高丽弘扬!"说到这里,他从床头拿出自己手写的天台宗"一心三观"的义理解释,对他们说:"这是我十六年学习天台宗的心得,希望你们好好研究,将来回到高丽去弘扬。我来到中华苦学十六年,已经心劳力瘁,该到西方极乐世界念佛和休息了!"说罢,闭目不语。

年轻的高丽僧人们都说:"般若大师,您身体这么硬朗,怎么会走呢?不会的,不会的。"

"学通'天台三观',死就是生!我又有什么遗憾?请把我的骨灰永远留在大隋!"般若刚刚说完这句话,便"无疾而化"。

弟子们将般若的肉体装进一个木制的龛子。刚刚抬出国清寺的山门,坐在木龛中的般若忽然睁开眼睛,遍视众僧,和大家一一告别。直等抬到山上,才又含笑闭上了眼睛。

司马承祯与灵墟

这是唐垂拱二年（686）的春天。

一位头戴紫阳巾、身穿八卦衣的中年道士，拄着藤杖，在徐徐清风中飘然来到桐柏山下。只见他鹤顶龟背、凤目疏眉、面色红润，神态飘逸。跟在他身边的一位年青道士，穿一身白色长袍，头顶挽着一个道髻，身背一把宝剑，那是他的弟子。这位道士名叫司马承祯，陪他同来的弟子名叫李旭。

题字翠屏岩

司马承祯（647—735），字子微，法号道隐，自号白云子，人称白云先生，河内温县（今河南省温县）人。自幼笃学好道。唐乾封二年（667），他不顾家人反对，到嵩山逍遥谷师事道教上清派第十一代宗师潘师正，精研道家典籍，炼辟谷、导引、服饵等养生之术，为潘师正所赞赏。潘师正将上清派"正一之法"及道家典籍悉数传授给他，并嘱咐："自从陶隐居（陶弘景）传给我'正一之法'，到你已经是第四代了。希望你能够弘扬道法，做一些利国利民的大事。"

几年之后，学业有成的司马承祯拜别恩师，游历名山大川，遍求名师高士，探究道家奥秘。道教名山王屋山、句曲山（茅山）、天柱山、衡山、大霍山都留下了他的足迹。后来，他来到了天台山。这是他最向往的地方，他决定在此构筑庐舍隐居修行。

这时，应约守候在桐柏山下许久的翠屏茅棚的张梦仙道士立即迎上前去，抱拳作揖道："您就是司马仙师吧，我在这里恭候许久了！"

司马承祯忙作揖道："是，是，我是司马子微。这位是我的弟子李旭！"

张道士忙向李旭捧拳致意："好，好，我们上去吧！"

三人走上一座木板桥，桥下是一泓清澈的溪水。

"这是不是灵溪?"司马承祯问。

"是,仙师是不是早年已经来过?"张道士惊奇地问。

"不是,我没来过!"司马承祯笑着说,"我早年读过孙兴公的《天台山赋》,赋中有这样的句子——'过灵溪而一跃,疏烦想于心胸!'因此想,过了这条溪就应该是天台的桐柏山了。"

"仙师说得对,前面就是桐柏岭,山岭高峻,有十多里,上去就是小道住的翠屏茅棚了。"

司马承祯右手拄着仙杖,左手由李旭扶掖着,一步一步登上险峻的桐柏岭。

桐柏岭头,苍翠的群山重重叠叠,宛如海上起伏的波涛,汹涌澎湃、雄伟壮丽。朦胧的远山笼罩着一层轻纱,影影绰绰,在缥缈的云烟中忽远忽近、若即若离,就像是几笔淡墨,抹在蓝色的天边。

从桐柏岭头往东约一公里,就是翠屏茅棚(今前道源)。

一进翠屏茅棚的坳口,司马承祯便急切地问:"请问张道长,翠屏岩在哪里? 请先告诉我!"

张道长伸手指着远处的山壁:"那就是翠屏岩!"

顺着他手指的方向望去,只见对面巉岩林立处,有一座青翠的山峰,山峰下有一处宽广各约十米的玉色形岩面,石色洁白如玉,如同竖立着的一座翠屏。

司马承祯看了连连赞叹,便与李旭走到翠屏岩前,打开肩头上的包裹,从包裹里取出特地从家乡带来的一束清香,取出火石,点火烧香,师徒二人在翠屏岩前长跪叩头,顶礼膜拜,口中喃喃有词。

真是奇怪,就在司马承祯师徒燃香膜拜之时,翠屏岩后突然射出一道金光,冉冉地,金光化成晚霞。晚霞开始是浅黄色的,染黄了一大片云彩,整个天边都变成黄色了。紧接着,浅黄色的云彩中出现了一个小小的红点,红点越来越大,像个染料包,一下子就把天空染成了橙色。最终,橙色与红色、黄色交织在一起,形成了一幅美丽的抽象画。

紧接着,翠屏后的竹林里飞出了一群彩色的凤凰,后边跟随着一群彩色的飞鸟,鸟群叽叽喳喳地欢叫着,似乎在欢迎两位来自远方的贵宾……

望着眼前的情景,司马承祯感动极了。他在向翠屏岩礼拜完毕之后,便在岩边坐了下来。张道士请他和李旭进茅棚歇息,他摇摇头,说:"我先把千里迢迢朝拜天台翠屏岩的缘由向您说了,再进茅棚歇息不迟。"

张道士点点头,跑进茅棚端了两杯茶出来,递给司马承祯和李旭。

司马承祯喝了口茶,说:"这翠屏岩值得我永远缅怀、千里瞻仰的原因有两个:一是这里几百年前是我高祖和师祖旅居过的圣地;二是在这里,我的高祖和师祖曾做出道家千古的业绩……"

张道士和李旭恭恭敬敬地听着。

司马承祯先讲了第一件事。

原来,据《天台山方外志》记载,司马承祯的高祖是上清派的重要代表人物陶弘景,他自号华阳隐居。陶弘景曾住天台桐柏山,在其所著《真诰》卷十五中写道:

> 桐柏山高万八千丈,其山八重,周回八百余里,四面视之如一。
> 在会稽东海际一头,海中金庭,有不死之乡,在桐柏之中,方圆四十
> 里,上有黄云覆之,树则苏玡琳碧,泉则石髓金精,其山尽五色金
> 也。经丹水而南行,有洞交会,从中过行三十余里而得。

文中详尽描绘了桐柏山"树则苏玡琳碧,泉则石髓金精,其山尽五色金"的神仙境界,也表达了高祖陶弘景对此仙境的敬慕之情。

陶弘景游天台山时,曾到欢岙参拜顾欢的故居,并从顾欢弟子的手里借阅了顾欢留存的《道迹灵仙记》(一名《道迹经》)手稿,摘抄了不少内容,成为他所著的《真诰》一书的重要内容之一。

《真诰》一书的手稿就是当年陶弘景旅居在翠屏岩茅棚写成的。这部传诵千古的道家名著,糅合了天台名儒高道顾欢的研究成果,在天台山的翠屏岩茅棚完成,这不仅是天台山的光荣,也是陶弘景后裔司马承祯的光荣啊!

司马承祯接着讲了第二件事。

据《天台山方外志》记载，司马承祯的师祖王远知十五岁在华阳洞礼陶弘景为师，从陶弘景处学得"三洞正一法"，精通《易经》，"知人生死祸福"。陶弘景让他游天台山寻访高道。王远知先在华顶归云洞隐修，后来长期居住在桐柏翠屏岩茅棚，并曾去欢岙向顾欢的弟子学道。经过十年的努力，他写成《易总》十五卷，其预测人生祸福的方法，据说十分准确。

有一天，天下大雨，远知遥望窗外风雨云雾，天边云头上站着一位老人，他高声呼喊道："远知出来听着！"

王远知大惊，知是天神传话，连忙跑出茅棚，跪在地上叩头说："仙官何事，尽管吩咐！"

老人说："你所著的《易总》在什么地方？上帝命吾'摄六丁雷电追取'！"

王远知十分害怕，浑身发抖。

老人接着叱责他说："上帝禁文，自有飞天保卫。这部金科，密藏在玄都天府，你怎么能随便披露给人间呢？"

王远知说："这是我梦见青丘老人传授给我的！"

老人说："天帝敕令已下，你本来已修及仙品，可以受度；但因此被罚延期。又因为小时误打伤一位童子的口唇，不得白日升天，只能封'少室山仙伯'。"

王远知活到一百二十六岁，在翠屏岩仙逝。他因常在翠屏岩登高望海，因此成为海仙。据《天台山方外志》记载：一次，有位商人乘船从台州去山东登州。在东海上遇台风，船被吹到南方一座海岛。商人正在仓皇间，只见空中飞下一位仙人，自称"翠屏道人"，对他说："登州岛在台州之北，这海岛在台州之南，相去有万里之遥。海上浪急，你坐此小船是永远无法到达了，还是我送你去吧！"

说罢，王远知将右手一提，手掌中放出一道金光，商人乘坐的小船"如同飞羽，觉风翚翚而过"。

第二天，商人安全到达登州。上岸后，商人向空中跪拜，只见翠屏道人点头含笑，与他作别，一道金光直向天台山飞去……

司马承祯讲完这两个故事，才在张道士的带领下，走进翠屏岩茅棚用餐和歇息。

当晚,司马承祯对张道士谈起这次游访天台山的目的,主要有三个:第一是朝拜高祖陶弘景和师祖王远知寓居的翠屏岩;第二是朝拜南齐名儒和高道顾欢潜修过的欢岙顾儒岭,拜读顾欢的手稿《道迹灵仙记》;第三是朝拜师祖王远知在天台山修炼过的另一处遗址——华顶峰归云洞,并且在那里修炼一段时间。

张道士听了连连点头,说:"好,好!归云洞离这里不远,约二十里。您老人家若在那里住下,我可以早晚去拜访、请教!只是,您在贫道的草舍先住些日子吧!一来可作为长途旅行后的休息;二来也可多给贫道指点迷津!"

"我是求访心急,明天先去顾儒岭,改日再回这里来看您!"司马承祯说。

张道士见他这么心急,难以挽留,想了想,说:"您老人家这么心急,看来难以挽留。这样吧,您老既然与翠屏岩有这么深厚的渊源,就在岩上留几个字的墨宝吧!一来可以作为永恒的纪念;二来也可为小道的茅棚增辉!请您今晚写好墨宝,过几天,我雇镌工把它镌在翠岩壁上,永垂千古!"

司马承祯想:张道士说得对,这样做既报师恩,也为名山留个纪念,便欣然答应。

当晚,他提笔写了八个大字:

山洞崇幽,风烟迅远。

访《道迹灵仙记》

第二天一早,云淡风轻。司马承祯师徒俩由张道士领路,带上干粮,去参拜当年顾欢的隐居地——欢山。

欢山在翠屏岩的东北约十五公里,一路崇山峻岭,山深林密,直到傍晚时分,他们才到达顾欢当年读书和隐修处。

欢山原名东峁山,欢岙原名东峁岙,山前的欢溪原名栖溪。山、岙、溪都是为纪念南朝高士顾欢隐居于此授徒讲学而改名的。

据《南齐书·顾欢传》记载,顾欢自幼好学,八岁时即诵《孝经》《诗经》《论语》。及长,笃志于学。年二十余,就豫章雷次宗咨玄儒诸义。慕天台名胜,隐居东峁山聚徒开馆,受业者常近百人。齐高帝萧道成辅政时,征为扬州主簿,并遣中使迎顾欢。顾欢至京,自称"山谷臣",并呈上《老子道德经义疏》和《治纲》一卷。齐高帝赏赐他荣禄,顾欢一概谢绝,很受齐高帝景仰。顾欢回天台山时,齐高帝赐赠他塵尾和素琴。

永明元年(483),又诏征顾欢为太学博士。顾欢又谢绝。史称顾欢"晚节服食,不与人通。每旦出户,山鸟集其掌取食。事黄老道,解阴阳书,为数术多效验"。其著《道迹灵仙记》二卷,成为后代寻仙访道者的经典之作。

张道士带领司马承祯师徒二人来到顾欢读书堂门前,进门后,看到读书堂中央端坐着一尊顾欢大师的塑像,端庄肃穆。司马承祯师徒立即下跪叩拜。这时早有两个小道士前来问候。张道士向他说明来意后,小道士把三位贵宾领到堂主李飞鹤道长的寮房。

张道士向李道长介绍了司马承祯师徒千里迢迢、跋山涉水来到天台山访真的诚意,李道长如有预见,连称:"果然来了,快请! 快请!"

司马承祯拱手回敬道:"早慕顾大师的大名和大作《道迹灵仙记》。贫道不远万里前来拜访,如蒙高道恩允,得睹《道迹灵仙记》的手稿,受益匪浅!"

李道长看了司马承祯一眼,若有所思地说:"司马先生,我想先问几个问题,再谈《道迹灵仙记》的事。好吗?"

"好,请问吧!"司马承祯抱拳拱了拱手。

"先师顾公在所著《夷夏论》中曾经说过:'佛即道也,道即佛也……舍夏效夷,义将安取。'您老对这几句话是怎样理解的?"

司马承祯起身回答道:"贫道是这样理解的,东汉明帝时期,印度佛教传入中国,对中国传统的道家修炼是一大威胁。顾大师经过仔细推究,认为佛、道的教义是相似的,只是修炼方法不同。各地有不同的风俗习惯和信仰。道教是适合我们的宗教,所以应当提倡。"

接着，司马承祯又介绍了自己的著述《坐忘论》。他说："贫道的《坐忘论》阐述的就是收心去欲，以达到成仙目的的修炼思想。文中谈到只有通过敬信、断缘、收心、简事、真观、泰定六种方法，才能最后得道。贫道的六种方法，就是吸收了天台宗智者大师《六妙门》的精华，加上道家的看法，才更臻完满的。这也说明佛道的修持方法，有很多共通之处。"

李道长点点头，说："先师也是信儒教的，主张儒道结合。有一次，道舍旁有个邻居得了邪病。先师问他家有书吗，邻居说他家只有一本《孝经》。老师立刻叫他拿来《孝经》，在经书上喷了符水，放在病人枕边。过几天，病人真的好了。请您老说说，这事怎么解释？"

司马承祯答道："'善禳恶，正胜邪'既是道家的观念，也是儒家的观念。《孝经》放在枕边，即使病人能树立正气，与疾病抗争，又使病人的弟子能恭敬调理长辈；再加上符水的驱邪功力，病人当然能很快痊愈。顾大师儒道结合，正合我心！"

李道长听了大喜，连忙拱手道："听了先生高论，真是千古知音！先大师梦中之托全验矣！"

接着，他向司马承祯讲述他昨晚做了一个奇怪的梦。他梦见当他礼拜端坐中堂的顾大师塑像时，塑像突然开口对他说："弟子啊，明日午后，远在京城的司马承祯大师特地赶到这里参访，他是专为寻求我的《道迹灵仙记》来的，你要好好接待。《道迹灵仙记》是我一生的心血，应当让千古知音者知道。同时，《道迹灵仙记》中还有许多缺漏，因我一生足迹不广，知识局限，尚盼这位高道查漏补缺，匡我不逮！"

说罢，李道长便从梦中惊醒。但李道长对司马承祯的学识不太了解，深恐误传，所以在交出稿本前，对他做了一番考问。

小道士端出了茶点，让司马承祯等三位客人品尝。

吃过茶点，李道长便让小道士从高阁上取下《道迹灵仙记》的手稿。司马承祯先到大堂顾大师的圣像前焚香再三礼拜，喃喃地表达决心。再回到座前洗手，然后打开《道迹灵仙记》，仔细阅读。

最使他感到新奇的是地下洞天。例如：

罗酆丰在北方之癸地,山高二千六百里,周回三万里。其山下有洞天,在山之下周一万五千里,其上其下并有鬼神宫室。山上有六宫,洞中复有六宫,一宫辄周回千里……

此外,是关于名山高道修成仙的传说。例如:

括苍山有学道者平仲节,河东人。以大胡乱中国时来渡江入括苍山,师宋君存心镜之道,具百神,行洞房事,如此积四十五年中精思,身形更少,体有精炁,今年五月一日,中央黄老道迎,即日乘云驾龙,白日升天,今在沧浪云台。

司马季主入委羽山石室大有宫中,受石精金光藏景化形法于西灵子都。西灵子都者,太玄仙女也。其同时今在大有宫中者,广育鲍叔阳、太原王养伯、颍川刘伟惠、代郡段季正,俱受师西灵子都之道也。季主临去之际,托形枕席为戊己之像。墓在蜀郡成都升盘山之南,诸葛武侯昔建碑铭季主墓前……

像司马季主这样的大名人,尚且到委羽山师事西灵子都,受石精金光藏景化形之法。司马季主之墓,连大名鼎鼎的诸葛武侯都仰慕之至,为之建碑铭……名山洞天福地中真是藏龙卧虎,令人神往!

特别使司马承祯感到神往的是,《道迹灵仙记》中说的天下十大山洞、十大洞天,以及《福地志》《孔丘福地》等。他想:我先把它记录下来,再一一走访。将来我要写一部《上清天地宫府图经》,概括天下的洞天福地,留给后人寻幽访真,那将是莫大的功德啊!

奉旨建宫观

司马承祯在顾欢读书堂住下,每天抄录《道迹灵仙记》。他一直住了三天,才把《道迹灵仙记》抄完。司马承祯如获至宝,欣喜异常。

第四天一早,师徒俩告别李道长,由张道士领路,去华顶峰参访归云洞。

那是当年司马承祯的师祖王远知在天台山修炼时居住过的地方。

从顾欢读书堂北上,到华顶峰的归云洞约有十五里山路。一路层峦叠嶂,野花夹道,风景十分优美。

华顶峰为天台山主峰,四周群山向而拱之,层层相裹,状如百叶莲花,华顶正当花之顶,故名"华顶"。顶峰最高处叫拜经台,曾是智者大师求拜《楞严经》的地方。天气晴朗之时,顶峰可观东海日出。这里群峰叠翠,白云缭绕,晓雾昏烟,云气氤氲盘结,故有"华顶归云"之称。山崖边有洞,名归云洞。据《天台山方外志》记载,这里就是当年神人领着王远知乘风游历天台山的洞府。到归云洞后,神人忽然不见,王远知知道这是神人指点他修仙的洞府,于是决定在归云洞绝粒坐禅三个月,早晚只饮洞水。三个月后,他身轻如燕,终于修成仙风道骨,能御风飞行。

在归云洞前顶礼膜拜之后,司马承祯师徒二人商量,决定在归云洞绝粒静坐数天,以报师祖之恩。

当天半夜,司马承祯梦见师祖王远知来到面前,他连忙起迎。师祖告诉他:"孙儿啊,你远访天台,精神可嘉;但你功夫未到,不可盲目绝粒。山下有灵墟禅寺,是当年智者大师所建,今虽破败,尚可重修居住,成就道业。将来还有重任,重建已经年久破旧的桐柏观还要你多多努力啊!"

司马承祯惊寤,将此语告知李旭,并说:"这是师祖教导,我们宜切实遵嘱而行。"第二天,师徒二人下山来到灵墟禅寺。

灵墟禅寺坐落在一条山溪边,是智者大师主持建造的。

据《天台山方外志·山寺考》记载,智者大师当年初到天台山时,路上遇到一位老人对他说:"大法师,您若要在天台山建茅庵,此去路上看到一块大磐石,即是风水宝地!"说罢老人已经不见。不久,智者大师果然在山岭上看到一块大磐石,便决定在此处建一座草庵,并且自号"灵墟"。此事被隋炀帝知道,他立即派人送金建庵。庵建成后,隋炀帝赐号"灵墟道场"。后来,这里改称"灵墟禅寺"(又称天封寺)。

灵墟禅寺因年久失修,已经破陋,没有僧人居住。他正感到为难,忽然看到村前来了一队人马。为首的一位县尉问他:"您是司马大师吗?"

"是,是!请问您怎么知道的?"

"真是不可思议,真是不可思议!"县尉转身对随从的人说。

"有什么事吗?"司马承祯问。

县尉连忙拱身下拜道:"大师啊!昨夜县官大人做了个清清楚楚的梦,梦见天台山神对他说当今皇帝之师司马承祯大师已光临天台山,无安身之处。小神接天帝之旨,命县官大人立即派人去天台山灵墟禅寺,按司马大师之意建造修道之所!县官大人今天一早醒来,山神的话还响在耳边。因此特派我率工匠二人来此验证;并告诉我,如果确实遇到大师,完全听候您的吩咐。这梦真是灵验啊!"

司马承祯一听,知道这是天意,便请县尉到灵墟禅寺的破陋中堂坐下,随手拿出一张白纸来,设计出一座新的灵墟道场的图样。交县尉转送始丰知县。

原来始丰知县陈公也是笃信仙道的。过了几天,他便来拜访司马承祯,答应用自己的官帑助建灵墟道场。并说建成后,他将时时前来向司马承祯请教道术。

灵墟道场很快建成。关于道场的建筑规模,唐代天台山道士徐灵府在《天台山记》中是这样描写的:

……东北一十里,乃至灵墟……即白云先生所居之处也。先生早岁从道,始居嵩华。犹杂以风尘,不任幽赏。乃东入台、岳,雅惬素尚,遂此建修真之所。《真诰》云:"天台山中有不死之乡,成禅之灵墟,常有黄云覆之。"此则其地也,故建思真之堂,兼号黄云堂。堂有小涧,南有岗,其势回合。岗前有平地,立坛一级,用石甃之,名曰玄神。故先生《灵墟颂》云:"堂号黄云,以聚真气。坛名玄神,仰窥清景。"东为练形之室,吸引所居;南为凤轸之台,以吟风养畅;西为朝神,靖开启祈。依北日龙章之阁,以瞻云付墨。卑而不陋,可待风雨;庄而不丰,可全虚白。坛前十步,有大溪发源华顶,东南流宁海界。又堂西十步有泉,其色味甘,可以愈疾。中间平地立别院,营大丹炉,修剑镜,并皆克就。长松十株,修竹数顷,皆天师手植。

灵墟道场建成后,司马承祯在黄云堂给弟子们讲授《坐忘论》。过了一段时间,他决定带上手抄的《道迹灵仙记》到东南各地名山大川去考察洞天福地,绘图写铭,完成《上清天地宫府图经》的一部分初稿。

从唐代武周长安三年(703),到唐神龙二年(706),前后共计四年,司马承祯带着李旭除了参访天台山桐柏金庭洞天和赤城洞天外,还根据《道迹灵仙记》所载,游访了黄岩县的委羽山洞天、乐安县(今浙江省仙居县)的括苍洞天以及东南沿海的许多福地,如乐安县的丹霞洞福地、黄岩县的东仙源福地、温峤的西仙源福地等。乘兴东行,还游访了东海边的清屿山福地(今属玉环市)、玉溜山福地(今属玉环市),一直到东海的南田山福地(今属象山县)等。他深感台州一带仙景幽美,洞天胜迹众多。他在《上清天地宫府图经》一书中大加赞词,认定"天下十大洞天,三十六小洞天,七十二福地"以天台山和台州所占的洞天福地最多。

神龙二年(706)夏天,司马承祯师徒俩回到灵墟道场,令他惊喜的是道场前(当年他亲手栽植)的一株小桐树,如今已经长到八尺,枝叶秀茂。他忽然有了灵感,觉得自己应该抛开游展,休息一段时间,享休闲之乐了。于是他在《素琴传》中写道:

> 予以癸卯岁居灵墟,至丙午载,有桐生于阶前,迨壬子祀得七岁而材成端伟,枝叶秀茂,松竹为林,坚贞益其雅性;飙涧为友,清泠叶其虚心。意欲留之栖凤,而凤鸟未集;不若采以为琴,而琴德可久……

素琴制成后,由于材质优良,琴声非常优美。他在坐禅之余,常操琴自娱。这时,他的名声已经远扬,慕名前来求道的弟子很多。于是,他便带着素琴,领着一帮弟子,到天台山各处景点讲道。讲毕,他亲自操琴娱众。他在《素琴传》中说：

　　　　与其游灵溪，登华峰，坐皓月，凌清飙，先奏《幽兰》《白雪》，中

弹《蓬莱操》《白雪引》……

一个月后，他和弟子们回到灵墟道场的讲堂，继续讲授《坐忘论》。

景云二年(711)十月的一天晚上，司马承祯领着弟子们在丹房打坐。约莫四更时分，弟子们都已进入入定状态。忽然，大家都听到"小儿诵经声，铃铃如金玉响"。座下的弟子们都被这声音惊动，不禁抬起头来看，只见司马承祯的额上"有小日如钱，光耀一席"。不一会，又听到小孩在向司马承祯喁喁私语，承祯只是微微点头，没有回答。

天亮以后，司马承祯出定。座下的弟子都感到惊奇，但又不敢冒昧动问。只有李旭常在左右，熟悉这种奇象，对大家说："《黄庭经》中说'泥丸九真皆有房，方圆一寸处此中'，又说'左神公子发神语'。这就是大师九炼成真的结果，诸位别惊奇。你们只要久炼，也会做到的。"

说到这里，他回过头来又问司马大师："只不过刚才泥丸小儿对您喁喁私语，究竟说的什么？我也不明白！"

司马承祯笑着说："他只是告诉我明天将有一件大事——皇上派使者送敕书到天台山来了！"

弟子一听目瞪口呆。

原来，当年春天，唐睿宗从朝臣的口中听到天台山司马承祯不但有养生延寿之术，还精通治国之道。睿宗便派司马承祯之兄司马承祎至天台山延请承祯至京，问以阴阳术数之事。承祯说："道经之旨，为道日损，损之又损以至于无为。且心目所知见者，每损之尚未能已，岂复攻乎异端而增智虑哉。"

睿宗说："理身无为则清高矣，理国无为如何？"

承祯说："国犹身也。老子曰：'游心于淡，合气于漠，顺物自然，而无私焉，而天下治。'《易》曰：'圣人者与天地合其德。'是知无不言而信，无为而

成，无为之旨，理国之道也。"（《唐书·司马承祯本传》）

睿宗听了点头叹息道："先生说的对，朕一定做到'无为治国'！"

十多天后，承祯请求回天台山，唐睿宗依依不舍，希望他留在宫中，以便早晚请教。承祯却再三请求回天台山。睿宗只好答应他的请求，并赐宝琴一把及霞纹帔等物。朝中公卿多赋诗以送……

司马承祯正在向弟子们讲述他与朝中公卿交往的情况，忽听看门的道士进来报告："大师，几位黄衣使者乘快马已来到道场门口，说是宣读皇上敕书，请大师速去接见。"

司马承祯听后，急忙整衣出去，弟子们紧跟在后面。走到门口，奇怪的是，除钦差大人外，台州知府、始丰知县都跟着来了。

这时，台州知府李大人、始丰知县郑大人跪在前面，司马承祯和众弟子跪在后面，齐听钦差大人宣读圣旨。

钦差大人对着众人高声宣读道：

复建桐柏观敕

　　敕：台州始丰县界天台山废桐柏观一所，自吴赤乌二年葛仙翁以来，至于国初，学道坛宇，连接者十余所。闻始丰县人，毁坏坛场，砍伐松竹，耕种及作坟墓，于此触犯，家口死亡。不敢居住，于是出卖。宜令州县准地亩数酬价，仍置一小观，还其旧额。更于当州取道士三五人，选择精进行业者，并听将侍者供养。仍令州县与司马炼师相知，于天台山中辟封内四十里，为禽兽草木长生之福庭，禁断采捕者。

景云二年十月七日

宣读圣旨完毕，众人齐呼："吾皇万岁万岁万万岁！"

众人站起身来，知客道士把钦差大人、知府、知县等人迎进客寮奉茶。

李知府当着钦差大人的面，征求司马承祯对建桐柏观的建议。司马承祯说："皇上敕旨重建桐柏观，此事甚好！此外，贫道还有一事相求：桐柏宫北面不远的玉霄峰，道气氤氲，皇上既已敕旨'辟封内四十里，为禽兽草木长生之福庭'，宜在玉霄峰下先建一座玉霄峰居，以便贫道就近居住，早晚督建桐柏宫院宇。请当地父母官恩准！"

"当然，当然！这个一定按照大师的方案，立即动工建玉霄峰居！"李知府和郑知县几乎是异口同声。

饮罢茶，钦差大人对司马承祯拱手道："皇命在身，我要立即返京。请司马大师保重！"

司马承祯立刻起身还礼，连称："请回禀皇上，贫道感恩不尽！"

李知府和郑县令也和承祯作别，并称："即日派三百名民工重建桐柏观，同时新建玉霄峰居。关于桐柏观的图样请司马大师立即设计，以便及时动工！"

司马承祯连连点头。

送走朝廷钦差、知府、知县后，司马承祯便连夜设计桐柏观的建筑图纸，决定按照灵墟道场的结构模式，以延续弟子们学道的气场。

玉霄峰居很快建成。司马承祯和贴身弟子李旭等数人先到玉霄峰居住下，每天去桐柏观指导修建工作，早晚则在玉霄峰居修炼。

玉霄峰居边有座玉霄峰，峰顶有个白云洞，终日云雾缭绕。司马承祯很爱这个山洞，每天清晨到洞中静坐两个时辰，然后下山回到玉霄宫，教授弟子。从此，他自号"白云子"。他善于书法，其书被称为"金剪刀书"。弟子们把他比作晋代教授王羲之学书的白云先生。因此，也尊称他为"白云先生"。

一天，司马承祯正坐在新建的玉霄峰居弹奏他手制的桐琴，一曲《凤飞乐》弹得回肠荡气。

这时，桐柏宫的住持派知客来，请司马大师到新建的桐柏宫丹房给新来的年轻道士讲授修炼法门。

司马承祯沉吟了一下，对知客说："刚才我的琴声沉稳失调，必有异人来访。我过一会就来！"

正在这时，门房前来通报，有两位女道士从玉霄峰下沿着石级一步一拜，一直拜到玉霄峰居门口，跪在山门外，连喊："求见司马大师……"

司马承祯立刻放下手中的桐琴，出门迎接。

这两位女子都是一身道骨，一个名叫焦静真，一个名叫谢自然。

据《天台山方外志》记载，焦静真是一位颇有神通的女太真，李白在《赠嵩山焦炼师并序》中说她，"嵩丘有神人焦炼师者，不知何许妇人也。又云生于齐梁时，其年貌可称五六十，常胎息绝谷，居少室庐，游行若飞，倏忽万里"。一次，为了求取真仙之术，她乘船寻至海外的方丈山，在山中碰到一个美丽的仙女。

仙女见她求道心诚，告诉她："你想求见真仙吗？可以去找东华真童道君，他那里有一部三皇之法。学会了三皇之法，你就能成为真仙了。"

"请问，真童道君是谁？住在哪里？"

"真童道君名叫司马承祯，住在天台山玉霄峰。"

焦静真告别仙女，从方丈仙山不远万里寻访天台山，路上遇到谢自然，志同道合，便一道来拜访司马承祯，求学仙术。

谢自然是四川南充人，父亲名叫谢寰，曾经做过秘书省从事的官；母亲胥氏，也是邑中大族。她生下来就与人不同，不食荤血，喜欢学道。十岁时，她跟随母亲上大方山，礼拜了太上老君，从此就不愿下山，拜山上的道姑为师，在山上诵读《道德经》《黄庭内经》。十四岁，她学仙道绝粒之术，不吃粮食，只吃山中的柏树叶和水果，日夜修炼，瞻祷王母、麻姑，希望成为女仙。

四十岁出外云游，游遍四川的青城山、峨眉山、三十六靖庐、二十四治。不久，她离开四川，历京洛，抵江淮，"凡有名山洞府灵迹之所，无不辛勤历览"。据《墉城集仙录》记载，唐开元三年(715)三月，她在果州开元寺拜访了绝粒道士程太虚，受《五千文紫灵宝箓》，道行越发精进。

为了寻求真仙，她云游到东海的蓬莱山。海船遇到暴风，被吹到一座不知名的山上，碰到了一位仙女。仙女告诉她："欲求真仙，可找司马承祯大师。"

"司马大师现居何处仙山？"

"大师名在丹台，身居天台赤城。"

于是,谢自然告别仙女,和焦静真一道千辛万苦寻到天台山玉霄峰。《续仙传》中记载,司马承祯在玉霄峰的"玉霄宫"中接见了谢自然和焦静真。一看,就知道她俩是有"仙质"的人,有心栽培她俩,故意说:"我名下弟子已有数十,只缺'采樵''执炊'之人,汝等若愿担任,可留下;不愿,可自去。"

谢自然和焦静真都说:"愿受艰苦考验,学习上清功法!"

司马承祯便让二人留下采樵执炊,并送她俩一本《神仙秘旨》的手稿,嘱咐她俩依此修炼。

两个文质彬彬的弱女子,能否受得了司马大师的艰苦考验呢?下文再做介绍。

安排好两个女弟子,司马承祯这才静下心来。他想起要去新建的桐柏观给新来的年轻道士讲经。又想着,讲经之后,应当写一首诗,镌刻在丹房的正中,让年轻道士们作为终身的修炼目标。

想到这里,他让身边的侍从小道士磨墨铺纸,他饱蘸浓墨后,用他那拿手的"金剪刀"书体在纸上奋笔疾书。诗题是《山居洗心》:

不践名利道,始觉尘土腥。

不味稻粱食,始觉神骨清。

罗浮奔走外,日月无晦明。

山瘦松亦劲,鹤老飞更轻。

逍遥此中客,翠发皆长青。

草木多古色,鸡犬无新声。

君有出俗志,不贪英雄名。

傲然脱冠带,改换人间情。

去矣丹霄路,向晓云冥冥。

李白游天台

天台山华顶峰云遮雾绕，风景十分秀丽。华顶山上建有一座古老的茅棚，名叫太白堂，是专为纪念唐代大诗人李白(701—762)游天台山而建的。

据记载，李白读了孙绰的《游天台山赋》后，慕天台的神奇，于开元二十三年（735）夏，来游天台山。当晚住宿在华顶茅棚，第二天一早，他登山远望，见云雾缭绕的高山仙味十足，不禁诗潮汹涌，信口作《天台晓望》：

李　白

> 天台邻四明，华顶高百越。
> 门标赤城霞，楼栖沧岛月。
> 凭高登远览，直下见溟渤。
> 云垂大鹏翻，波动巨鳌没。
> 风潮争汹涌，神怪何翕忽。
> 观奇迹无倪，好道心不歇。
> 攀条摘朱实，服药炼金骨。
> 安得生羽毛，千春卧蓬阙？

他一边吟咏，一边踱步来到茅棚。茅棚的张道长告诉他，相传离华顶峰不远的琼台观是古代仙人羽化的地方，居住在那里的道士和游客常常会遇到不可思议的奇事。李白听了，心头一震，便把行李放在茅棚，手提一个书囊，前去游访。

从华顶峰西南行十几公里便到了仙境琼台。

仙潭旁一峰拔地而起,迥然卓立,即为琼台峰。峰上有石形似椅,道书称八仙之一的吕洞宾每逢中秋之夜,来此坐椅处赏明月,故名"仙人座"。琼台前一山,两峰对峙,顶部平坦,颇似皇宫前两侧的楼阁,故称"双阙"。在明月当空的夜晚,坐在石椅上望月下群山,恍入仙境梦乡,"琼台夜月"即得名于此。琼台峰上还有"台岳奇观""秀甲台山""蓬莱仙境"等摩崖石刻。

这一带四面都是奇岩怪石,险峻峥嵘。李白从未见过这样的奇景,心里高兴极了。离仙人岩不远,有座被冷落的琼台观,观里住着一个年老的道人。他征得道人的同意,当晚便住在观中。

吃过夜饭,李白和道人坐着闲聊。道人听说李白是从长安来的,问了一些长安的情况和路上见闻。闲聊了一会,道人便打坐去了。李白打开书囊,对着孤灯铺开纸,想写一首诗表达几天来的兴奋心情,并且想在诗的开头就用几个妙句,可一时又想不出来。

窗外月明如洗,抬头看,琼台恍恍惚惚就像在天上一样。他正想着,忽听窗外有人吟诗道:

龙楼凤阙不肯住,飞腾直欲天台去。

李白一惊,心想:更深夜静,在这冷落的深山中,谁在吟诗?诗句竟如此精警!于是他便吹灭了灯,踱出门外。只见观前一个白胡子老人,手挂拐杖,仰望着天上的明月,正在悠然地吟诗。

李白走上前去,施了个礼,道:"老先生晚安!"

老人回过头来,一见李白,连忙答礼,说:"客人晚安!老夫今夜睡不着觉,出来步月,信口胡诌几句诗,不意惊动客人。恕罪恕罪!"

李白说:"老先生这两句诗,真是'掷地作金石声'!佩服!佩服!"停了一会,他又叹道:"这两句诗如果用在晚生身上,是何等合适哪!"

老人呵呵大笑,说:"是呀!刚才客人和观中道人闲聊时,感叹身世,憎恶京城中小人弄权、君子受欺的情况。老夫恰巧路过观边,都听见了。想老夫一生也酷爱名山胜景,不愿和浊世同流合污,所以不愿离开这里。老夫和客人可算得上同道中人呀!"

李白听了,愈觉老人可敬可佩,便问:"老先生府上何处? 深夜一人游此,不觉得孤单吗?"

老人指着远处一座山崖下面,说:"老夫就住在那山下的小村子里,家中还有一个女儿。但老夫生性孤僻,喜欢月夜独游。"

李白朝着老人指处望去,果然看见山崖下有点点灯光。在朦胧的月光下,蜿蜒曲折的山路,环抱着翠绿的山,显得很有诗意。他忽然有了灵感,高兴地说:"老先生,晚生也想起两句诗了,给您续下去吧!"便高声吟道:

　　　碧玉连环八面山,山中亦有行人路。

"好诗! 多好的诗哪!"忽然身后传来一阵清脆的女子的声音。

李白吃了一惊,急忙回身看。只见站着一个十七八岁的青衣女子,月光照着她俊俏的笑脸。她左臂拎着一件鹤氅,右手正撩着云鬓,笑吟吟地望着李白。

老人见李白望着她发愣,便笑着说:"客人,她就是老夫的拙女。"说到这里,便教训青衣女子说:"谁叫你来到这儿的,冒冒失失地惊动客人。还不快向客人道歉!"

青衣女子忙向李白鞠了一躬,说:"小女子无知,失口惊动先生。乞望恕罪!"

李白笑着说:"原来是令爱,不必多礼了!"

青衣女子便对老人说:"爹,我是特地为您送氅衣来的。夜深了,您快穿上吧!"

老人摇摇头,说:"不,我一点也不觉得冷!"他把李白浑身上下看了一遍,便对女儿说:"客人刚从远方来到这高山之上,身上衣衫单薄,还是给他穿上吧!"

青衣女子略微愣了愣,笑着把鹤氅披到了李白身上。李白这时确也感到有点寒意,推辞了一番,最后还是穿上了。

李白觉得这女子伶俐可爱，一边系着鹤氅的飘带，一边笑着说："老先生，请问令爱芳名？"

没等老人回答，青衣女子嫣然一笑，撒娇地说："我嘛——我常常听爹吟诗，刚才又偷听了您的诗句，您就叫我'听诗女'吧！"

"好一个'听诗女'……"李白笑了。

正说到这里，忽见琼台上有棵奇怪的树，射出了锃亮的银光，枝枝叶叶好像全是透明的，一阵阵异香随风飘来，真叫人沉醉呢！李白忙问："这是什么树？为什么又会放光，又会飘香？"

"这叫琪树，是一种仙树！"老人说，"琪树发出光和芳香，预示着天上的仙女就要下来了。"

话没说完，天上忽然飘下一阵烟雾。烟雾过后，果然看见七位腰肢苗条的仙女，挥舞着彩袖，慢慢飘下云端，降落在琼台上。琼台上的琪树顿时大放光明，把仙女们笑容可掬的面貌照得清清楚楚。仙女们拉起手，在树边跳起舞来。阵阵清脆的歌声，真是好听极了。她们跳啊，唱啊，约莫过了一顿饭工夫才停了下来。她们一齐挥袖朝天边一招，天边便飞来一片彩云。仙女们驾起彩云，慢慢飞回天上，琪树的光芒也逐渐消失了。

李白看得目瞪口呆。"听诗女"却笑着说："那是天上的七姐妹啊！她们一天到晚织着云锦，太劳累了。因此每逢月夜，她们都要到琼台来跳舞唱歌，快乐快乐。我和爹住在这儿，常能看到、听到仙舞仙乐，可算是最大的福分啦！"

李白不禁赞叹道："琼台真是名不虚传的仙境哪！"

"客人难得到此，我们带您上去看看，好不好？"老人说。

"可是，通往琼台的那条岩脊，又窄又滑。岩脊下是百丈岩坑，太危险啦！"李白说。

老人笑着说："这样吧！客人既然害怕，就让拙女扶你过去。咱们山野人家，不兴'男女授受不亲'那一套。反正老夫和女儿在这儿走惯了。"

"听诗女"听了父亲的话，先是犹豫一下，然后望着李白笑了笑，就挽起李白的衣袖，扶着他慢慢走过了险峻的岩脊，登上了琼台。老人也拄着拐杖走过来了。三人便在"仙人座"上坐下。李白望着天上明亮的月亮,赞叹道:"琼台夜月,真是美极了!"

老人说:"是呀!客人应当把刚才那首诗做完,题在这洁白的崖壁上,才不负今夜的游览!"

李白点点头,但可惜没带笔墨。老人便对女儿说:"你去把我的'梦花笔'和'雕花砚'拿来吧!"

"听诗女"听了,忙站起身来。她轻移莲步,从岩脊上过去了。不一会,她就把一个盒子端了出来。她打开盒子,取出一支彩色笔递给李白。

李白接过一看,啊,漂亮极了!笔杆上刻着"梦花笔"三字,笔尖毫光闪闪。他一捏在手,顿时诗思如泉涌。"听诗女"还没把墨磨浓,李白已经把一首诗构思好了。在月光下,他在洁白的崖壁上奋笔疾书。诗道:

> 龙楼凤阙不肯住,飞腾直欲天台去。
> 碧玉连环八面山,山中亦有行人路。
> 青衣约我游琼台,琪木花芳九叶开。
> 天风飘香不点地,千片万片绝尘埃。
> 我来正当重九后,笑把烟霞俱抖擞。
> 明朝拂袖出紫微,壁上龙蛇空自走!

父女俩看了,齐声称赞道:"好诗!好诗!"

"听诗女"又指着诗中"明朝"一句说:"先生,您明天真的要离开这儿吗?"

"是的!"李白说,"名山胜境虽好,终不能久留。我还要走访全国各地,熟悉民生疾苦,用笔写出我的爱和憎!"

老人点点头,说:"对,对!"

这时,月亮已经西斜。老人说:"客人明天要赶路,今晚该歇息啦。女儿,我们也该回去了!"

三人便站起身来,"听诗女"忙着收起彩笔和雕花砚,放回宝盒,又扶着李白走过岩脊,出了琼台。

在琼台庙前分手的时候,"听诗女"久久望着李白,恋恋不舍。忽然间,她打开彩盒,拿出"梦花笔"递给李白,说:"客人,这支彩笔您就带上吧! 小女子钦佩你的抱负! 愿你走遍天下,用它写出咱们百姓的欢乐和忧愁!"

老人也连连点头,说:"对,有缘千里来相逢,留个纪念吧!"

"听诗女"深情地说:"先生,希望您以后能再来这里……"说到这里,她忍不住低下头,滴下了两颗晶莹的泪水,轻轻说了声:"珍重!"就转身跟着父亲姗姗而去了。

李白一直呆呆地站着,直到父女俩的背影完全消失,才进了屋里。

第二天,李白一早起来就走出琼台庙,朝着昨夜老人和"听诗女"去的方向寻找村庄。可是,重峦叠嶂,哪有村庄的影子呢? 他只得回转庙里,把昨夜看到和遇到的事一一说给道人听。

道人听了,大吃一惊道:"这一带深山冷岙,哪来的村庄? 先生看到的灯光,怕是磷火吧!"

道人又领李白走出庙外,指着远处说:"那边确有一座酷似老人的山峰,叫'诗叟峰'。'诗叟峰'旁那座青翠碧绿活像个倾耳听诗的女子的山崖,就叫'听诗女',怕就是先生昨夜遇到的吟诗老人和青衣女子吧! 啊! 名山有灵,想不到他们昨夜都来迎接先生呢!"

李白听了,十分惊奇。他抬头望着"诗叟峰",果然像昨夜那个老人在挂杖沉思;又望望"听诗女",仍像昨夜初见时那样,一手撩着云鬓,对着他嫣然微笑呢! 他急忙打开书囊看,诗叟赠给他的"梦花笔"还在。他想起诗叟和"听诗女"临别时的话,十分感动。

李白手提书囊,回到华顶茅棚收拾行李,离开了天台山。从此,他便带着这支"梦花笔",走遍天下名山大川,写出了许多传诵千古的诗篇。他的这首写在崖壁上的《琼台》,当时有人加以镌刻。直到明代,字迹还依稀可辨。当地文人潘珹把它编入《天台胜迹录》中,一直流传到今天。

吕洞宾对课

华顶山上有个黄经洞,洞口云雾缭绕,前面是一片山谷,底下是华顶讲寺。黄经洞是当年王羲之珍藏《黄庭经》的地方。据《天台山方外志》和《天台山全志》记载,仙人吕洞宾(796—?)游天台,先居福圣观,后登华顶居黄经洞修炼。黄经洞前有几棵古茶树,传说是三国吴赤乌年间(238—250)高道葛玄所植,古干如虬,仍枝繁叶茂。吕洞宾居归云洞时,常常邀约居华山的八仙之一钟离权到此品茶聊天,相互交流修炼金丹的妙术。

据记载,唐文宗沉湎酒色,整天想的是长寿成仙。他听到吕洞宾的才名,召他来到宫中,讲讲神仙的事。吕洞宾应召入宫,他"龙姿凤目,鬃发疏秀","顶华阳巾,衣逍遥服",一身道士打扮,见了文宗,便直言进谏,请他勤政爱民,远离酒色。文宗总是听不进去。

吕洞宾

一天,文宗和宫女在宫中饮酒取乐,浑身散发着浓浓的酒气,又召见吕洞宾,对吕洞宾说:"洞宾啊,朕今天和你对课,对得好,封你为礼部尚书;对不好,罚你喝酒,好不好?"

"您说吧!"吕洞宾说。

文宗低头看了一眼自己身上金光闪闪的龙袍,十分得意地道:

　　日照龙鳞金闪烁。

　　意思是：我是真龙天子，管天管地，当然也管得了仙人。

　　吕洞宾想，你身为一国之君，整天沉迷酒色，还想成仙？他瞥见宫女怀中抱着一只金丝猴，便仰天一笑，对了下联：

　　风吹猴顶毛蓬松！

　　意思是：在方外人的眼中，"龙"和"猴"是一样的。

　　文宗听了，虽然有点不高兴，但既然事先说明是讲对对，吕洞宾这下联对的字句工整，也不好发作。

　　想了想，文宗又说："朕再出一联！"

　　"好，您出吧！"

　　文宗拿手中的酒杯在桌子上重重扣了一下，说了上联：

　　白日放歌须纵酒。

　　心想：这是诗圣杜老夫子的诗句，他晚年在江边困顿，尚且如此。何况一国之君？你可得对一个像样的下联。

　　吕洞宾大笑，说了下联：

　　黑灯跳舞可揩油！

　　意思是：你们君臣这帮人白日喝酒，晚上跳舞作乐，揩宫女的"油"，还攀比什么诗圣名句，真是可笑可耻。

　　文宗虽感对联中有刺，但还是压住怒火，想用更难的对联难倒吕洞宾，再治他一个犯上之罪，便面带怒色地说："朕再出一联！"

　　"好，我洗耳恭听！"吕洞宾说。

骑青牛,出函谷,老子姓李!

意思是:我是大唐,是老子(老聃)李氏的后代,我贵为一国国君,你要维护国君的尊严,不能无礼犯上。"老子"既是老聃之代称,又有自尊之意,一语双关,此联非常难对。若对不上,他就立即治吕洞宾的罪。

谁知吕洞宾又是微微一笑,说了下联:

斩白蛇,起义师,高祖姓刘!

意思是:我是汉高祖刘邦的夫人吕雉的后代,远比你的祖上强呢!而且"高祖"既是汉高祖刘邦的代称,又有驾临"老子"头上之意,一语双关,真是巧妙之极!

文宗听了拍桌大怒,喝令武士:"快快给朕拿住,推出去斩首!"

吕洞宾大笑一声,挥一挥衣袖,飞出宫殿外,站在云头之上,拱拱手说:"诸位,再见吧!若有什么事,可到黄经洞找我!呵呵!"

文宗不知"黄经洞"在何处深山野谷,只能眼看着吕洞宾遁空而去。

第四章

金庭洞天

据《天台山方外志·文章考》记载,唐睿宗于景云二年(711)十月十七日《复建桐柏观敕》中说:"台州始丰县界天台山废桐柏观一所,自吴赤乌二年葛仙翁以来,至于国初,学道坛宇,连接者十余所。"可见"桐柏宫"的名称从吴赤乌二年(239)就已经存在。而唐代崔尚《桐柏观碑记》说得更清楚:"天台也,桐柏也,释谓之天台,真谓之桐柏……而稽古者言之,桐柏山高万八千丈,周旋八百里,其山八重,四面如一,中有洞天号金庭宫,即中右弼王子晋之所处也……"可见桐柏宫和金庭宫都在天台山。

唐朝末年,道士王松年在《仙苑编珠》中也说:"(王乔)真人治天台金庭洞。"

五代杜光庭在《洞天福地岳渎名山记》中却说:"金庭山洞,周回三百里,名曰金庭崇妙天,在越州剡县。"看来,他是把金庭山洞的范围进一步扩大了,直到越州剡县。因为当时剡县包括今天的新昌县,而新昌县显然属于天台山脉。

从天台县城西去约八公里,有一个名叫"琼台仙谷"的景区。沿着仙谷往里走,涧尽处,可见一个深不见底的名叫"葛仙潭"的龙潭。龙潭的右崖上岈然藏着一个深邃的山洞,飞瀑泻其右,藤蔓蔽其前,这便是"金庭洞",号称天下第二十七小洞天"金庭洞天"。

进洞,可以见到洞壁镌有摩崖石刻。仔细观察,乃是晋陆机之《王子乔赞》:"遗形灵岳,顾景忘归。乘云倏忽,飘飘紫微。"记载着当年东周太子王乔在此潜修,白日飞升成仙的故事。

继王乔之后,这个金庭洞代代都有仙人隐修。据道书记载,最有名的有葛玄、葛洪、柳泌、王可交、铁拐李、吕洞宾等。

今天,你如果来到琼台仙谷,还可见到许多他们当年留下的仙迹,如跨鹤台、仙人座、题诗岩、葛仙潭、望仙桥、八仙湖、丹霞洞、瀑布岩。

桐柏真人王乔

嘹亮的玉笙在暴风雨中吹响

据《历世真仙体道通鉴》卷三"王乔"条记载:

> 王君名晋,字子乔,亦名乔,字子晋。周灵王有子三十八人,子晋,太子也。生而神异,幼而好道,虽燕居宫掖,往往不食。端默之际,累有神仙降之,虽左右之人弗知也。常好吹笙,作鸾凤之音,声贯行云,响满宫掖。白鸾朱凤,延颈鼓翼,集而听之,奇禽异鸟,率舞庭砌,以为常也。一日,天台山浮丘公降授道要,使修石精金光藏景录神之法……子晋升天为右弼主,主领五岳司侍帝晨,号桐柏真人,理金庭洞天。

据说事情的详细经过是这样的:东周灵王时期,有一年春天,暴雨下了整整七天七夜,且没有一点停歇的迹象。肆意奔腾的洪水,从黄土高原上奔泻而下,像一群脱缰的野马排山倒海冲向中原大地。

渭河涨水,洛河涨水,伊河涨水,黄河已经与两岸的土坝齐平。

土坝上,数不清的男女老少冒着滂沱大雨,搬土的搬土,背石的背石,拼命加高堤坝。雨声、风声夹着惨厉的人声,组成一首人与自然抗争的命运交响曲。

可是,人怎能胜天,人力又怎能战胜自然力呢。人们日夜奋战,拼命加高土坝,速度却赶不过洪水汹涌上涨的速度。一场灭顶之灾眼看就要降临在人们头上。

东周王城金銮殿中,煌煌巨烛照耀着金殿,一派辉煌。灯火辉煌中,周灵王端坐在龙椅上面,紧皱眉头,望着底下两排文武大臣。

面对滔滔洪水,君臣们在紧急商讨治水之策。廷议从清晨一直延续到傍晚,群臣还是没有想出对策。此时,偌大的金殿中死一般静默。

周灵王眉头愈皱愈紧,心中的火呼呼往上直冒,怒喝道:"养兵千日,用兵一时。朕养你们这些文武大臣,究竟有何用处。面对滔滔洪水,一个个静默不言,真是气杀本王了。"

君王发怒,底下文武大臣更是噤若寒蝉,一个个把头低得更下了。

周灵王指着站在文臣前面的老丞相:"丞相,你说,该用何法治理洪水?"

老丞相只得硬着头皮站出来:"启禀吾王,臣还是那句话,兵来将挡,水来土掩。当今之计,只有再征十万人马,上堤加土添石。否则,一旦堤毁,洪水直冲洛邑,后果更是不堪设想。"

周灵王点头同意,立即下旨动员洛阳内外所有百姓和兵丁上堤加固。另外,多备土包,堵住洛邑九个城门,无论如何都不能让洪水淹了洛城。

暴雨还在不休不止地肆虐着,堤坝不管加高多少,最终也是难以堵住洪水的。堤坝一破,洪水泛滥,洛邑城九个城门一堵,洪水在城外更加汹涌。那时,城外千万百姓必将淹死在滔天的洪水之中。

不行,这个方案坚决不行。

站在周灵王面前的太子王乔想到这里,站了出来,喊了一声:"父王。"

周灵王抬头,见是太子,问道:"吾儿有何话说?"

王乔伏地奏道:"父王,儿臣闻三皇五帝时期,这黄河也曾多次泛滥。当时,鲧、禹父子二人受命于尧、舜二帝,担任崇伯和夏伯负责治水。鲧用'堵'的办法,越堵洪水越大。禹吸取了父亲鲧的教训,改堵为疏,终于治好了洪水。父王,我们千万千万不能再用'堵'的办法,重蹈覆辙。我们应该用疏导之法。黄河之南有'伊池',地势低洼,也无村庄。儿臣以为,可掘开黄河南堤,将洪水引向'伊池'。这样,既可以保住洛邑,也能保住洛邑城外千万百姓的身家性命。"

周灵王越听,眉头皱得越紧,脸色变得越青。好啊,小小年纪,竟然将我比为无用的"鲧",将自己视为治水有功的"禹",这不明摆着要谋篡王位吗?这还了得!

王乔刚刚说完,周灵王便怒吼一声:"小小年纪懂得什么,一派胡言。"

王乔伏在地上,泪流满面,以首叩地,哀号道:"父王,儿臣不是胡言,儿臣是一片忠心啊。父王,千万千万不能再用堵的办法,赶紧将水疏导到'伊池'吧。"

周灵王见王乔如此冥顽不灵,一怒之下,免去了王乔太子之位,贬为平民,发配山东胶南。没有旨意,他不得回转洛邑。

据《历世真仙体道通鉴》记载,被废掉太子职位的王乔无奈地告别了父王和太后,满怀忧伤地走出洛邑。暴雨还在哗哗地倾倒,王乔在暴雨下踽踽而行。他不是忧伤自己失去了太子之位,不是忧伤自己失去了优裕无比的生活,他是忧伤天下千百万百姓将因此失去家园和生命啊。

王乔自小就爱吹笙,他那一腔悲愤忧郁的心情无法向人诉说,只有通过笙声来表达、倾诉。他吹着玉笙,走出洛邑的城门。离洛邑不远就是伊水和洛水。他看到洛水和伊水还在不断上涨,成千上万的百姓还在雨中和泥水中挣扎着,哀号着,心像刀割一样疼痛。

走着,走着,他突然停住脚,抬起头,向着乌云密布、大雨阵阵的天空吹响玉笙。他一边吹,一边在心中暗暗祈祷:上天哪,看在天下百姓身家性命的份上,你停停雨吧。我王乔愿为你日夜吹奏最动听的笙曲,哪怕力尽吐血而死。

王乔站在伊水之滨吹了一天一夜,吹得口干舌燥,筋疲力尽,但他一刻也不敢停下。他相信,他的笙声一定能够感动苍天。

东方终于又露出一抹鱼肚白,王乔离开洛邑之后的第三个黎明来到了。王乔还在暴雨下面不休不止地吹着,他要用笙声迎接又一个黎明的到来,他希望这新的黎明会给百姓带来好运。

吹着,吹着,辰时一刻,不可思议的事发生了。

笙声到处,满天的乌云渐渐散开了;笙声到处,倾盆的雨渐渐停了;笙声到处,久违的太阳从云缝中露了出来,大地亮起久雨之后的第一线光明。

面对这突如其来的景象,大堤上千万百姓又惊又喜,他们抬头望天,泪流满面,一个个跪在泥泞的土地上,不断叩首,高声呼喊:"苍天,苍天,谢谢苍天。"

这时,一个白发白须的老人站了起来,指着远处吹笙的王乔,大声说道:

"乡亲们,你们看哪,那是太子晋啊,是太子晋的笙声感动了苍天,云才散了,雨才停了,太阳才出来,是太子晋救了我们呀。"

百姓们这才回过神来,纷纷从泥水中站了起来,高呼着从堤坝上跑了下来。他们跑到王乔的身边,团团围着他。

老人分开众人,来到王乔面前,深情地说:"太子,是你救了我们,我们不知道该用什么来感谢你。太子,你不能走,你不要走,我们需要你啊!"

王乔深情地望着老人,眼含热泪,对围在身边的百姓们说:"乡亲们,不是我王乔救了你们,是苍天,是苍天救了你们,你们要感谢苍天。"

说到苍天,百姓们又担心起来,对王乔说:"太子,是你用笙声驱散了乌云,遏止了暴雨,迎来了太阳。你走了,把笙带走了,这里再也没有笙声了,这雨要是再下起来,可怎么办呀?太子啊,你留下吧,继续用你的笙声为我们驱雨,为我们增福吧。"

"我多想留下跟你们在一起,可我实在是不能呀。"王乔声音哽咽地说:"父王要我去山东胶南,我得遵旨,否则就是大不忠、大不孝。不过,我不会丢下你们不管的。我听说世上有一种叫作'道'的东西,能够给人带来幸福;世上还有一种神仙,能够呼风唤雨。我这就去寻找道,寻找神仙拜他为师。待我得道之后,一定回来和你们在一起,向上天祈祷风调雨顺。"

听王乔把话说到这个份上,百姓们才恋恋不舍地散了开来,给王乔让出一条路。

王乔缓缓走出了人群。

百姓们跪了下去,高喊道:"太子,太子,你一定要早日回来啊。"

王乔三次回头看着百姓。然后,义无反顾地往前走去。百姓们听见,王乔一边走一边唱起一首歌:

> 伊洛之水清兮,可以涤我之缨。
>
> 伊洛之水娇兮,可以涤我之箫。

歌声和着笙声,哀婉、清绝,像一股和煦温润的清风,向前飘去。

仙人隐修的金庭洞

王乔唱着歌向前走去,歌唱完了,继之于笙。路不断,歌声不断,笙声不绝。

走了几十里,一座高山挡在他面前。山峰上面传来一阵美妙绝伦的笙声,那韵律、节拍竟然和王乔的笙曲一模一样,王乔心中暗道:这是谁啊?

循着笙音,王乔攀藤附葛爬上山去。来到山顶,他看见一个头戴草帽、身披葛袍的人站在山顶的一棵大松树下吹笙,发出的乐音正是自己在山下听到的笙声。他心中一动:这一定是传说中的仙人。

王乔走上前去,深深作了一揖,恭恭敬敬地问道:"敢问上仙,你吹的笙音怎么会和在下的一模一样呢?"

那人抬头细细打量了一番王乔,说道:"音乐乃人之心声,心声相通,音乐便会不通自通,何况你我前世本来就有缘分。"

王乔听他出语不凡,更加奇怪:"请问先生,在下与先生前世有何缘分?"

那人道:"前世之缘乃是天机,天机不可泄露。只看今生,我等相会在这嵩山之巅,便是前世缘分的结果。"

"这里是嵩山?"

"是啊,这里是嵩山。"

"在下听说嵩山之上住着一位名叫浮丘公的神仙,不知先生是否见过?"

那人哈哈大笑起来:"小子,你明明心中已经明白,还故意问我是否见过。告诉你吧,贫道就是浮丘公。"

听说面前这位仙人就是浮丘公,王乔立刻跪倒在地,叩头道:"在下王乔,寻找师父久矣,请师父收下王乔为徒吧。"

"起来,起来。"浮丘公伸出双手,扶起王乔,"实话告诉你,贫道本就是受太上老君指派,来到嵩山度你入道的,贫道已在这里等你好久了。"说完,领着王乔向前走去。转过一道又一道山弯,来到一个高悬在崖壁的石洞之中。

从此,王乔跟着浮丘公在嵩山顶上的这个石室,日夜修炼。两年之后,浮丘公又带着王乔转移到缑氏山上修炼。

在缑氏山，一晃又是一年。

一个初夏的早晨，浮丘公带领王乔在缑氏山顶的松林中服完气，对王乔说："为师本在神州东南的天台山修道，因为和嵩山、缑氏山有三年的缘分，才带你上这两座山的。如今，三年期限已满，为师打算回转天台山。不知你意欲何往？"

王乔回道："弟子跟随师父修炼三年，收获甚多，但还未臻道术之至深，弟子需要师父再度教诲和指导。师父回转天台山，徒儿当然也去天台山。只不过，天台山离这里几千里，师父乘鹤而行，弟子凡胎一个，相跟不上，如何是好？"

浮丘公说："王乔，你愿跟我到天台山去，为师自然不会丢下你不管的。这样吧，为师现在便教你骑鹤遨游九天之法。"浮丘公走进洞里，捧出一束竹简，对王乔说："这是一部《相鹤经》，是为师多年研究驾鹤的心得，今传于你。"

王乔跪在地上，接过《相鹤经》。聪明透顶的他只学了短短三天，便能凭空召唤仙鹤，骑鹤遨游天空了。

看见王乔已经学会驾鹤，浮丘公带着他乘坐仙鹤，飞上天空，向着神州东南的天台山飞去。

只飞了三个时辰，师徒俩便双双降落在一座奇峰插天的高山顶上。

浮丘公下了鹤背，对王乔说："王乔，这里是天台山的琼台，是天台山最美丽的地方，下来吧。"

王乔遵命，下了鹤背。

两只仙鹤拍拍翅膀，振翅飞上旁边的松树。

王乔看着这琼台，四周都是直上直下的峭壁，不知有多高，只见缕缕白云在峭壁的半腰中袅袅飘忽，却望不见深深的谷底。浮丘公领着王乔向前走去，经过两块巨岩架成的岩峡，往下爬去。岩峡下面耸着一块巨岩，巨岩上面有一个人形的凹洞，离地约有四尺高，恰好能坐进一个人。

浮丘公指着凹洞，对王乔说："这个洞名叫'仙人座'，为师在天台山修真的时候，常常在这个洞中打坐炼气。日后，你也可以在此练功。"

"师父，我们就在这里搭个茅棚，住下吧。"王乔非常高兴，对浮丘公说。

"为师确是要在这仙人座上面的平台上搭篷住下。不过，你的居处不在这里，你的住处在金庭洞。"

"金庭洞，在哪里？"

浮丘公指着峭壁下面深不见底的峡谷，说："金庭洞就在这峭壁下面的深谷当中。因为你的道行尚浅，这山顶山高风急，不易聚气。那金庭洞深藏于峡谷之中，适宜初学道法之人潜居隐修，为师才特地让你去那里的。"

浮丘公想得这么周到，一股感恩之情涌上心头，王乔的眼眶不由得涌出了泪水。

师徒俩骑上仙鹤，降到琼台仙谷底下。

深深的山谷底下流淌着一条清澈见底的山溪。浮丘公告诉王乔，这条溪名叫西灵溪。西灵溪里边高耸的断崖上跌下一条雪练似的飞瀑。飞瀑下湍，汇成一个深不见底的龙潭。龙潭里壁有个幽深的山洞，洞口挂着翠绿如茵的藤蔓，犹如帘幕一般。

师徒俩乘坐仙鹤进了山洞。

浮丘公对王乔说："这就是金庭洞。从今天起，你好生在此修炼。修炼之余，可去四周山上采药，回洞炼丹。这西灵溪两岸山上还住着一些山民，他们缺衣少药，需要你去救治。你要记住，你要用自己所采的药、所炼的丹丸，为山民治病解难，这才是我们修道人真正的修行。你要不计岁月、不计功利，到时水到渠成，道就修成了。师父自会前来接你的。"

说完话，浮丘公跨上仙鹤。仙鹤长唳一声，振翅飞起，穿过洞口那青青的帘蔓，箭一般向着峡谷上空的蓝天飞去。

骑鹤成仙护佑万民

王乔在金庭洞中隐修，已经过去了不少日子。

这一年的七月七日，王乔正在金庭洞中整理药材，准备炼丹。洞外忽然响起一阵急促的脚步声，只见一个三十多岁的山民急奔而来，刚刚进洞，便跪在王乔面前，哀求说："仙人，仙人，你快救救我家三个孩子吧。"

原来，这山民就住在西灵溪的下游，他的三个孩子近日忽然发起高烧，喉咙肿得只剩一条缝，水米不咽。

救人如救火，王乔立刻跟着山民来到他的家中。三个孩子躺在床上，满脸飞红，双目紧闭。王乔伸手往他们额头上一探，烧得像火炭一般烫。他扒开孩子的嘴巴看那喉咙，只隔这么一刻工夫，已经肿得没有缝了，上面还蒙着一层白膜。

王乔心中咯噔一下，孩子病情十分凶险，恐怕熬不过明天了。这病叫作"喉痹"（今称白喉），需用黄连、黄芩、黄檗、山栀子、生石膏等。可这深山冷岙离最近的城镇也有几十公里，就是能走到，一个贫穷的山民也无钱购买啊。

他记得小时候在宫中，太医曾经用一种名叫"珠剑兰"的块根医治这种毛病，很有效果，可一时到哪里去寻找这种"珠剑兰"呢？

这种药草，叶片深绿深绿，比普通剑兰稍宽稍厚，开花时幽香弥漫，根部一节一节生着一颗颗椭圆形的白色珠块。这珠块便是医治白喉的妙药。

琼台仙谷山峦重叠，百药丛生，但是不知道有没有这种宝贵的"珠剑兰"？

王乔告别山民夫妇，回到洞中，拿来药锄，背起药筐，沿着西灵溪，向深山老林走去。王乔走了一山又一山，涉过一溪又一溪，走了足足几十里路，找了一整天，还是没有找到这种"珠剑兰"。

太阳已经架在西山顶上了，山谷幽深，天暗得快，王乔看看天已不早，只得往回走。他一边走，一边寻，把希望寄托在回去的路上。走到西灵溪上游一个叫"仙女浴潭"的地方，一阵清风迎面吹来，带来一股沁人心脾的芳香。王乔抽抽鼻子，啊，这不就是小时候闻过的"珠剑兰"芳香嘛！

王乔高兴极了，顾不得浑身疲劳，循着香气往前去。

他分开草茅荆蔓来到"仙女浴潭"岸边。这"仙女浴潭"虽然不大，但四面的岩壁像玻璃一样光滑，潭水清凌凌的深不见底。那丛"珠剑兰"就长在"仙女浴潭"对面的绝壁上。如果是一个凡人，那是怎么也过不了潭的。王乔已是一个有道行的人，这点困难难不住他。他念动咒语，踏上水面，像走平路一样走了过去。到了对岸，他双脚一跳，跃到断崖上面，伸手将那丛"珠剑兰"拔了下来。一看,哈!其根部生满一串串椭圆形的白色块根,正是自己需要的仙药。

王乔加紧脚步回到山民家,立即摘下"珠剑兰"的块茎,放在药臼中捣烂,挤出汁液,滴进三个孩子嘴里。接着又将剩下的药渣煎成药汁,给三个孩子灌了下去。不到一个时辰,三个孩子便睁开了眼睛,并喊叫:"爹、娘,我饿……"

第二天,王乔按照前一晚的医法,又给三个孩子喂了药。到了下午,三个孩子的烧全退了,喉咙也消肿了,又开始活蹦乱跳了。

王乔深山采药治好三个孩子的消息传了开来,方圆几百里前来寻求王乔治病的人越来越多。

消息越传越神,越传越远,传到会稽郡守耳中。会稽郡守想,天台山竟有这么一位神医,要是将他请到府里,专为我一个人保健治病,该多妙啊。

几天之后,一帮衙役来到金庭洞,聘请王乔到会稽郡府去。王乔哪里肯去。趁着衙役不留神,他逃出金庭洞,攀上悬崖,飞速地向琼台上面爬去。

衙役在后紧追不舍。

王乔上了琼台,朝桐柏山方向跑去,谁知衙役已经追到,将他团团围住。

这琼台上面除了东边通往桐柏方向有一条小路之外,四面都是悬崖峭壁。仙鹤一时之间又召唤不到,怎么办呢?

王乔想,要我丢下穷苦山民,专为郡守一个人治病,我是万万做不到的。我宁愿粉身碎骨,也要留下一腔忠魂在这里护佑山民。这样想着,他纵身一跃,朝悬崖下面跳去。

他耳边风声呼呼,身体像一粒弹丸一样,疾速地朝千丈深谷中坠。

千钧一发之际,"砰"的一声,他觉得一个东西托住了自己。

王乔睁眼一看,自己落在像磨盘一样大的手掌上。再一看,半空凸出的悬崖上站着一位老人,老人正对着自己微笑。啊,原来是师父浮丘公来了,是浮丘公伸出巨掌接住了他。

浮丘公说:"王乔,你在天台山为民治病的事迹传到上清天宫了,玉晨大道君甚为欣喜,特遣为师前来召你,命你速去天宫领旨。正好碰上你有难,接住了你。你这就跟贫道上天去吧。"

师徒俩骑着仙鹤，穿云破雾向南天门飞去。

不长工夫，他俩已经来到上清天宫。

天宫殿里聚集着几百位天仙，玉晨大道君高坐龙椅之上。玉晨大道君说："王乔，你原为下界东周太子，为治水救民，贬为庶民，情实可悯。而后跟随浮丘公，修炼数年，又在天台山潜心修道，采药救民，厥功甚伟。我要嘉奖你，不知你有什么要求？"

王乔想起当年在洛水旁边对灾民说过的话，下界子民之苦莫过于水旱。

想到这里，抬起头来奏道："大道君，下界百姓之苦，莫过于水旱二字，王乔没有别的要求，只要求道君开恩，让王乔治理伊、洛一带水旱，能为伊洛一带百姓带来丰衣足食，于愿足矣。"

大道君听了，欣慰地称赞道："好一个处处为民着想的王乔。好吧，我就封你一个掌管水旱之神吧。不过，伊、洛二水一带已有神祇管治，你在天台山金庭洞隐修，又深爱天台桐柏山，就封你一个'右弼桐柏真人'，主领五岳司侍帝晨，理金庭洞天，如何？"

王乔听了十分满意，跪在殿上叩头谢恩。从此，王乔成为掌管天台山的主神。

除了玉晨大道君的敕封外，自此以后，人间的皇帝也对王乔层层加封。五代时，王乔被封为"元弼真君"。宋政和三年（1113），他被封为"元应真人"，掌吴越水旱。宋绍兴六年（1136），他又被封为"善利广济真人"。

天台山道教徒出于对王乔的尊敬，将王乔尊奉为"桐柏山第一代祖师"。

葛仙翁龙潭当中显神通

在金庭洞右侧犹如刀削的高崖上，有一道如霜似雪的飞瀑急湍而下，轰然跌入底下一个深不见底的龙潭当中。

这龙潭数亩大小，形状十分奇特。其团团圆圆，上窄下宽，像一个硕大无朋的水瓮。潭水怪青碧绿，人们说，它是一块上天落下来的碧玉。

多少年来，当地人称这深潭为"百丈龙潭"，却忘了这个美丽的龙潭曾经因为一个葛仙翁，被叫作"葛仙潭"。其中缘故，说来话长。

葛仙翁名叫葛玄（164—244），字孝先，号仙翁，丹阳句容（今江苏省句容市）人。

据道书记载，在金庭洞隐修的仙人，继王乔之后，最著名的就是葛玄了。

葛玄之所以来到金庭洞隐修，是因为师父左慈的指引。

汉光和元年（178），葛玄还只有十四岁，便来到天台山学道。他游过华顶、石梁等胜景，爱上了赤城山，在赤城山紫云洞中住了下来。

一天，葛玄外出采药，碰到了住在玉京洞的仙人左慈。

左慈在当时可是一位非常有名的神仙，这一偶然相遇，葛玄高兴得心都快要蹦出来了。他跪在地上，请左慈收他为徒。

左慈掐指一算，知道面前这个少年与自己有缘，知道天台山道教第一个宗派将在面前这个少年身上诞生。

于是，他赠给葛玄《白虎七变经》《太清九鼎金液丹经》《三元真一妙经》三部道教秘籍，说："要练成这三部秘籍，必须潜居三年。不知你有没有恒心？"

葛玄说："弟子一定遵师吩咐，苦读、苦练。不要说三年，就是三十年，也有恒心。"

"如此甚好。"左慈说，"不过，这里非你当居之地。赤城山乃是大茅君管治之山。由此往西约七公里，有金庭洞天琼台仙谷，仙谷中有一金庭洞，曾是东周王乔修炼之处，你如果愿意，倒是可去。"

葛玄听从师命，来到琼台仙谷，寻到金庭洞，住了进去。从此，在金庭洞中日夜苦读苦练。

三年时间，一晃而过。

这天是葛玄修满三年的最后一天。他步出金庭洞，站在龙潭边上，伸伸手臂，大口呼吸山间清新的空气，仰望着直插云天的高崖。

他早就听说这刀削一般的高崖之上，有一个神奇的"仙人座"，浮丘公、王乔等仙人都曾在那里修炼成真。于是，葛玄想：今天是师父吩咐的三年潜修期满之日，我何不上去看看，同时也可以试一下自己的道行究竟已经如何了。

想罢，他端立在洞畔峭壁之下，口中念起《三元真一妙经》中的咒语。刚刚念罢，"呼"的一声，身体立即腾空而起，他只觉得身边风声呼呼，山、水、岩、树在身旁迅速下降。他怕得赶紧闭上眼睛。好在只不过一刹那，双脚已经触到实地。睁眼一看，哎呀！就这么一刻工夫，自己已经来到了双阙峰上，那个人形的仙人座洞已经近在眼前了。

葛玄兴奋地站在崖沿上面，面对茫茫群山，大声喊道："左师父，左师父，徒儿已经练成腾空起飞之术了。"

葛玄在仙人座上坐了一会，便回转了金庭洞。

第二天一早，葛玄起来，心想，左师父教的《太清九鼎金液丹经》是炼丹用的，我应当出去采药，开始炼丹了。

他手提药锄，背着药筐，走出洞口，念起经咒，身子像弹丸一样飞了起来，飞上高空，横穿琼台仙谷，来到对面的莲花峰。

莲花峰位于琼台仙谷的西侧，满山奇岩嶙峋，犹如一朵盛开的莲花。在那峻岩深谷之中，长满各式各样的仙草妙药。葛玄爬上莲花峰顶，又下到峰下一个深谷，一边采一边向里走去。愈到里面，树林愈密，藤蔓缠绕，无路可通。葛玄念起咒语，眼前树木、藤蔓犹如有人用手推着似的，顷刻间往两边退去，现出一条宽宽的山道来。

葛玄顺着山道，继续采掘仙药。不久，药筐盛满了。他抬头望望太阳，太阳已经西斜，心想，时间不早了，该回去了。

他返过身子，立定脚跟，正要念动咒语腾身起飞。忽然，山谷里"呼"地刮起一阵大风，身边草木纷纷倒下，连几抱粗的巨松也被刮得东倒西歪，簌簌落下一地松针。

什么妖魔鬼怪？

正在惊奇，又听得一阵长啸，震得山动谷摇。未等葛玄回过神来，一声更猛的啸声传了过来。啸声中,一只小牛大小的吊睛白额老虎窜出松林,朝着葛玄恶狠狠地扑来。

葛玄有些慌张,匆忙中想起《白虎七变经》,念了出来。刚刚念出一句,那猛虎便伏在地上。神咒念毕,猛虎竟然朝着葛玄摇起了尾巴。

葛玄心里暗暗叫道,左师啊左师,你给徒儿的《白虎七变经》竟然如此神妙。今日这白虎自己送到身边,我何不将他收为坐骑。

想罢,他对白虎说:"汝若愿意,做我坐骑,得些仙气,修成真道。"

白虎通晓灵性,听了葛玄的话,尾巴摇得更欢了。

葛玄一步上前,跨上虎背,喝声"起!",白虎驮着葛玄飞一般穿山越涧,回到金庭洞。

道书记载,葛玄不但能降伏猛虎,还能分身变形,役使鬼神。

消息传开,四面八方的人都前来拜他为师。

第二年正月初一,葛玄正在金庭洞中领着弟子修炼,洞外忽然传来一阵动听的仙乐声。

葛玄和弟子走出洞外,只见山谷上空祥云霭霭、旌旗飘飘,一群仙人正在美妙的仙乐中徐徐降下。

葛玄立刻领着弟子伏地迎接。

仙人降到地上。走在最前面的天仙来到葛玄面前,说道:"葛玄,贫道乃侍经仙郎王思真。"指着身旁另一位仙人说,"这是太极真人徐来勒,我俩奉太上老君之命,将《灵宝经》赐予你。你要记住,此经乃我道家救世度人之真经,你要据此潜心修炼,并传之众徒,用以救世度人。"

话刚说完,一边的徐来勒取出《灵宝经》递给葛玄。

葛玄接过《灵宝经》,叩首谢恩,说道:"葛玄一定不负太上老君和两位天仙嘱托,引领弟子潜心修炼,救世度人。"

说毕,站起身来,将王思真、徐来勒以及众位仙人请进金庭洞。

为了庆贺天赐《灵宝经》,王思真和徐来勒特地带来天宫仙酿,众人就着葛玄平日采制的山珍,在金庭洞中举办盛大的宴会。

王思真斟满仙酿,举杯向葛玄祝贺:"葛仙,为了庆贺天赐《灵宝经》,咱们一干而尽。"

葛玄举起玉杯,一饮而尽。

徐来勒也举杯祝贺,接着,天仙们一个个向葛玄祝贺。再接着,弟子们一个个举杯祝贺。

宴会从上午一直举行到下午,葛玄心中高兴,不知饮了多少杯。

王思真带来的仙酿乃是用天上百花酿成,已有千年,初饮时又甜又醇,不觉熏醉,可后劲却相当厉害。葛玄深居金庭洞,平常日子滴酒不沾,不晓得仙酿如此厉害。他虽然已经修得分身变形,却经不起这一杯接一杯的狂饮。

午后申时,葛玄渐觉燥热,口渴难挡,对两位上仙说:"两位上仙,贫道不胜酒力,容贫道去洞外饮些清泉,回来再饮。如何?"

王思真和徐来勒点头:"葛仙翁请便。"

葛玄举手作礼,走出洞去。

王思真和徐来勒怕他有闪失,相跟出来。

葛玄脚步踉跄,来到洞外龙潭边上,以手掬泉,狂饮起来。

饮着饮着,酒劲越发上来,他头脑一晕,双脚一斜,"扑通"一声跌进龙潭之中,顷刻之间,沉入水底,无影无踪。

众人大叫一声:"哎呀,这可如何是好?"

徐来勒却不慌张。他掐指一算,对众人说:"诸位莫慌,葛仙翁在此修道三年,已能闭气胎息。他在潭底喝够清泉,酒劲过去,身体凉爽,自能出得潭来。我等且回洞去饮茶,静心等候便是。"

众仙回转金庭洞中,一边饮茶一边等候,足足等了三天三夜。

第四天拂晓,忽然听见洞外潭水轰轰作响。众人拥出洞来,只见龙潭当中白浪翻飞,水声震天。潭底升起像一朵莲花一样的水花,葛玄端端正正坐在水花中心,冉冉升出水面。只见他面色红润,双目有神,看见众仙站在岸上等候自己,抱拳致歉:"贫道酒醉无状,滞留水底,有劳上仙等候,惭愧,惭愧。"

说话之间,那朵莲花一样的水花已将葛玄托到潭边。

葛玄在莲花状的水花上站起身来,一跃,便到了洞边。

众人再仔细一看,葛玄全身衣服像未入水潭一样,一点水渍都没有。

来到王思真和徐来勒身边,葛玄弯膝欲跪,口称:"贫道入水三天,有劳上仙等候,罪过,罪过。"

王思真连忙搀住:"葛玄,你经此水下潜修,已是水火兼济,道术更加纯真,可喜可贺。"

"贫道愚钝,怎能与两位上仙相比。请上仙再进洞去,贫道以茶代酒,自罚三杯,如何?"

徐来勒说:"我等已在洞中等君三天,意欲急速上天,向老君回禀,就此别过,后会有期。"

说话之间,仙童仙女奏起天乐。两位仙人在仙乐之中,乘坐彩云,徐徐升上天空。

就这样,这金庭洞外的龙潭,因为葛玄在水中潜息了三天被百姓称为"葛仙潭"。

方士柳泌琼台崖畔采仙药

琼台仙谷南头出口处,有个天台山大瀑布。离瀑布不远,有个丹霞小洞。传说,唐代后期,在这丹霞小洞曾经发生了一件道教史上十分著名的奇事。

这件事在宋代陈耆卿的《嘉定赤城志》中曾有记载:

> 丹霞小洞,在(天台)县西北一十五里福圣观东北。旧传葛玄炼丹于此,有仙人拍手岩,唐刺史柳泌于此收药,今天台观其所止也。

从这记载中,我们可以知道,丹霞洞位于福圣观附近。福圣观是葛玄建造的一座道观。葛玄和柳泌都曾在这里采药炼丹。

柳泌本是一个普通的方士,原名杨仁昼,湖北复州(今湖北省仙桃、天门、监利等县)人。自幼聪明过人,曾经得过县试第一,乡试第一。但奇怪的是,中了举人之后,他几次考进士都名落孙山。百般失望的他看破红尘,出家修道,寻求长生不老之术。

我们知道,唐代皇帝姓李,称自己为李唐王室,奉太上老君李聃为远祖,将道教奉为国教。

道教讲求的是养生。当时的道家普遍认为,通过服用丹药可以达到长生不老的目的。长生,连一般人都孜孜追求,作为一个享有天下荣华富贵的皇帝就更不用说了。有唐一朝,几乎每一个皇帝都有服用"丹药",求取长生的习惯。

这时,唐朝的皇帝是唐宪宗,名叫李纯(778—820)。

据《旧唐书·宪宗本纪》记载,唐宪宗也算一个有为之主,曾经给晚唐带来又一次中兴。不过,晚年的他也像父辈那样,希望自己活得更长久一些。为此,他派人四处寻找仙药。

唐元和五年(810),唐宪宗派遣宦官张惟则出使新罗国,特地嘱咐他,在出使途中留心寻找仙草和仙药。

张惟则很聪明也很机灵,善于揣测唐宪宗心理,投其所好。从新罗国回朝时,他编造了一个巧妙的故事。

张惟则对唐宪宗说,他从新罗国返回途中,船在海上遇到狂风巨浪,被刮到一个荒凉的孤岛上。在岛上,他们遇见了一个神仙。神仙说,海上这场风浪是他刮起的,目的就是想跟张惟则见个面,托张惟则带信给唐宪宗。

神仙说:"贫道乃是唐皇前生好友,非常想念唐皇。只要唐皇能够找到长生不老之药,我们就能重逢。"

说过之后,神仙将张惟则送到船上,仙拂一挥,一场好风顿时刮起,船便顺顺当当驶了回来。

唐宪宗听了,十分相信,立即下诏,命令文武大臣寻找有道之士,送进京中,为他炼制长生不老之药。

诏令一出，天下纷纷行动。一个名叫李道谷的皇室大臣，曾经做过鄂岳观察使，觉得这是一个千载难逢的升官机会。于是，他连夜找到宰相皇甫镈，对皇甫镈说："大人，卑职当年担任鄂岳观察使，辖下复州有个名叫柳泌的方士道行高超，能炼长生不老之药。请大人代奏皇上。"

皇甫镈一听，自己正愁找不着方士呢，连说"好！好！好！"。

第二天早朝，皇甫镈奏了上去。唐宪宗龙心大悦，立即下诏复州刺史将柳泌送进京来。

柳泌来到金銮殿，见到唐宪宗，一不跪，二不拜，三不呼万岁，只弯了弯腰，两手抱拳做了个拱手礼。

文武百官吓出一身冷汗，这厮今日闯大祸了。谁知，唐宪宗一点也不责怪，反而兴冲冲地说："朕日理万机，颇耗心力。方士如能为朕炼出长生不老之仙药，大大有赏。"

柳泌说："炼制长生不老之药，乃贫道分内之事，贫道定当尽力。为了早日炼成仙丹，请陛下答应贫道一件事。"

唐宪宗说："只要能炼出长生不老之药，方士需要什么，尽管说来，朕都依你。"

柳泌说："贫道炼丹需要一座盛产仙药的仙山，于仙山上采得大量仙草，仙药方能炼成。"

"此座仙山位于何方？"

"此仙山名曰天台，位于华夏东南，东海之滨，山上仙气氤氲，灵草遍地。不过……"

"不过什么？"

"启奏陛下，天台山上仙草虽多，但凭贫道一人之力，恐不能致。因为炼成一颗仙丹，就需上好仙草数百斤。贫道恳求陛下赐贫道为台州刺史，以便完成采仙草炼丹的重任！"

《旧唐书》记载，当时，围绕着该不该任命柳泌为刺史的事，朝廷中曾经有过一番争论。《资治通鉴》也有记载：

……上信之。丁亥，以泌权知台州刺史，仍赐服金紫。谏官争论奏，以为："人主喜方士，未有使之临民赋政者。"上曰："烦一州之力而能为人主致长生，臣子何爱焉！"

柳泌来到台州，马上在丹霞洞旁边建造了一座"柳刺史宅"。这个宅院十分豪华讲究，"其中多植灵芝翠茎，修竹奇葩。又有曲池环沼，药室丹炉"。

柳泌住在宅中，驱使成百上千的天台山民上山采药。然后在丹霞洞中建起丹炉炼丹。

柳泌炼丹之余，还爱写诗。据说诗写得不少，留下的却不多。其中最著名的是《玉清行》和《琼台》。

柳泌就这样在丹霞洞中一边炼丹，一边作诗，很少去管刺史政务。

过去了半年，仙丹没有炼成。柳泌生怕唐宪宗降罪，带着一家老少逃进深山。浙东观察使得知此事，派兵将他抓了回来，押到长安。

这一下，急坏了宰相皇甫镈和李道谷。他们生怕连累到自己，在唐宪宗面前拼命为柳泌说好话。他们说，柳泌不是逃跑，而是深入大山里面，为皇上采摘更加难得的仙草。

唐宪宗信以为真，不但没有治罪，还将柳泌升为翰林待诏，命令他回天台山继续炼丹。

又过了半年，仙丹终于炼了出来。

唐宪宗大悦，按柳泌所说的方法服了下去。这种加入铅、汞的"仙丹"，其性大热。唐宪宗服下之后，体能增强了不少，可是出现了两个副作用：一是口渴难耐；二是脾气暴躁。口渴难耐，多喝水就是了。脾气暴躁就苦了他人，特别是他身边的人。到了元和十四年（819），唐宪宗已经吃了许多柳泌炼制的"仙丹"。在药力的作用下，他变得像一只暴怒的猛虎，动不动就将身边的宦官、宫女推出去斩首，弄得宫里的人一个个惶惶不可终日。

到了元和十五年（820），"仙丹"的副作用愈加强烈。因为房事过度，唐宪宗头昏眼花，脚酸手软，卧病在床，连朝也不能上了。太监们更是害怕，害怕不知什么时候，自己就要被当作替罪羊，身首两处。

一个名叫陈一的太监，是唐宪宗的近侍。他夜夜做噩梦，梦见自己被处死，几乎到了癫狂的地步。他想，要想活下来，只有让唐宪宗死。于是，在一个深夜，趁着唐宪宗熟睡之际，他用绳勒死了唐宪宗。

勒死之后，陈一立即请来大太监王守澄和梁守谦。几个人商量，决定严封唐宪宗暴毙的消息。然后，他们打开宫门，将太子李恒迎了进来，扶成新皇，是为唐穆宗。

陈一等人对新皇唐穆宗谎奏道，唐宪宗系服用仙丹"毒发身亡"。唐穆宗虽然有些怀疑，但一来陈一等人有拥戴之功，二来父皇死也死了，追根究底容易造成朝政动荡，而动荡的朝政对他十分不利。权衡之下，他就以"毒发身亡"四字诏告天下。

既然唐宪宗的死因是"毒发身亡"，当然要追究"毒药"的来源。一查，"毒"来自柳泌炼制进献的丹药。就这样，柳泌成了替罪羊，被唐穆宗杖杀在金銮殿前面的丹墀上。

柳泌之死，固然有他自身的因素，但更重要的是他成了封建王朝政治的替罪羊。他死之后，一些生前与他交好的天台山山民十分同情他。"冀其不死"，希望杖杀只是一种传言，希望他仍然活着。

直到明朝末年，天台本地的一些士民还同情柳泌的遭遇，在福圣观的东边特地为他造墓竖碑，碑文中记载着他的归葬日期。

清康熙年间，台州知府张联元来到天台山访友，看到墓碑上刻有"元和十五年十月葬"的字样，也认为"杖杀之说，恐未必然"。

民国年间，邑人陈甲林却有另一种看法，他在《天台山游览志》中讽刺张联元，说他"敢于翻唐史之案，太可笑"。

历史就像一个任人打扮的小姑娘。在柳泌之死这件事上，张联元和陈甲林两人真的还不知是谁可笑呢。

在天台山成仙的吕洞宾

金庭洞天深谷当中，有一个清澈见底的"八仙湖"。传说那是道教八仙活动的地方，自古以来留下许多八仙的故事。其中最著名的要数吕洞宾"天台山成仙"，这个故事记载在《中国仙话》当中。

据《天台山全志》记载：

> 吕洞宾，游天台，居福圣观，灵应事迹甚多。尝题一绝于壁云："青蛇绕地月徘徊，夜静云闲鹤未回。欲度有缘人换骨，暂留踪迹在天台。"

吕洞宾，原名吕岩，道号纯阳子，世称吕祖、纯阳祖师。晚唐五代河中府永乐县（今山西省永济市）人。《天台山方外志》称其弃官出走，浪迹江湖，师事钟离权。钟授以金液大丹之功，延命之术。后来吕洞宾游庐山，遇见火龙真人，又传给他"大道天遁"剑法和龙虎金丹秘文。

吕洞宾是道教中最接地气的神仙之一，和佛教中的观音菩萨有些相似。吕洞宾自从得到钟离权和火龙真人的真传之后，便云游四方，他乐善好施、扶危济困、行侠仗义。可是在行侠仗义的过程中，他总觉得有一件事十分遗憾：那就是每当碰到妖法高深的妖魔鬼怪，因为他未能学会腾空飞升之术，往往让妖魔逃之夭夭。

一天，吕洞宾对钟离权说出了这一桩心事。钟离权说："徒儿啊，世上万事都有缘分和定数，你想飞升成仙，缘分不在终南山，而是在东南的天台山。铁拐李在那里住着，你可以前去拜他为师。"

吕洞宾拜别钟离权，来到天台山莲花峰，拜铁拐李为师。

莲花峰对面有个琼台，是一个赏月的好地方。每到阴历十五晚上月圆之时，铁拐李都要飞跃仙谷，到琼台上去赏月。

吕洞宾也很想去，但是铁拐李迟迟没有教他飞渡之功。

时间过得飞快，已经过去两年零三百六十四天，明天就要满师了，可铁拐李还是没有教给他飞升成仙之术。

第二天一大早，吕洞宾便起来打扫庭院，浇灌花草。正干得高兴，他忽然听见师父房中传来一阵阵呻吟声。

吕洞宾丢下花帚，奔进房中，只见铁拐李在床上翻滚，双手捂着肚子，冷汗直冒，脸色铁青。

吕洞宾挨近床边，问道："师父，你咋啦？徒儿立刻给你采药。不知师父要吃什么药？"

铁拐李说："徒儿啊，为师这肚痛病，只有大瀑布悬崖上那株桃树结的桃子才能治好，你想办法给我摘三个来吧。"

吕洞宾一听，难住了：那瀑布岩壁立万仞，平素站在山崖边上，往下瞧一眼，都心惊目眩，怎生下得去呀！吕洞宾感到十分为难，但为了师父，他还是走出洞府，一步一步往瀑布岩走去。

来到瀑布岩，站在崖顶，往下一望，刀削一般的千仞崖壁上果真长着一株桃树，上面结着红艳艳的桃子。吕洞宾心想，我既然来拜师，就要有诚心。师父病得这样厉害，我还犹豫什么呢？心一横，眼一闭，他用右脚往崖边狠狠一蹬。这一蹬，身体立时像子弹一样飞了出去，接着，又像一块石头一样飞速往下沉去。吕洞宾心想，完了，完了，这下一定要跌死了。谁知他刚刚这样想着，就好像有什么东西在身体上一托，左脚便触着了硬硬的东西。

他睁眼一看，啊！自己已经落在了瀑布岩悬崖上的那株桃树上了。

吕洞宾高兴地摘下三个桃子，揣在怀中，爬上瀑布岩。经过琼台时，他用左脚用力一蹬。奇怪，这一脚竟然有那么大劲儿，把山崖踩出一个深深的脚印来。这脚印，现在还在琼台的山崖边上，当地百姓叫它"仙人脚迹"。

蹬过之后，吕洞宾凌空飞了起来，一会儿便飞过万丈深谷，回到了莲花峰。

吕洞宾走进师父房中，正想把桃子递给师父，发现师父已经坐在床上，而且他好好的,病早已痊愈了。吕洞宾好奇怪,问师父:"这到底是怎么回事呢?"

铁拐李朝他招招手,把他叫到床前,笑盈盈地说:"徒儿,为救师父,你摘来桃子。可你知道你是怎样渡过深谷回到莲花峰的吗?你有没有感到自己现在身子很轻很轻呢?"

吕洞宾点点头:"是的,徒儿感到身轻如燕。"

铁拐李说:"这就对了。刚才徒儿采桃,一脚跨出悬崖,正要坠落深谷,为师见你心诚志坚,伸手一托,将你送到那桃树上。就这一托,你已得了仙力,从今以后,你便可在高山深涧之上自由飞渡了。"

吕洞宾这才恍然大悟,原来师父是在考验自己啊。看来,要想成仙,就得先有一颗为他人着想的心,今后一定要用自己的本领为他人多做好事。

正想着,铁拐李又说:"徒儿,从今天起,你可以离开为师,独自到琼台谷底那个金庭洞中修炼了。"

"金庭洞?"吕洞宾犹豫地自语了一声。

"对啊,那金庭洞曾经住过不少仙人,王子晋、葛玄等高道就是在那里修成真果的。"

吕洞宾跪在地上,向铁拐李深深拜了三拜,说道:"师父保重,徒儿去了。"话毕,他步出洞府,飞了起来,一会儿便到了金庭洞中。

从此,吕洞宾便在金庭洞中潜心修炼。

凤凰山畔海艾飘香

吕洞宾常用艾草为人治病,十分灵验。他与天台山的艾草结下了深缘。据《天台山方外志》记载:

> 凤凰山,在县东十五里,六都。志要云,山形似凤者三,故其地

亦名凤林。崖上有仙人掌迹,甚巨。南有钓台及吕洞宾所游之地,名为吕道岸。其地夏日蚊蝇不入,所产艾草入药最佳。

　　吕洞宾住进了金庭洞。他晨昏打坐修炼,日中出外采药,为民治病。一天,他在金庭洞不远的福圣观附近山上,发现了一个深不见底的洞穴。这洞穴每逢早晚,便像蒸笼一样透出蒙蒙水雾,弥漫在附近的山坡上。山坡上长着一片碧绿的艾草,因了这水雾的氤氲,艾草长得又粗又壮。百姓们告诉他,这个洞穴名叫"海眼",一直通到东海龙宫。洞穴中透出的是一阵阵海雾,山坡上长着的一片片艾草便叫作"海艾"。这片海艾是葛洪为了纪念妻子鲍姑栽种的呢。

　　吕洞宾心想,艾草是一味好药呀,能治好多毛病,何况还是葛洪仙师留下的。于是,他从金庭洞来到福圣观,和观中的道士一起培植艾草,为附近百姓治病。

　　吕洞宾除了采药炼丹,还爱游山玩水。

　　离天台县城东约七公里的地方有个渡口,是天台东乡通往南乡的必经之路。这里风景秀丽,人来人往,十分热闹。吕洞宾看中这里,常常坐在渡口边,一边钓鱼,一边看景,为过往行人治病。

　　这一天,又逢农历六月初六。俗话说,"六月六,狗洗浴",天气闷热得异常。吕洞宾骑着凤凰来到这里,一边钓鱼,一边看景。

　　吕洞宾刚把钓钩放进水里,就钓到了一条尺把长的大鲤鱼。吕洞宾钓鱼和他人不同,他不为吃而是为玩。每次,他把鱼钓上来,又放回去,就这样翻来覆去地玩耍着。

　　吕洞宾正要把那条大鲤鱼放回水里,突然,听见一阵"嗡嗡嗡"的响声。抬头一望,只见一群蚊蝇,不知有多少只,黑压压地扑了过来,齐齐叮住那条大鲤鱼。鲤鱼痛得弓背甩尾,拼命挣扎,蚊蝇还是不肯离去。吕洞宾赶紧把鲤鱼放回水中,蚊蝇这才飞走了。

　　这时,从对面的"隔水江"渡口驶来一艘渡船,船上载着男女老少几十人。那群蚊蝇看见鲤鱼没了,一股脑儿朝船上扑去,乌云一样往船上的人们叮去。船上众人连忙用手拍打,可哪里赶得走这么多蚊蝇,一个个被叮得又痒又痛,几个小孩"哇哇"大哭。

看到这幅情景,吕洞宾随手从身边柳树上折下一根柳枝,站了起来,朝蚊蝇挥去,蚊蝇"轰"地一下飞走了。

可是,刚坐回去,那群蚊蝇又飞了回来。就这样,他赶一阵,蚊蝇逃一阵。他刚坐下,蚊蝇又飞了回来。

一个四十多岁的中年渡客为了躲避蚊蝇,跳进水里,朝吕洞宾这边游来。中年渡客湿漉漉地上了岸。吕洞宾问道:"客官,这群蚊蝇是从哪里来的?"

中年渡客说:"我家就住在始丰溪岸边的村子里。前天晚上,村人们正在屋外纳凉,忽然听见一阵雷鸣般的响声,抬头一看,一群蚊蝇像乌云一样压了过来,也不知是从哪里飞过来的。这些天,这群蚊蝇弄得附近几个村子的百姓白天不能干活,夜里无法睡觉。道长,你看,现在弄得连路都走不成啦。"

吕洞宾一听,火了。这群蚊蝇如此可恶,弄得民不聊生,自己枉有一身移山倒海的本领,却对付不了这小小的蚊蝇,不驱走它们,脸往哪里放。

想罢,他把手一招,跟随他的三只凤凰飞了过来。

吕洞宾说:"凤兮,凤兮,快去海眼,采摘艾草,解救众人。"

话音刚落,吕洞宾骑上凤凰,朝福圣观飞去。

一刻工夫,他就到了福圣观东北面的"海眼"。吕洞宾下了凤凰,伸手采来一株艾草,歇也没歇,立即往回飞。一眨眼工夫,他回到了那个渡口。

吕洞宾下了凤凰,只见那群蚊蝇还在叮咬船上众人。他立刻把手上的艾草朝空中抛去。哈,真神!那艾草被抛到空中,一变二、二变四,落地生根,始丰溪畔顷刻长满郁郁葱葱的艾草,浓浓的艾草气味在溪水之上弥漫。那群蚊蝇闻到艾草的气味,落荒而逃。来不及逃走的,双翅脱落,掉进溪水里,成了鱼儿的食物。渡船上的人们终于得救了。

吕洞宾乐得哈哈大笑。正笑着,忽然听见凤凰惊叫了一声。哎呀,只见三只凤凰在柳树下拍打了几下双翅,双脚一伸,死了。

吕洞宾掐指一算，知道凤凰是因为急着采艾，振翅疾飞，感染热毒，劳累过度而死的，也是劫数如此，无可挽回。

吕洞宾走了过去，伸出手来，按在领头那只凤凰身上，口中念道："凤兮，凤兮，莫挂莫念；且将溪畔，当作故里。"刚刚念罢，三只凤凰便像风吹一样呼呼变大。转眼工夫，他们化作三座小山，遍身的羽毛变成密密麻麻的艾草。

这三座小山，后人就叫它"凤凰山"，现在还在天台县城东十五里的地方。吕洞宾按过的掌印，叫"仙人掌迹"，至今还在凤凰山上。山脚下始丰溪边的"钓台"，至今名叫"吕道岸"。

凤凰山的艾草越长越多，没几天，竟然在始丰溪两岸长了开来。这凤凰山脚下直到今天，夏日蚊蝇不入，出产的艾草"入药最佳"。出于这个原因，百姓纷纷迁居到这里。后来，这里成了两个村庄：一个名叫"凤林"，是为了纪念凤凰的；另一个名叫"安固"，形容人们居住在这里，又安全，又稳固。

今天，如果你到天台山大瀑布那里去，还可以在瀑布边上看到那个神奇的"海眼"和海眼边上葛洪留下的"海艾"。

吕洞宾为救百姓于疾苦之中，在凤凰山畔播种海艾。自此，海艾便从天台山大瀑布的海眼周围，繁衍到了有着天台母亲河之称的始丰溪的两岸。

第五章

桐柏福地

桐柏福地是道教洞天福地中的第四十四个福地。其所在地点,有两种说法。唐代司马承祯的《上清天地宫府图经》中称:"桐柏山,在台州始丰县,属李仙君所治之处。"而五代杜光庭的《洞天福地岳渎名山记》却说:"桐柏山,在唐州桐柏县,属李仙君所治之处。"

与司马承祯同时代的唐代大学士崔尚在《桐柏观碑记》中说得更清楚:"天台也,桐柏也,释谓之天台,真谓之桐柏,此两者同体而异名,同契乎玄,道无不在。而稽古者言之,桐柏山高万八千丈,周旋八百里,其山八重,四面如一,中有宫天,号金庭宫,即中右弼王子晋之所处也。"可见桐柏山和金庭宫在一起,确实是在天台山。唐睿宗于景云二年(711)十月七日《复建桐柏观敕》中,说到台州始丰县桐柏山建观事,更加可以证明桐柏山的确在台州市始丰县(今天台县)。

明代《天台山方外志》记载桐柏福地尤为具体:"县西北二十里有桐柏山,亦为道家所谓'七十二福地'之一。由清溪迤北而入,岭路九折,至洞门一望,佳景豁然,道观屹处其中。"

桐柏福地是指天台县桐柏山顶上的两个盆地。一个坐落在桐柏宫周围,是由九座山峰围绕着的长宽四五千米的高山盆地。盆地当中有三国吴赤乌年间始建的桐柏观、鸣鹤观等道观。这九座山峰,据文献资料记载,盆地南边为紫霄峰和玉泉峰,东边为卧龙峰和香琳峰,东北为玉霄峰,北面为玉女峰,西北为莲花峰,西面为翠微峰,南边与玉泉峰隔三井坑对峙为翠屏峰。另一个盆地位于桐柏宫北面的高山之上。那里群山环绕,清泉潺潺,中有村庄,名曰洞天。盆地呈长龙形,背倚玉霄峰,峰麓自唐调露年间便建有"玉霄峰居"(洞天宫)。许多高道曾在那里隐居、修习、采药、炼丹。

据《历世真仙体道通鉴》记载,轩辕黄帝"尝往天台山受金液神丹"。今天,在桐柏福地还留有黄帝祭坛的遗址。

黄帝之后,有史可查的仙人为王乔。《道藏》记载:"王子晋上嵩山后数年之七月七日,乘白鹤谢时人,升天而去。远近观之,咸曰:'王子登仙。'升天为右弼,主领五岳司侍帝晨,号桐柏真人,理金庭洞天。"王乔登仙之后,便从金庭洞移至玉霄峰修道。因为桐柏福地和金庭洞天相邻,后人往往把它们连在一起。

汉代之前,在桐柏福地活动的道家人物都是以"散仙"形式出现。直至汉光和元年(178),葛玄来到这里,才出现了"教团"形式的道教组织。桐柏福地的高道从此引起历代帝王的重视,帝王们为这些高道建造栖息修道的宫观。在将近两千年的历史长河中,活动在桐柏福地中的道士为帝王所诏见的就有十多人,其中以司马承祯为代表。

陶弘景在《真诰》中赞誉桐柏福地:"三灾不至,洪波不登,实不死之福乡,养生之灵境。"居住在这里的道士个个健康长寿。据史籍记载,寿至百岁以上的高道就有十一位,其中清代的高东篱,寿高一百五十一岁。

葛玄始创桐柏观

据《三洞群仙录》等道书记载，除王乔仙人之外，最早到桐柏福地修炼的道士是葛玄。

葛玄（164—244），字孝先，丹阳句容（今江苏省句容市）人，出身于东吴士族家庭。葛玄自幼好学，十三岁时便博古通今，十四岁便来到天台山出家。

他刚刚登上天台山的南大门赤城山时，便在玉京洞中碰到了奇人左慈。左慈收他为徒，将一身本领传给他。后来太上老君又指派仙人王思真和徐来勒将许多道家的秘籍赐给他。在众多上仙的器重指导下，葛玄学得一身非凡的本领。

传说葛玄常年只服山术，不吃五谷，却能经年不饿；擅长治病，药到病除；能使鬼

葛 玄

魅现形，或杀或遣，任他驱使；能坐在熊熊燃烧的柴火之上而衣冠不焦；酒醉之后潜入深水酣睡，待酒醒之后出来，滴水不沾；能将身体分成千百个，变化无穷；善于使用符书，召唤鬼神，为人驱除邪恶，起死回生。

吴国君主孙权信奉道教，听说葛玄名声之大，于赤乌二年（239）下诏将他请到京城建业，向他问道。据说每次问道，孙权都是"大喜过望"。

不久，葛玄要求回天台桐柏福地修真。孙权下诏在桐柏山为他建起一座桐柏观，供他修炼。这就是桐柏宫的起源。

同一年，孙权又为葛玄在玉泉峰建造了一座王真君坛奉祀王乔。接着，他又在天台山大瀑布下面（今天的桐柏岭脚村地方）建造了一座天台观（后改名福圣观）。葛玄亲自书写"天台之观"四个飞白大字，这四个字称为"古今之冠"。除此之外，孙权还为他建起"法轮院"和"妙乐院"。

孙权对葛玄的特殊恩遇使葛玄名声大震，四面八方的道徒闻风而来。据道书记载，当年亲受葛玄秘诀的弟子达五百多人，被葛玄度成神仙的有八百多人。《诸真宗派系谱》中的"葛真宗天台派"一系由此形成。

葛玄一生喜欢云游，近至括苍、雁荡，远到阁皂、天柱、罗浮。他一路之上弘扬灵宝道法，直到今天，这些地方还留下许多丹井、丹灶等遗迹。

葛玄还被人们称为茶祖。今天，在天台山华顶尚留有"葛玄茶圃"。

吴大帝赤乌七年（244），葛玄在桐柏观立坛授道，对弟子郑隐说："吾昔受左元放（左慈）先生，今付于汝。"

同年八月望日（八月十五日），葛玄将身边道徒召在一起，对他们说："吾不得作大药，今当尸解。"吩咐弟子为他穿好衣冠，端坐在室内，众弟子在四周焚香环立。传说香烟刚刚升起，忽然起了一阵大风，风势十分凌厉，弟子们连眼都睁不开。一会，风静下来，听见空中传来一阵阵悠扬的乐声。弟子们睁眼望去，天空中彩旗旌幢遮天蔽日而来，一辆天车来到前面，仙童、仙女将葛玄扶进天车。嘹亮的天乐声中，忽然飞来千万只仙鹤，绕着天车飞舞，扛起葛玄乘坐的天车，冉冉升上太空。其住世八十高龄。

"君有出俗志，不贪英雄名"

若说桐柏福地影响最大的高道，当数唐朝的司马承祯。

唐崔尚《桐柏观碑》记载：

> 炼师名承祯，一名子微，号天台白云子，法号道隐。生于唐太

宗贞观二十一年(647)，河内温(今河南省温县)人。晋宣帝弟太常
馗之后。祖晟，仕隋为亲侍大都督。父仁最，唐兴，为朝散大夫，襄
州长史。

生于这样一个官宦之家的司马承祯，却是甘于淡泊、笃信道学的。他二
十一岁便上了嵩山，拜陶弘景的三传弟子潘师正为师。他于唐开元元年
(713)奉旨督建桐柏观，从天封灵墟道场移居洞天村西北面的玉霄峰下卓庵
隐修监工，自称"玉霄峰居"。他鉴于桐柏福地"豁然开朗，灵气映人"，十分
满意，便把桐柏福地也称为"灵墟道场"。

自葛玄至司马承祯，这段时期有四百余年。在这四百余年的历史长河
中，隐居桐柏福地的道士有名有姓的就有一百多位，其中葛洪、许逊、沈约、
陶弘景等都是声名赫赫的。可是为什么要说司马承祯是这一时期桐柏福地
高道的代表呢？

主要原因有两点。

一是司马承祯被皇帝封为"帝王之师"，他是三个皇帝的老师。这三个
皇帝是武则天、唐睿宗和唐玄宗。特别是唐睿宗、唐玄宗，每当朝廷有大事
发生，他俩都要将司马承祯诏请到宫中，帮助其出谋划策。

二是司马承祯是唐代"仙宗十友"的代表，对唐代天台山文化的发展影
响深远。

司马承祯不但道行精湛，文学造诣也很高超，写得一手好诗。在他几次
被请到皇宫的时候，朝中那些爱好文学的高官都来拜访他，一来二往，便成
了他的朋友。

当时被人们称为"仙宗十友"的是司马承祯、李白、陈子昂、王维、宋之
问、孟浩然、王适、毕构、卢藏用、贺知章。

司马承祯回到天台山后，"仙宗十友"中的其他人纷纷写诗寄给他，有些
朝官还带上许多司马承祯不熟悉的诗友，前来拜访司马承祯。他们从洛阳
出发，经过大运河、钱塘江、剡溪，来到天台山桐柏福地，从而形成了有名的
"浙东唐诗之路"。

据《旧唐书》记载，唐睿宗为司马承祯重建的道观"规模不小，东西南北纵横数百步。观内建有黄云堂、众妙台、元晨坛、龙章阁、凤轸台、炼形室、朝真坛、钟楼等"。其中数黄云堂、众妙堂的建筑最为宏伟、精妙。黄云堂名字的来由更是有神奇的传说，说是"方布堂时，有五色云见，以为祥瑞之兆"。众妙台则是因为司马承祯曾用篆、隶两种字体在巨石上写下《道德经》，置于台上，看到的人无不称妙，故名。

唐玄宗李隆基继位之后，又曾经两次诏请司马承祯。

第一次在开元九年（721）。司马承祯为唐玄宗"亲受法箓"。第二年，司马承祯请求回天台山桐柏福地，唐玄宗再三挽留不住，赋诗以赠，表达深深的眷恋之情。

紫府求贤士，清溪阻逸人。

江湖与城阙，异迹且殊伦。

间有幽栖者，居然厌俗尘。

林泉先得性，芝桂欲调情。

地道逾稽岭，天台接海滨。

音徽从此间，万古一芳春。

仅隔了六年，开元十五年（727），唐玄宗又一次下诏请司马承祯进京。

这一年，司马承祯已经八十岁了，尽管比一般人清健，但也经不起长途跋涉，来回奔波。为了使自己能够就近请教，唐玄宗在离京较近的王屋山，为司马承祯建造了一座规模宏大的"阳台观"，还亲自题写了匾额。

司马承祯在阳台观住了八年。开元二十三年（735）六月十八日，"突然平坐而化，年八十八。弟子舁葬，轻若虚空，仅得其衣冠"。

唐玄宗十分悲痛，亲自为他撰写碑文，下诏赠他为"银青光禄大夫"，谥号"贞一先生"。

司马承祯羽化七年之后的天宝元年（742），唐玄宗又下诏为他在桐柏观立下一块"桐柏观碑"，命当时著名的文学家崔尚撰文，大书法家韩择木书丹,唐玄宗亲笔御书碑额。

司马承祯在天台一共居住了四十一年,亲传弟子达数百人,其中以李旭、薛季昌以及女弟子谢自然等最为著名。

司马承祯是个多才多艺的高道,还长于书法,善篆、隶,别成一体,号称"金剪刀书"。唐玄宗曾经命他以正、篆、隶三种字体书写老子的《道德经》,藏于内藏之中。

司马承祯一生著作等身,著有《天隐子》《坐忘论》《修真秘旨》《服气精义论》《修真养气诀》《登真系》《上清天地宫府图经》《采服松叶等法》《洞玄灵宝五岳名山朝仪经》《太上升玄经注》《太上升玄消灾护命妙经颂》等道经共三百多卷。

"将何佐明主,甘老在岩松"

司马承祯是道教上清派第十二代宗师,他在桐柏福地创立的上清派有弟子数百人。在整个晚唐时期,上清派的活动都十分活跃,高道辈出。其中卓有成就的有徐灵府、左元泽、闾丘方远、田虚应、陈寡言、冯惟良、应夷节、刘介等。

徐灵府是其中的代表人物之一,他在桐柏福地的历史上占有重要地位。

徐灵府(761—843),钱塘(今浙江省杭州市)人,号默希子。他出身于儒学之家,自幼聪颖过人。开始在南岳出家,师事田虚应,学习"三洞"秘诀。

唐元和十年(815),田虚应带着弟子冯惟良、徐灵府、陈寡言来到天台桐柏福地。田虚应看到这里群山环抱,一溪中流,好一派仙境福地,于是,就在桐柏观住了下来。

过了六年,长庆元年(821)的一天,徐灵府对田虚应说:"师父,桐柏观后面约两公里处,有一个叫方瀛山虎头岩的地方很适合隐修。景云二年(711),师祖司马承祯就曾经在那里卓庵修炼,弟子打算到那里潜心修炼,不知可否？"

田虚应想了一想，说："我们道教要想有大发展，就要有自立门户的决心。你带我去看看，果真好，你就住在那里。"

师徒二人来到方瀛山虎头岩，只见四面群峰围抱着一个二十来亩大小的谷地，松柏繁茂，风光异常秀丽。更难得的是，谷地当中还有一个几亩大的水塘，水塘中怪石耸立，犹如一个个小岛。田虚应赞道："好一处风水宝地，你住吧。"

徐灵府在那里建起了一个道观，唐敬宗于宝历元年（825）赐额"方瀛山居"。

大中祥符元年（1008），"方瀛山居"更名为"玄明宫"，当地百姓则称为"元明宫"。元明宫中高道辈出，高道张云友、白玉蟾等都曾居住在这里修炼。

在徐灵府搬出桐柏观的时候，同来的几位师兄也陆续搬出桐柏观，自立门户进行修炼。师兄冯惟良在元和十年（815）于香琳峰创建"栖瑶山居"，隐居修炼。接着，陈寡言在长庆元年（821），也辞别师父田虚应，到司马承祯曾经居住过的玉霄峰修炼，所创道观，号"华琳"，到大中祥符元年（1008），改名为"洞天宫"，一直沿用到今天。

他们三人虽然各居一处，却经常聚首，谈玄论道，"琴酒自娱"，成为道教史上著名的"烟霞三友"。

桐柏观是唐睿宗于景云二年（711）为司马承祯重建的，到徐灵府他们来到的时候，已经有一百多年历史。原本规模宏大、华丽异常的建筑因为年久失修，已是"荒芜将圮"。

徐灵府虽然搬出了桐柏观，但是他没有忘记这个祖庭，时时刻刻打算重修祖庭。

太和元年（827），机会来了。

与白居易齐名的大诗人元稹，被朝廷贬谪到浙江担任"浙东观察使"。观察使辖"台、越、明、温、婺、衢、处"七州，权力不小。元稹和大诗人李白、白居易一样，也信奉道教。刚到浙东，元稹便来到桐柏福地，朝拜祖庭，并且拜冯惟良为师,和徐灵府成了方外好友。

这一天,元稹带着一帮从人,又上山来拜望师父冯惟良,徐灵府恰好在场。寒暄一阵之后,徐灵府对元稹说:"大人,想当年,唐睿宗为司马师祖建起桐柏观,忽忽之间,已经过去一百多年。桐柏观经历了一百多年风风雨雨,其间虽也曾多次维修,总是日见朽旧。大人,你来到浙东,管辖七州,正是我等修理桐柏宫的大好机会。贫道斗胆请求大人大力支持修建桐柏观,不知此话妥否?"

元稹抬起头,望着徐灵府和冯惟良,说:"师叔刚才所说的话,也正是下官心中所想。这桐柏观是前朝皇上特地为师祖所建,怎可让它日见倾圮呢。好吧,下官这次回去,立即筹划,早日重修桐柏观。"

只过了几个月,元稹就捐出了自己的俸银开始修建桐柏观。

经过三年的努力,太和三年(829),桐柏观的上清阁、降真堂、白云亭、儵闲院、众妙台等楼阁殿堂修复一新。元稹还修复了仓廪、厨房等生活、生产用房,桐柏观恢复了司马承祯时期的辉煌。

徐灵府请大诗人元稹作了一篇《重修桐柏观记》。

桐柏观修建完毕,徐灵府却离开了。他一个人住到离桐柏观不远的虎头岩的一个"石室"当中,潜心修炼。

徐灵府这种远离名利、一心向道的名声远播开来,一直传到了唐皇耳里。这时的皇帝是唐武宗。这个以灭佛之名传于历史的唐武宗李炎,对道教却是异常感兴趣,对徐灵府非常景仰。登上皇帝宝座的头一年,他就下了一道诏书给浙东廉访使,要他立刻召徐灵府进京。徐灵府推辞了。唐武宗不甘心,一次又一次地下诏,也不知下了多少次诏,史书上只说"多次"。

后来,看见诏书下的次数实在太多了,又碍于浙东廉访使亲自登门的情面,徐灵府写了一首表明心迹的诗,交浙东廉访使带给唐武宗,唐武宗才停息了诏请他的念头。

这首诗,题为《言志献浙东廉访辞召》。

野性歌三乐,皇恩出九重。

那烦紫宸命，远下白云峰。

多愧书传鹤，深惭纸画龙。

将何佐明主，甘老在岩松。

据道书记载，徐灵府常年辟谷，精神却是异常健旺。于咸通六年（843）在桐柏观端坐羽化，寿八十二。

徐灵府留下许多著作，计有《玄鉴》五卷、《通元真经诠注》十二卷、《三洞要略》一部、《天台山记》一部、《天台小录》一部，还编集了《寒山诗集》，并为之作序。在这些著作当中，最有名的乃是《天台山记》，这是一部较早也较为详细地记录天台山的地方志。

徐灵府弟子很多，最著名的是左元泽。

左元泽也是一个神仙般的得道高道。据《历代神仙通鉴》记载，左元泽是永嘉人，拜徐灵府为师。不过，他没有和徐灵府住在一起，而是住在桐柏香琳峰的一个石室当中。

左元泽在那个石室中整整隐修了十三年。他不吃五谷，只吃草木和野果。他平时很少说话。每次出去游山，他身边常常有虎、豹等野兽做伴。民间传说，一个砍柴人曾经看到他和三只老虎坐在一起。又传说他曾经"降伏蛟螭，为山民求雨"。

后来，也不知是什么时候，他忽然尸解而去。所谓尸解，是道士得道以后遗弃肉体成仙而去，或者是假托一物，如衣、杖、剑等，遗在世上而升天。由此可见，左元泽的离开是羽化成仙。

一个弟子的道行已是如此之高，作为师父的徐灵府道行如何已是不言自明。

"道门领袖"杜光庭

据《天台山方外志》和《天台山志》记载,杜光庭(850—933),字圣宾,号东瀛子,缙云(今浙江省缙云县)人。杜光庭青少年时期,勤奋好学,博览群书。唐懿宗时,他前去应考"九经科",写了"万言"赋,却没有考中。从此,他心灰意懒,看破红尘,弃儒入道。

从长安出来,他到处打听哪里有高道。有人告诉他,东南方向的天台山中,有个桐柏福地,住着很多有修为的高道。于是,他万里迢迢来到天台山桐柏观,拜高道应夷节为师,成了司马承祯的五传弟子(司马承祯—薛季昌—田虚应—冯惟良—应夷节—杜光庭)。

过了一段时期,他听说赤城山玉京洞中住着一位魏夫人的法孙,擅长"上清紫虚吞日月气法"。于是,他向师父应夷节辞别,来到玉京洞拜魏夫人的法孙为师,学习"吞日月气法"。

几年之后,他回转桐柏道元院,继续在师父应夷节身边修炼。

一天,他读到司马承祯写的《上清天地宫府图经》,很受启发。他想,世间万物,沧海桑田,从司马祖师到现在已经过去了一百多年,这天下的山川形势应该有很大变化,何不趁着自己还年轻,出去走走,考察一番,将天下的洞天福地再一次详细记录下来,传之后代,这岂不是一件很有意义的事。

经过多年努力,杜光庭终于撰成《洞天福地岳渎名山记》。在这部书中,杜光庭将道教的洞天福地分为岳渎众山、中国五岳、五镇海渎、三十六靖庐、三十洞天、七十二福地、灵化二十四等。每一类都详细地、具体地介绍了它的地理形势、奇异物产和神仙人物。

唐乾符元年(874),宰相郑畋读到杜光庭的文章,击节赞赏,立即将之推荐给唐僖宗。唐僖宗看了以后,也非常赞赏,对郑畋说:"天下竟有这样的人才,你马上将他召来见朕。"

杜光庭来到长安,唐僖宗立即召见了他,对答之下,更加满意,当场赐给他紫服和象简,还将他封为"麟德殿文章应制",并兼管全国道观,遂成为"道门领袖"。

这时候全国的局势已经很紧张了。这一年是黄巢起义的第三年,黄巢率领他的农民起义军攻到了长安边上的灞上。

为了安全,唐僖宗于广明元年(880)带着一大批宦官和文武百官逃往四川成都,杜光庭也随之到了四川。

黄巢起义被平定后,留下了很严重的后遗症。那些参加平定黄巢的节度使自恃功高,拥兵自重,不将唐皇朝看在眼中,纷纷割据自立。

杜光庭虽居山中,但对天下大势一目了然,看到天下将要纷乱,不愿跟唐僖宗回转长安。他认为四川是乱世之中最好的世外桃源,于是,推辞了唐僖宗的邀请,留在成都。

割据四川的王建,聘请他担任儿子元膺的老师。王建对杜光庭说:"昔汉有四皓,不如吾一先生足矣。"

然而杜光庭却不愿意接受,他知道一旦成了老师就无法再修道了。他想了一个"金蝉脱壳"之计,物色了两位当时很有学问、很有名望的文人来替代他,一个名叫许寂,一个名叫徐简夫,自己则隐居到青城山中潜心修炼。

他在这个石室中住了三十多年,一边采药炼丹,一边搜集整理道教书籍,笔耕不辍。

长兴四年(933)十月的一天早晨,杜光庭忽然将弟子们召集起来,对他们说:"为师昨晚做了一个梦,梦见自己到了天上,朝拜天帝。天帝封为师为岷峨主司,命令为师管理四川岷江峨眉一带。如此看来,为师恐怕不久于人世。"

弟子们听了,安慰说:"不会的,不会的,师父如此清健,一定寿比南山。"

仅仅过了一个月,十一月的一天,杜光庭吃过早膳,穿上那套平时只有在举行道教隆重仪式时才穿的法服,来到法堂,先朝拜了祖师,然后走出法堂对天礼拜,口中喃喃自语。拜毕,回转法堂,坐在拜垫上,闭上双眼。此时,围在法堂门口的弟子以为杜光庭在修炼,不敢惊动。不一会,法堂里忽然飘出一阵从未闻过的芳香，紧跟着，天空隐隐响起仙乐。众弟子正在惊疑，忽见杜光庭睁开双眼，说了一声："为师去矣。"说完，他重新闭上眼睛。众弟子深感有异，急忙拥进法堂，一看，杜光庭已经羽化。但是看他的脸色仍然温润光泽，和在生时一模一样。此年，杜光庭八十三岁。

杜光庭对道教的贡献很大，终其一生注释、整理道教经文，是唐末五代道教学术集大成者。不仅如此，杜光庭还开创了道教文学的先河。他著述的《神仙感遇传》和《墉城集仙录》，给我们留下许多脍炙人口的神仙故事，成为历朝历代文学创作的素材。

他的著作收入《正统道藏》的有二十七种，收进《全唐文》的有三百零二篇，这在道教史上也是绝无仅有的。主要有《道门科范大全集》《太上黄箓斋仪》《广成集》《序太上洞渊神咒经》《道教灵验记》《太上老君说常清静经注》《历代崇道记》《太上宣慈助化章》《洞天福地岳渎名山记》等。

红霞零落我樽琴

桐柏观西北数里，有一个"琼台观"，观虽小，名却大。

"琼台观"名声之大，始于宋真宗时期的张无梦，终于清圣祖康熙时期龙门派第七代传人童融阳。其间还有高道白玉蟾等人，也都是名声赫赫。

张无梦（？—1049），字灵隐，号鸿蒙子，凤翔盩厔（今陕西省周至县）人。他出身书香门第，从小便以孝顺父母出名，为乡邻称赞。二十岁那年，他生起出家学道的念头，将家产交给胞弟，两袖清风出了家门，到永嘉开元观当了道士。

不久，他听说华山上住着神仙陈抟，便离开开元观，上了华山，拜陈抟为师。此时，高道刘海蟾和钟放也在华山，三人结成了好友。

陈抟，人称"睡仙"，是道教史上著名的神仙一般的人物，传说他一睡十二个月甚至经年，不需房，不需床，不需垫，不需被，留下了许多神奇的故事。

陈抟十分喜爱张无梦,将自己"赤松子导引"之术、"安期生还丹"之法和如何修炼内丹等道术悉数传给了张无梦。所以,道教史上说张无梦得了陈抟的"真传"。

几年之后,陈抟看见张无梦已经得了自己的本领,对他说:"你看华山上的幼鸟,一旦长齐翅膀,就离开母鸟,腾飞高天。而今,你已学会我的道术,也可以离开华山,云游四方了。"

张无梦跪下,频频点头,问道:"弟子谨遵师父教诲。不过,不知何处最值得徒儿前往?"

陈抟说:"此去离华山约一千五百公里外的东海边上有座天台山,天台山中有个桐柏福地,弟子可往。"

张无梦遵照师嘱,辞别好友刘海蟾和钟放,长途跋涉,来到天台。他先来到玉京洞,看见洞中有一年老道士正在扫着落叶,抱拳问道:"请问师父,此处可是三茅真君修真之所?"

"先生何来?"老道士停下扫帚,抱拳回礼。

"贫道来自华山,因为向往天台山,故不远千里而来。请问,何处可容贫道驻足?"

"原来是华山高道,失敬,失敬。"老道士又是抱拳一礼。"此洞名玉京,乃是道教第六大洞天。茅盈、魏夫人、左慈、许迈都曾在此修炼。贫道在此也已有一百多年,正愁孤单无友,道长如有兴趣,何不同住共修。"

一听这洞原来是自己早就向往的玉京洞,张无梦心中暗喜:"真是踏破铁鞋无觅处,得来全不费功夫。"他立即对老道士说:"贫道是前生修得好缘,才来天台,便得如此好事。从此以后,凡事还得前辈多多指点。"

"同修,同修,说不上指点二字。"老道士一边哈哈大笑,一边将张无梦引进洞中。一会儿送来一领草荐、一床薄被,指着洞中一块平点的地皮,说:"山洞苦楚,将就用罢。"

张无梦接过草荐和薄被,千恩万谢:"这就已经很好,很好了。"

从此,张无梦在玉京洞住下,修炼陈抟老祖传给他的"赤松子导引"之术和"安期生还丹"之法。

修炼之余,张无梦爱去天台山各处云游。他东至九龙,西到寒岩,北上华顶,南及南屏,走遍天台山山水水。

一日,他爬上桐柏岭,顿时被桐柏福地吸引住了。他看见巍峨壮观的桐柏观,更是叹为观止。

从桐柏观出来,他向着西北迤逦行去,来到琼台。

"翠壁万仞,森倚相向",琼台仙谷的奇岩、深谷、古树、清泉,还有那清净似水的空气,张无梦恍恍惚惚犹如置身于神仙之乡。他仰望高天,不由得长叹一声:"世上还真有如此仙境啊。"

当晚,张无梦回转玉京洞,迫不及待地向老道士说起琼台之行。

老道士掐指一算,知道张无梦与玉京洞缘分已尽,就对他说:"你今日所去之琼台,确是一处仙境,王乔、葛玄、铁拐李、吕洞宾等仙人都曾在那里羽化成仙。你如有志,可去那里。"

张无梦心下奇怪:这个平时不言不语的老道士,怎么会晓得这么多。

正在想着,老道士又说:"你如果愿去琼台,趁着今夜月色正好,贫道为你饯行如何?"

张无梦越发奇怪:这个又木讷又贫穷得像乞丐一样的老道士还要为我饯行? 他有什么东西?

老道士反转身子,朝着洞外拍了一下掌。

掌声才落,洞外走进一个梳着双髻、面容姣好的小玉童。他拱手见礼道:"上仙有何吩咐?"

老道指着张无梦,对小玉童说:"这位张道长欲去琼台潜修,为师想趁着月色,为他饯行。汝速办筵席一桌,并去昆仑山和蓬莱岛邀请赤松子、安期生前来赴宴。"

老道这一席话把张无梦惊得目瞪口呆:想不到这位衣衫不整,平日不声不响,只知砍柴、种菜、扫地的老道竟然还是一个真仙! 赶紧跪下,叩头说:"弟子张无梦有眼不识真仙,罪过,罪过。"

老道伸手去拉张无梦:"道长不必如此,快快请起。"

张无梦哪里敢起,央求说:"请上仙告知尊姓大名,容弟子赎罪。"

见张无梦不肯起来,老道士轻叹一声,说:"你非得逼着老道露出真容。也罢,也罢,也是前生缘分所致,请看。"

说着,他将脸一摸,亮光一闪,立刻变成一个身高一丈、华装彩服、周身放光的神仙。

张无梦抬眼望去,这张脸好熟悉,可一时间又想不起来:"上仙,你是?"

"实话告诉你吧,贫道乃茅盈,领天帝之命,治宫在此赤城玉洞之府,有玉童玉女各四十人,出入太微,受事太极,总括东岳,司命司禄。"

张无梦这才想起来,华山上面有个"三茅真君殿"。自己在华山时常常跟着师父陈抟前去朝拜。可万万没想到茅盈今日竟活生生地站在自己面前,更万万想不到的是平日还为自己挑水、扫地、种菜呢,一种深深的负罪感令他不知如何是好。

正在这时,一阵仙乐响了起来。玉京洞忽然大放光明,变出重檐飞角重重宫观,宫观中不知从哪里走出四十个玉童和四十个玉女,抬着一张张雕龙画凤的仙案,案上陈列着七八十种说不出名字的仙果、仙肴。

仙乐又一阵高声奏响,玉京洞外天空熠熠放光,亮如白昼。两朵闪着炫目光彩的彩云自天而下,降到玉京洞前平地上。两位鹤发童颜的神仙从彩云上走下,满脸堆笑向着玉京洞走来。

茅盈领着玉童、玉女上前迎接,张无梦紧紧跟上。

见过礼后,茅盈指着两位神仙,对张无梦说:"这就是你平日所习练道法的祖师赤松子和安期生。"

张无梦几乎要惊呆了,赶紧跪下见礼,赤松子、安期生一边一个扶住了他:"张无梦,你不必多礼。你已得陈抟老儿真传,又习练我等道法,咱们早已心气相通了。一起入席吧。"

宴会从月上东山一直举行到月落西山。

仙宴结束,送走赤松子和安期生,张无梦拜别茅盈,来到琼台,建了个茅棚继续修炼"赤松子导引"之术和"安期生还丹"之法。这个茅篷就是后来"琼台观"的前身。

一晃眼,过去了十多年。张无梦将自己修炼的心得以诗歌形式记录下来,共一百多篇,题名为《还元篇》。

张无梦修成真道的名声传了开来,很多人寻到琼台观拜他为师。

宋大中祥符年间的一天,琼台观来了一位官人,名叫夏竦,官居台州通判。

通判是知州的辅官,在州官下面掌管粮运、农田、水利和诉讼等事。

夏竦后来官至枢密使,封英国公。在台州任通判时,他常至天台山游览,和许多和尚、道士结成了朋友,尤其与张无梦联系更为密切,曾经亲撰《重建道藏经记》。夏竦还是一个诗人,写了不少有关桐柏福地的诗,如《桐柏观》:

> 鸟道寒藤结,洞门苍藓深。
>
> 楼台在山半,松桧出寒心。
>
> 土软春长在,峰高月易沉。
>
> 羽衣祠太乙,香冷石坛阴。

夏竦对张无梦撰写的《还元篇》推崇备至,认为是道教典籍中不可多得的经典之作,特地亲笔抄录了一本,献给宋真宗。

宋真宗和他的祖辈一样也崇尚道教,接到夏竦献上的《还元篇》,捧读之下爱不释手,于是立即下诏,请张无梦进京。

宋真宗向张无梦询问长治久安的方略。

张无梦不喜欢卷入政治之中,应答说:"臣野人也,但于山中诵《老子》《周易》而已,不知其他。"

宋真宗见张无梦如此,也不为难他,转而和颜悦色地让张无梦为他讲讲《易经》。

张无梦略略想了一下,对宋真宗说:"臣给陛下说说《易经》中的'谦卦'吧。"

宋真宗问:"为什么单单说'谦卦'呢?"

张无梦对道:"方大有之时,宜守之以谦。"

意思是，宋朝现在正是大发展、大繁荣的时期，各方面都蒸蒸日上，取得了很大成就。这种时候，朝廷最适宜保持谦逊的态度，才能保住所取得的成果。

宋真宗称赞他说得很有道理，封张无梦为"著作佐郎"。

张无梦连忙推辞，说："陛下，你是一个像尧、舜一样的明君，难道容不下山林当中有一两个像巢父和许由这样的隐士吗？"

宋真宗知道他志向高洁，对他越发尊敬，可一时间又不愿放张无梦回天台，就命他住进京都建隆观的"翊圣院"里。

不久，宋真宗又召见他，让他讲《还元篇》。

张无梦说："国犹身也，心无为则气和，气和则宝结矣；心有为则气乱，气乱则英华散矣，此还元之大旨也。"

宋真宗大悦，赐他金帛，他不受；赐他"处士畅饮先生"，亦不受；令台州刺史刘起就地拨给他著作郎俸禄，还是不受。他坚请回天台桐柏山。宋真宗叹了一口气说："先生真是巢父、许由一样的世外高人呀。"没有办法，只得放回。

临别之时，宋真宗写了一首《送张无梦归天台山》相赠：

> 混元为教含醇精，视之无迹听无声。
>
> 唯有达人臻此理，逍遥物外事沉冥。
>
> 浮云舒卷绝常势，流水方圆靡定形。
>
> 乘兴偶然辞涧谷，谈真俄尔谒王庭。
>
> 顺风已得闻宗旨，枕石还期适性情。
>
> 玉帛簪缨非所重，长歌聊复宠归程。

当时的权臣王钦若等三十一名大臣亦纷纷赋诗赠别。

动身之前，当初将他推荐给宋真宗的宰相王冀公，亲临翊圣观，邀他至相府，为他设宴饯行，又被他婉言谢绝。

回天台桐柏山后，张无梦在大瀑布下面的"福圣院"住了十多年，日诵

《道德经》《周易》。

十余年后,张无梦离开了天台山,又一次云游天下名山大川。他曾经隐居在终南山鹤池,后又到了河洛,上了嵩山寻道。晚年张无梦泛舟荆楚,来到金陵(今江苏省南京市),住在保宁寿宁佛舍,杜门不出。偶然遇见读书人,向他请教,则答以耳聋。

宋皇祐元年(1049),张无梦于金陵羽化,寿九十九。

杖头挑月白玉蟾

桐柏福地中的高道代表性人物,除了葛玄和司马承祯,还有张伯端。张伯端(984—1082),字平叔,号紫阳,后改名用成(诚),北宗天台人,敕封紫阳真人。道教内丹派南宗开山之祖,"全真道南五祖之首"。

张伯端在桐柏福地创建的道教南宗,一传石泰,二传薛道光,三传陈楠。陈楠是一个传奇人物,字南木,号翠虚道人,民间常叫他陈泥丸。

陈楠出身平民阶层,曾经做过盘蒸笼、箍桶匠人,走街串巷,以此为生。后遇见南宗二传弟子薛道光,拜其为师。薛道光将《复命篇》和丹诀悉数传与他。修成真道之后,陈楠隐身于广东省罗浮山一带。

白玉蟾祖籍福建闽清,因祖父在海南琼州执教,全家移居琼州。他自幼聪慧异常,十二岁中秀才,擅长诗赋、书画,被人誉为"神童"。他能文能武,性格豪放,遇有不平之事,常常拔刀相助。

长大以后,白玉蟾喜欢道术,行侠江湖,到处寻找高道,欲拜其为师。他听说罗浮山有个陈泥丸,道术甚高,便从琼州往罗浮山寻来。这天,正是六月夏天,白玉蟾来到罗浮山下一个集镇,看见前面围着一群人,不知在干什么。他挤进人群,一不小心,碰倒了一个六十多岁的老人。

白玉蟾急忙俯身用双手去扶,可哪里扶得起来。手轻轻一碰,老人便大声喊"痛"。仔细一看,因为年老,他已经跌断了腿。

白玉蟾急得满头大汗。周围的人围住白玉蟾,纷纷指责:"你这后生,以少欺老,好没道理。""休跟他闲话,把他扭送到官府去。""要他为老人治病,出钱。"……

白玉蟾头上汗珠扑簌簌地往下掉,不知如何是好。

几个后生上来,拉着他,就往县衙走。

这时,一个老人上来劝说:"你们干什么,先叫他给老者治腿,如果治不好,再送不迟。"

治腿?白玉蟾一点都不会医术,怎么办?

看热闹的人愈来愈多,纷纷喊着:"不会医,拿银子来。""快拿银子。"……

白玉蟾为了访道,一路行来,银子早已用光。他站在人群当中,一筹莫展。

正在为难之际,有人高喊:"好了,好了,陈泥丸来了。"

白玉蟾抬头看去,只见一个道士打扮的人从街那边走了过来。

众人让开一条道,道人走进人群。他先望了望躺在地上的老者,再望了望白玉蟾。他见白玉蟾身材魁梧,肩背宝剑,一身武士打扮,眼中露出的却是一股和善之光,就知不是故意伤人。

众人喊道:"陈泥丸,快救救老者。"

陈泥丸没有说话,蹲下身子,轻轻摸了摸老者的伤腿,站了起来,对白玉蟾说:"去山边木棉树下挖点干净的土来。"

白玉蟾如梦方醒,赶紧挤出人群,在山边木棉树下挖了点泥土。

陈泥丸叫白玉蟾捧好泥土,从身边取出一只葫芦,揭开盖子。葫芦中藏的不是丹药,而是一种不知名的药水。陈泥丸将药水倒在白玉蟾手心的泥土上,将泥土迅速搓成三颗泥丸。他拾起一颗,蹲下身子,喂进老者嘴里。神得很,老者刚咽下,便不喊痛了。

接着,陈泥丸将老者裤管捋了上来,两手一捏,捏正了骨位。然后他从白玉蟾手心又取来一颗泥丸,捏成粉末,和着唾液,搽在骨断处。搽毕,朝着断处吹了一口仙气。

陈泥丸对老者说："老丈，站起来，走走看。"

老者站了起来，走了几步。哈，真的和先前一模一样了。老者连连拜谢："谢谢神仙，谢谢道长。"

陈泥丸从白玉蟾手上取来最后一颗泥丸，递给老者，说："这颗泥丸，你带回家，和着黄酒吞服，这腿便如未伤时一模一样了。"

老者千恩万谢，接过泥丸。围观的人欢声雷动。

老者正要离开，一个五大三粗的后生却不放过白玉蟾，拦住老者，对老者说："你不要走，神仙医病是神仙的事，咱不能便宜了这厮。"说着，上前就扯白玉蟾。

陈泥丸将手轻轻地一摆，一阵劲风使那后生后退了三步，怔怔地立在那里，分毫动弹不得。

陈泥丸对那后生说："得饶人处且饶人，这个少年也不是有意撞倒老者，况且老者腿伤已愈，何必揪住不放。"接着，他又对围观的人说："大家都散了吧，都散了吧。"

众人听了，慢慢散去。

这时，白玉蟾醒过神来：自己千辛万苦地跋山涉水而来，为的就是寻找陈泥丸并拜他为师。现在，活神仙就在面前，怎可放过。他立刻跪在地上，行起大礼："弟子白玉蟾千里寻师，没想到今日在此与师父见面。师父，您对弟子恩重如山，弟子一生一世不敢相忘。请师父收下弟子吧！"

陈泥丸双手扶起白玉蟾，带着他走出小镇，来到罗浮山深处一个石室当中，插香燃烛，敬告师祖紫阳真人张伯端，收下白玉蟾。

一个月后，陈泥丸带着白玉蟾来到武夷山，师徒二人在武夷山一个石洞中修炼了九年。九年之后，陈泥丸打算"水解"。"水解"前的一天，陈泥丸将白玉蟾叫到石洞当中，把自己平生心血凝成的《翠虚篇》内丹道法、《五雷书》和"神霄雷法"全部传给了他。从此，白玉蟾成为道教南宗的第五代传人。传过之后，陈泥丸走出山洞，跳入洞外山溪的深潭之中，顷刻间不见踪影。

这就是"水解"，它是道教"尸解"的一种方式，就是托寄于水而蜕形仙去。

陈泥丸仙逝之后,白玉蟾继续留在武夷山修炼丹法。他的道行越来越高。又过了几年,白玉蟾离开武夷山,"蓬首草履",云游江南各地。

宋嘉定年间(1208—1224),为了寻访师祖张伯端的遗迹,白玉蟾来到天台山。开始时,他住在桐柏观。不久,他移居到莲花峊,最后住到高道徐灵府曾经隐修的"方瀛山居"。

在天台山期间,白玉蟾常常下山。遇有百姓为难事,他便为之驱邪镇魔,排忧解难。

有一天,白玉蟾从天台县城回来。走到半路,他碰到一个八九十岁的老太婆,她手提一竹篮饺饼筒。白玉蟾睁开天眼一看,这老太婆不是人,而是一只妖狐。这么晚了,她还在路上走,一定是又到什么地方害人去的。

白玉蟾悄悄跟着,来到一个村庄,只见老太婆拐进一户人家,一晃便不见了。

这户人家正在请一个白莲先生施法捉妖。

白玉蟾一问,原来这户人家有个后生被妖怪迷住了。

白玉蟾生来爱管人间不平事,心想,我停下来看看,如果这先生捉得住妖,便罢;要是捉不住妖,我来管管这闲事,救救这后生。

想罢,他便上前向主人借宿。主人答应了。白玉蟾说:"主人,贫道今日路走多了,脚有些疼,想借个脚桶洗洗。"

主人答应,可是寻来寻去都寻不到脚桶。

原来,那个妖狐有些道行,在路上已经发现了白玉蟾,知道白玉蟾的"神霄雷法"厉害。因为这"神霄雷法"有个讲究,施法之前一定要斋戒沐浴。如果在外面没条件沐浴,至少要洗脚,否则威力大大减少。所以,妖狐一到,便将脚桶藏了起来。

白玉蟾知道是那老太婆作怪,对主人笑笑说:"脚桶没找到没关系,拿个菜篮来洗洗算了。"

主人说:"菜篮要漏,怎么洗?"

白玉蟾说:"没关系,我洗惯了的。"

主人拿来菜篮,白玉蟾伸手在菜篮里摸了摸,水倒进去,一点勿漏。众人看着，惊得目瞪口呆。

洗好脚，白玉蟾看白莲先生作法。

白莲先生戒尺拍得啪啪响，作了好久，一点儿用处也没有。白玉蟾说："先生，你这样作法，没用的。"

白莲先生说："依你，怎样作？"

白玉蟾说："你要将戒尺拍得桌上的猪耳朵会扇，鸡头会叫，鱼尾巴会摇，这样，妖怪才会怕。"

白莲先生说："猪耳、鸡、鱼都已煮熟，怎会活过来。这本事我没，你来吧。"

"有劳承谢。"白玉蟾拱手一揖，上前点起三炷香，朝祖师拜了三拜，嘴里念念有词。接着，他将戒尺朝桌上猛地一拍。"啪"的一声，桌上猪耳和鱼都"噼里啪啦"扇动起来，那只公鸡"喔喔喔"叫了起来。

在场的人格外惊奇。

白玉蟾对主人说："你去拿根红丝线，把院子里的石臼搬进来，用丝线吊起来。"

"一根丝线吊千斤石臼？"主人惊疑道。

"照我说的做就是。"

主人进屋寻了根丝线，众人将石臼搬进堂屋。白玉蟾将丝线穿在石臼上，真的把千斤石臼挂到了供桌前面的屋梁上。

白玉蟾对主人说："你将家中所有的人都叫出来，跪在这石臼下，对祖师礼拜，祖师就会告诉你谁是妖怪。"

主人又惊又疑，但白玉蟾刚才显出的神通又叫他不得不相信，只得把家中大小都叫来，一个一个跪在石臼下对着祖师跪拜。

拜完之后，白玉蟾问："家里的人都拜完了？"

主人说："拜完了。"

"不，还有一个老太婆没拜。"白玉蟾说。

主人说："是还有一个，我姑婆，刚刚来的。不过，她已有八九十岁，今天走累了，正在床上睡觉。先生，她年纪太大，就算了吧。"

"不行,一定要出来拜。否则,祖师责怪,你儿病不会好。"

主人没办法,只得将那老太婆扶出来。

刚拜下去,白玉蟾戒尺重重一拍,"轰"的一声,丝线断了,石臼掉了下来,压在老太婆身上。众人吓了一跳,定睛看去,石臼下哪有老太婆,原来是一只毛色雪白的老狐狸。

狐狸精除了,主人的儿子立刻恢复了过来。

白玉蟾除妖怪的故事传了开来,一直传到京城临安。嘉定十一年(1218),宋宁宗下诏将白玉蟾召到朝廷,向他请教养生之道,白玉蟾应对如流。同一年,白玉蟾又两次主持名为"国醮"的朝廷祭祀大典。为了能将白玉蟾留在身边,宋宁宗特地为他建造了道观"太乙宫",让他住在里面。白玉蟾哪里住得惯,不久,便不辞而别。他回到了武夷山,后来回转天台山,自称"神霄散吏"。

在"南宗五祖"中,白玉蟾的才华最为突出。除写诗之外,他还写了一篇流传千古的《天台山赋》。这篇赋以优美的词句记录、描绘了当时天台山的风景,有人认为比孙绰的《游天台山赋》更加具体、形象。

白玉蟾的弟子,除张云友之外,还有彭耜、留元长、王金蟾等十三人,他首创了金丹南宗教团。所以,有人认为,白玉蟾是道教南宗的实际创始人。

据《续文献通考》等书记载,白玉蟾于宋宁宗嘉定十六年(1223)冬天,在广东海丰县尸解。宋宁宗赐号"养素真人"。对于他的羽化年份有两种说法,一种是认为羽化于元世祖至元二十六年(1289),世寿一百五十五岁;另一种说法是宋绍定二年(1229),享年九十五岁。

王茂端与镇观之宝

桐柏观中原来有一座"清风祠",里头供奉着伯夷、叔齐两尊玉石雕像,这两尊雕像是桐柏观的镇观之宝,可惜毁于"文革"中。

说起这两尊宝像,还是北宋桐柏观高道王茂端从汴京千辛万苦运来的。

王茂端,天台人。未出家时,他便是乡里闻名的大孝子,侍奉母亲直至其母一百岁。母亲寿终,他便出家修道,修炼"上清大洞法",达到"通真达灵"的程度,能未卜先知,相当灵验。为此,人们都尊称他为"灵宝"。王茂端还善医,医术十分高明,据说不管什么疑难杂症,都能药到病除。

北宋宣和年间(1119—1125),宋徽宗的母亲生了一种怪病,不管吃什么东西都会呕吐,人瘦得只剩皮包骨头。宫里的太医给她服了上百副药,都像倒在石头上一样,一点效果都没有。

宋徽宗日夜焦心,颁下圣旨寻找天下名医。说是有谁能治愈太后之病,赏金千两,官封三品。可是,寻了好久,还是无人医得好太后的病。

过了一段日子,武义大夫曹勋家中来了一个来自天台山的贩茶客人。他对曹勋说,天台桐柏观高道王茂端是个神医,能医百病。近日他正云游到扬州玉霄观,离京城不远,召他前来,太后的病一定能医好。

第二天,曹勋将此事上奏宋徽宗。宋徽宗龙心大悦,即刻差遣曹勋带着圣旨去扬州诏请。

不几天,王茂端来到宫中,一边用导引之法帮太后提升真气,一边让太后服用天台山药材乌药、白术、黄精、山药、米仁等煎成的药汁。仅仅服了一贴,太后便能饮下米汤,三天以后能下床行走,一个月后康健如初。

宋徽宗赏给王茂端黄金千两,王茂端推辞不受;封他三品高官,王茂端还是不受。王茂端说:"贫道方外之人,高官厚禄、金银珠宝于我无用。太后病体已愈,允许贫道归山,便是最大恩惠。"

宋徽宗哪里肯放,一定要王茂端再住一段时间,可以朝夕咨询养生大法。宋徽宗还拨了一所清静的宫观,让王茂端居住。

三个月过去了。这天晚上,王茂端又在蒲团上端坐修炼。他忽听房门"咿呀"一声,抬眼望去,原来是祖师张伯端降临,赶紧跪下迎接。

张伯端扶起他,对他说:"为师前来,只为一事。我桐柏仙观,自葛仙翁创立,已近千年,至今缺少一个镇观之宝。今日缘分已临,当着落在你身上实现。"

王茂端惊疑参半,说:"此事关系重大,还请祖师剖析明白。"

张伯端说:"当今圣上乃知恩图报之人,因你不受金银高官,心中过意不去。明日上朝,你可向圣上要求游览御花园,皇上一定答应。到那时,定有奇事出现,镇观之宝在此一举,切记,切记。"王茂端还想问清是什么奇事,眼前亮光一闪,祖师已经不见了。

一觉醒来,原是一场梦。

第二天,王茂端向宋徽宗提出游览御花园,宋徽宗欣然应允。

王茂端在御花园中穿花径,登假山,尽情观赏。一路行去,跨过一条小溪,他忽然看见前面草丛中有一片熠熠的光华。他上前细看,原来是草丛中倒卧着两尊灰白色石像。

王茂端走到石像跟前,蹲下身子,伸手抚摸石像,觉得触手温润细腻;再用指节轻轻叩击,竟发出金属般的叮咚之声。他将石像翻了过来,发现每尊石像背面都有两寸见方的古篆。细细一看,他惊叫一声,原来一尊刻着"伯夷",一尊刻着"叔齐"。他再仔细端详,还是唐人的笔法呢。

王茂端轻轻抚摸着石像,心痛不已,叹道:"千古贤人,置此不亦亵乎。"想起昨晚祖师所托之梦,一定是这件事,他决心把两尊石像运回桐柏观,作为镇观之宝。

回到宫中,王茂端向宋徽宗提出将两尊石像赐给桐柏观。宋徽宗满口答应,还拨了搬运所需的银两。

王茂端告辞宋徽宗,千辛万苦把石像运回天台。

宋绍兴十一年(1141),王茂端在桐柏大瀑布下面的福圣观旁边建起一座"九天仆射祠",专门用来供奉这两尊石像。据《众真记》载:"夷齐死为九天仆射,治桐柏。"

到了明嘉靖三十六年(1557),天台县令钟钮重修桐柏宫,将石像移入桐柏宫中供奉。明隆庆五年(1571),县令方惟一在桐柏宫右侧墙外建起一座"清风祠",将石像移入供养。为此,隆庆六年(1572)五月,台州知府张廷臣还特地写了一篇《移祀夷齐像记》,刻碑纪念。

如今,千年国宝虽然被毁,但是王茂端、钟钮、方惟一等人的高风亮节却长留青史。

洞天宫和玉霄藏

由桐柏宫往北,沿着女梭溪旁边的山道,向前走去,山道尽处,一条高及天半的"摩天岭",兀现于行人面前。

"摩天岭"名副其实,的确是高可摩天,两千多级石阶犹如天梯耸入云雾之中。《天台山洞天村志》中是这样记录石岭路径的:

> 深壑介流,高崖万叠,迂洞深邃,仰出星河。中有鸟道,盘旋而上。至顶天门,称翻马峡,两岩对峙,唯单人可入。真所谓一人守关、万夫莫开。抬头苍穹近,俯首壑底远,非控鹤骖鸾不可至。

可谁又能料想到,在这奇险高峻至极的山顶,却有一个四山环抱、鸟语花香,像世外桃源一般的高山盆地。盆地当中,沉沉道观,秀出林表,阡陌纵横,屋舍俨然,名曰"洞天"。

盆地入口,"狮、象、麟、虎"四山拱卫;盆地左右,秀峦围环;盆地中间,女梭清溪合抱;盆地北面,有玉霄峰高高倚峙。怪不得历代风水师都称赞此处"明堂旷达,满局生辉"。

尤其是那高高的玉霄峰横亘于盆地的北面,为盆地挡住冬天凛冽的西北风。缘此,盆地中四季温和湿润、林木繁茂。玉霄峰上更是洞穴处处,适宜隐者修身养性。

据道书记载,在玉霄峰中修真者,最早要数王乔。王乔在金庭洞中为浮丘公所度,修成真仙之后,便移居到这里。

继王乔之后,应当是有许多人在这里隐修的,可惜找不到他们的资料。直到唐调露二年(680),司马承祯来到天台山,看中了这块福地。在玉霄峰的南麓,他建起一个道宫,取名"玉霄峰居",自号白云子,这里才又一次热闹起来。也是在这里,武则天、唐睿宗、唐玄宗三代帝皇,接连四次诏请司马承祯去洛阳和长安问道。

司马承祯去后,又过了将近两百年,唐穆宗长庆年间(1821—1824),高道陈寡言在这里筑庵隐居。陈寡言,字太初,暨阳(今江苏省江阴市)人。他是唐宪宗元和十年(815)跟随师父田虚应来到天台山的。他先居住在桐柏观。六年之后,唐长庆元年(821),他离开师父,独自隐居到玉霄峰,在司马承祯"玉霄峰居"遗址上重新建起道观,号"华琳山居",又号"玉霄山居"。陈寡言在华琳山居隐修,前后长达四十余年,直至唐懿宗咸通年间(860—874),移到道元院居住为止。陈寡言对道元院也有很大贡献。据道书记载,他在那里建了一座摩天七星阁,并且着手整理桐柏的《道藏》。

陈寡言心胸宽广、襟怀洒脱。除了潜心修道,他平日还喜欢以诗酒自娱。道元院的本藏中至今载有他的诗作十篇,其中有两首便是歌咏"玉霄山居"的。

一

照水冰如鉴,扫雪玉为尘。

何须问今古,便是上皇人。

二

醉卧茅堂不闭关,觉来开眼见青山。

松花落处宿猿在,麋鹿群群林际还。

一般人死了以后,都是以木为棺,入土为安。可是陈寡言却与众不同。临逝世之前,他对伺候在身边的弟子刘介吩咐道:"盛我以布囊,置石室中,慎勿以为木也。"

紧跟在陈寡言后面,来到玉霄峰修道的是叶藏质。

那是唐咸通五年(864)。从道书记载的时间来看,正当陈寡言打算移居道元院的时候,叶藏质便脚跟脚地来了。叶藏质对陈寡言建造的华琳山居进行修理、改造、扩建,使其比原来更加秀美典雅。

叶藏质,字含象,处州松阳(今浙江省遂昌县)人,是原桐柏宫高道叶法善的后裔。他是为了跟随高道冯惟良学习《三洞经箓》来到天台山的。他在桐柏福地的山山岭岭中寻找了许久,寻到了陈寡言隐居的地方,发现这里四山汇合,邃若洞天,便决定在此终生修道。经过一番修葺,他将其改名为"石门山居"。叶藏质是一个很会办事的高道,道观修成之后,咸通十三年(872),他向唐懿宗上了一道奏书,奏请唐懿宗赐名。唐懿宗居然准奏了,下了一道《赐道士叶藏质请玉霄宫敕》。叶藏质将此敕刻上石碑,竖在宫内。从此,这个道观便名为"玉霄宫"。唐乾符二年(875),殿中侍御史内供奉陆潜还为叶藏质撰写了一篇《玉霄宫记》。

接着,叶藏质聘请高手绘制太上老君等画像,悬挂于三清殿中。后来,他又在三清殿的两侧建起钟楼、经楼各一座。钟楼当中悬挂了一口古今闻名的"禹钟"。

这禹钟的来历十分神奇,明代传灯大师所著的《天台山方外志》中记载着这样一个神奇的故事:

> 禹钟。咸通中,洞天宫有禹钟,高二尺,重百余斤,形如铎,上有三十六敨,有文隐起。相传夏禹所铸,或云越王乐器。尝空中夜鸣,堕入禹庙。时湘东李绾之为钟铭,具以岁月,刻其上,以惠玉霄道士叶藏质。禹迹寺僧频求不得,因令僧与不逞辈入玉霄,伏板阁下,取钟縻之,群呼而走。约行三十里追明,犹在阁侧。视之,背钟者僵矣,余党痴憒。钟失复归,藏质咒水洒之,即活。

在这个故事里,我们不但可以看出禹钟神奇的来历,还可以看出叶藏质道行十分高超。偷钟者背着钟跑了十五公里。天亮时,众人一看,背钟者还在藏钟的高阁旁边,并且已经死了。正在众人惊惧痴憒之时,叶藏质端起念了经咒的净水,洒在死者身上,死者当即活了过来。玉霄宫中有着这么一个像神仙一样的高道,当然不管是谁,都偷不走神钟了。

不过,叶藏质在道教史中最大的功劳不是建观和护钟,而是整理"桐柏道藏"。

叶藏质来到桐柏山福地的目的,就是桐柏山福地藏有许多别处看不到的道家典籍和一个精通"三洞经箓"的高道冯惟良。

"三洞"是道教经典的分类。道教经典总分为三个洞部,即洞真部、洞玄部、洞神部。"三洞"下面又分为十二小类。洞真部就是上清经,洞玄部就是灵宝经,洞神部包括《三皇文》和其他召唤鬼神的书籍。

在叶藏质到来之前,"桐柏道藏"已经有了雏形。据《天台山全志》记载,三国吴赤乌元年(238),葛玄在桐柏山福地结庵修道,真人便降授给他《真一劝诫法轮妙经》。魏晋六朝至中唐,许多高道如许迈、葛洪、羊愔、夏馥、王元甫、褚伯玉、徐则、陶弘景、王远知、司马承祯、夏侯隐、叶法善、吴筠等,都曾前来桐柏山福地隐居。他们在这里著书立说,留下了许多著作,对"桐柏道藏"的形成起了重要的作用。

开元元年(713),唐玄宗下诏搜罗天下道教经书,编纂道经总集,称为《三洞琼纲》(即《开元道藏》)。司马承祯在开元九年(721)奉诏进京时,将桐柏道经运到京城,以供修纂。《三洞琼纲》共收全国道经三千七百四十四卷,其中收录天台桐柏道藏三百多卷,占总数的百分之十左右。

唐朝末年至北宋,是"桐柏道藏"发展至鼎盛的时期。此时期具体可分为两个阶段。第一阶段是唐末。这个阶段来到桐柏福地隐居的高道更多,主要有田虚应、冯惟良、吴善经、应夷节、刘处静、左元泽、间丘方远、陈寡言、徐灵府、叶藏质等。他们的著述有《三洞要略》《元鉴》《元真经》《天台山记》等,共四百多卷。

为了使这些道经永久留传,冯惟良和叶藏质师徒二人做了大量工作。冯惟良对桐柏观旧有道藏进行整理、编目,并做了一些勘误。

面对着花了多年功夫整理并印刷出来的七百多卷道书,叶藏质师徒俩终于欣慰地长舒了一口气。可是,紧跟着,他们又为如何珍藏这些道书发了愁。因为桐柏观虽然地处高山,但终究还是一个众人瞩目的地方,不够隐蔽。再说,桐柏观藏经阁是一个木结构建筑,防火是一个问题。到哪里去寻找一个能够永久珍藏道书的地方呢?

为解决这个问题,叶藏质好几夜没有睡着。这天夜里,分外疲倦的他终于迷迷糊糊地睡着了。

忽然,"咿呀"一声,从门外走进一个道士。叶藏质睁开眼,只见原本漆黑的房间大放光明。亮光中,一个白须白发的高道站在他面前。他定睛一看,啊!这不就是祖师殿中供奉的师祖司马承祯吗?

叶藏质赶紧从蒲团上站起来,跪了下去:"弟子不知师祖降临,有失远迎。罪过,罪过。"

司马承祯伸手扶起叶藏质,说:"弟子不必多礼。为师是专为你找不到藏经之地而来的。告诉你,在桐柏观之北有座玉霄峰,玉霄峰北面有座敕封岩山,山上有个石洞,洞体宽敞,终年干燥,适宜藏经。"

叶藏质正要感谢,可是没等他开口,眼前亮光一闪,司马承祯已经不见了。

第二天一早,叶藏质便动身来到玉霄峰,果然在玉霄峰北面的敕封岩山快到山顶的地方找到一个岩洞。这个山洞高敞干燥,长、宽均有三四米。岩洞附近还有皇帝敕封潭、龙王殿、龙椅。向导对他说,这里本来就是司马承祯和他的弟子修真的地方,所以还留下仙人座、仙人赶石、仙人足迹等许多仙迹。

叶藏质十分高兴。他回转桐柏观,和弟子们一起将七百多卷"桐柏道藏"移到这个石洞当中。因为这个山洞属于玉霄峰,所以史称《玉霄藏》。

在唐中和年间(881—885),高道徐灵府曾经阅读过这一套珍贵的《玉霄藏》。他在《天台山小录》中记载:"玉霄宫有经、钟二楼。经皆咸通十一年(870)书。后题云:上清三洞弟子叶藏质,为妣刘氏四娘造,永镇玉霄藏中。"

妣,指死去的母亲。可见叶藏质还是一个十分难得的孝子,以珍藏道藏来纪念自己心爱的母亲刘氏四娘。

唐代末年爆发安史之乱,藏在两京(洛阳、长安)的秘藏多遭焚烧。唐肃宗上元年间,京都共有佛、道经书六千多卷。到唐懿宗咸通年间,只剩下五千多卷,散佚了不少。可是藏在地处偏僻的玉霄峰石洞中的道书非但没有损失,反而增至七百多卷。这不能不说是叶藏质为中国道教立下了不朽的功劳。

后梁末代皇帝朱友贞龙德年间,罗浮山的道士厉山木重写了桐柏观众妙台上的三体《道德经》,也藏到了玉霄宫的《玉霄藏》中。

在唐僖宗和唐昭宗时期,高道闾丘方远居住在玉霄宫中。闾丘方远,系叶藏质的弟子,字大方,舒州宿松(今安徽省安庆市)人。十六岁的时候,他便精通经史子集,跟随庐山的陈元晤学习《易经》。二十九岁时,因为仰慕天台桐柏,他从庐山来到桐柏山福地,先在香琳峰跟随左元泽学习"大丹"。五年之后,他离开桐柏,到仙都隐真岩,向刘处静学习"修真出世"的道术。未满一年,他便回转桐柏山福地,来到玉霄宫,向叶藏质学习"真文秘诀"。叶藏质看他资质颖悟、道心坚固,是一个可以造就的道门人才,就将自己平生所知的一切都传授给了他。

唐昭宗听到闾丘方远的名声,多次诏请他进京,每次他都借故婉拒。唐昭宗慨叹之下,下诏赐给他"妙有大师玄同先生"称号。唐景福二年(893),钱镠听到他的名声,亲自上山拜访。经过一番交谈,钱镠佩服得五体投地,赞扬他说:"实紫府之表仪,乃清都之辅弼。"

如此一来,闾丘方远的名声便传开了,四面八方的学道者纷纷来到玉霄宫跟他学习道术。玉霄宫又一次呈现出兴盛的气象。

到了后周广顺元年(951),钱镠的子孙吴越王钱弘俶用国帑为高道朱霄外增建了一座"三清殿"。

宋大中祥符元年(1008),玉霄宫奉旨改名为"洞天宫",一直沿用到今天。

陆游的"家山"

桐柏山福地不但隐居着不少高道,两千多年来,也吸引了无数的文人墨客。唐代,司马承祯隐居玉霄峰,文人们多是因为倾慕司马承祯来到桐柏山福地。司马承祯去了王屋山之后,文人墨客对桐柏山福地的向往丝毫未减。

单单唐宋时期,来到桐柏山福地朝山和隐居的且比较著名的就有李峤、宋之问、沈佺期、孟浩然、李白、顾况、刘禹锡、元稹、白居易、皮日休、陆龟蒙、苏轼、洪适、陆游、朱熹、唐仲友等。这其中要数陆游在桐柏山福地居住的时间最长,他对桐柏山也最有感情。陆游不但前后三次来到桐柏山福地,居住在洞天宫读书、采药,还曾经担任过桐柏宫的提举。陆游把桐柏山当成自己的"家山"。

陆游(1125—1210),字务观,号放翁,越州山阴(今浙江省绍兴市)人,是南宋时期有名的大诗人。他出身于一个江南藏书人家。祖父陆佃曾任北宋尚书右丞相,父亲陆宰官至京西转运副使,母亲唐氏是北宋副宰相唐介的孙女。陆游十二岁时便能创作诗文。因为祖上的功德,他以恩荫被授予登仕郎之职。

十六岁时,大诗人曾几来到他家,读了他的诗,赞叹不已,收他为学生。

十六岁至十九岁之间,陆游曾经两次参加科举考试,但是都落第了。原因与秦桧有关。史籍记载,他的文章"喜论恢复,语触秦桧"。

落第之后,心气很高的母亲唐氏要他继续进取。为了使陆游能够专心攻读,母亲让他迎娶表妹唐琬,以安其心。可谁知这陆游是一个情种,竟然违背了母亲的意愿,沉醉在表妹的柔情蜜意之中,儿女情长,以至荒废了攻读。母亲盛怒之下,逼陆游写了休书。

爱妻离开后,陆游痛不欲生。不到一年,父亲陆宰又去世了。双重的打击令陆游心灰意冷。为了使他重新振作,母亲又让他娶王氏为妻。可是陆游一心只想着表妹唐琬,对王氏没有感情,一天天沉浸在悲伤之中。

这时候,他的姐夫桑承义正好在天台县担任县令。母亲想,何不让他去天台山生活一段时间呢,也许可以转移他的心境。于是,陆游第一次来到天台山,先在石梁瀑布附近住了一段日子。这段日子里,姐姐和姐夫带他游遍了天台山山山水水。面对天台山神秀的风景,他的心境慢慢有了转变,他惊异地觉得他是那么适应天台山这山山水水,这简直就是他的"家山"。

在天台山众多洞天福地当中,陆游最爱的是玉霄峰洞天宫。就在他来天台山的前一夜,他曾经做了一个梦,梦见自己住在一座高山的道观之中。

道观相当雄伟。在道观宝殿前面的阶沿上，他遇见了司马承祯。司马承祯对他说："陆游，这座山就是你的'家山'，这个道观就是你应当居住的地方。"当姐姐、姐夫带他来到洞天宫的时候，他高兴地对姐姐和姐夫说："这就是我梦中来过的神山和道观啊。"从此，他就在洞天宫住下了。

陆游自幼博览群书，读过许多医药本草书籍，深懂医理。他看到洞天宫周围山民缺医少药，深表同情。于是，他白天荷锄背筐四处采药，为山民治病；晚上，挑灯点烛研读道书。这段时间，他遍访了天台山道观、寺院，还和天封寺的方丈慧明法师成了至交好友。

> 我昔隐天台，夜半游句曲。
>
> 弄月过垂虹，万顷一片玉。
>
> 烟艇起菱唱，水风吹钓丝。
>
> 更欲小徒倚，恐失初平期。

这首《月夕》就是他这段时间心迹的写照。

他在洞天宫住了七年。七年之后，母亲见他心情大有好转，叫他回转绍兴。可是，他刚刚回到绍兴，便在禹迹寺南边的沈园和前妻唐琬不期而遇。两人相见，旧情萌发，双双泪眼婆娑，悲喜交加，如痴如梦。悲喜之余，陆游写下了这首流传千古的名词《钗头凤》：

> 红酥手，黄滕酒。满城春色宫墙柳。东风恶，欢情薄。一怀愁绪，几年离索。错，错，错。
>
> 春如旧，人空瘦。泪痕红浥鲛绡透。桃花落，闲池阁。山盟虽在，锦书难托。莫，莫，莫。

陆游的情绪又一次陷入悲凉之中。母亲唐氏见到他如此，也是愁绪万端，不知如何才能解了爱子的心病。恰好这时，长兄陆淞外放至天台担任知县，寄来一封信，希望陆游能够重返天台山小住一番。

回到天台山，陆游对哥哥陆淞说，他想重回洞天宫居住。陆淞点头同意，亲自送他上山。他们来到桐柏岭脚东畲村，一位曾经经陆游治病而愈的村民感恩陆游，请他到家中小住。陆淞看见东畲风光优美，对陆游说："盛情难却，我们就在这里住上一宿吧。"就是这一天，在这个村民的院子里，兄弟俩种下了两棵树作为纪念。哥哥陆淞官运亨通、家庭幸福、心情畅快，种下了一棵香樟。陆游科举不第、爱情不遂、报国无门，栽下一棵苦槠，用以表达自己沉郁苦闷的心情。

八百多年过去了，这两棵树苗都已长成参天古木，至今，仍然蓬勃地屹立在东畲村中。

绍兴二十五年（1155），秦桧病故，陆游的老师曾几当上了礼部侍郎。在曾几的推荐下，陆游的命运终于有了转机。他走上仕途，担任枢密院秘书。宋高宗听到陆游的名声，亲自召见他。这本是一次飞黄腾达的好机会，可是一心报国的陆游在这次召见的时候，不合时宜地奏请宋高宗"御驾亲征"，触怒了宋高宗。第二天，他就被罢了官。

绍兴三十二年（1162），太子赵眘继位，史称宋孝宗。此时，主战派得到重用，四十八岁的陆游第二次得到起用。他来到四川，在主战派四川宣抚使王炎的幕府中担任幕僚，赞襄军务。

可是，好景不长。不到一年，宋孝宗北伐失败，恢复中原的决心动摇，王炎调回京城，陆游则被远调至成都担任安抚使参议官。

在成都的几年中，陆游虽然官微职小，却是兢兢业业、业绩显著、名声远扬。这世上，人才总被庸才妒。陆游的优秀成了众矢之的，一班庸官嫉恨他，向宋孝宗奏了一本。宋孝宗以"燕饮颓放"的罪名又一次罢了陆游的官，让他在四川遥领天台桐柏观提举祠禄。

所谓提举，是掌管的意思。祠禄，即祠禄官。这是一个表面上负责某个祠观，实际上只是一个享受待遇没有具体工作、不需要到岗的闲职。

面对这个虚职，陆游心中又悲又喜，悲的是自己"壮志难酬"，喜的是自己担任的是天台山的桐柏观提举祠禄。因为天台山是他心中永远难忘的"家山"啊。这个远在天边的"家山"的虚职，给他悲凉至极的心境带来了一

丝温情。为此,他写了一首《蒙恩奉祠桐柏》:

> 少年曾缀紫宸班,晚落危途九折艰。
>
> 罪大初闻收郡印,恩宽俄许领家山。
>
> 羁鸿但自思烟渚,病骥宁容著帝闲。
>
> 回首觚棱渺何处,从今常寄梦魂间。

他把天台山"常寄"在"梦魂"之间,时时想念。一天,一个朋友对他说,四川的邛崃也有一座天台山。听后,他立马动身来到邛崃,登上邛崃的天台山高峰。眼前这座耸入云霄的山峰,宛若自己当年隐居、采药、读书的浙江天台山玉霄峰,他心情激动万分,遂将这座山峰取名为"玉霄峰",将山中的道观取名为"崇道观",他把思念天台山的心意满满地寄托在这片远离天台、却宛如天台的四川山水之中。

淳熙四年(1178),陆游终于实现了自己心中的愿望。宋孝宗让他回到浙江的天台山,实职担任天台桐柏观的祠禄,主持观务。

一别天台三十年,今朝欣然又归来,陆游的心中不知有多少喜悦和感慨啊。三十年,对于人生是一段漫长的岁月。此时,他的姐姐、姐夫和他的哥哥都已经离开了人世。他自己也已经五十三岁了。五十三岁,在古代已经是一个老人了。哥哥、姐姐和姐夫虽然谢世,但他们实在太热爱天台山这块洞天福地了,他们不但把自己的骨殖埋在天台山,还让自己的后代安家在天台。直到今天,陆淞在天台的后代已经发展到了上万人。

陆游又一次在桐柏山福地住了下来。他在天台担任桐柏观祠禄,一当就当了十一年。在这十一年当中,他更多的时间是居住在他深深喜爱的洞天宫里。他和桐柏观、洞天宫周围的山民打成一片,融在一起,为他们采药,为他们治病。整个桐柏山福地的百姓把他当作自己最亲的亲人。

直到绍熙元年(1190),宋光宗继位,陆游才离开天台,升任为礼部郎中兼实录院检讨官。虽然他的人离开了桐柏山福地,但是他的心没有离开。他所写的一首《书怀绝句》就抒发了他深切怀念天台山的殷殷心境。

不到天台三十年,草庵犹记宿云边。

老僧晓出松门去,手挈军持取涧泉。

直到垂暮之年,他仍然对天台山念念不忘:"但愿此身无病,天台剡县闲游。"

陆游终身热爱天台山,怀念天台山。天台山纯朴的山民,更是没有忘记这位曾经关爱他们、为他们做了大量好事的大诗人。陆游去世以后,桐柏山福地的山民们仍然时时刻刻记挂着他。

范青云重兴桐柏观

明末清初,由于连年战乱,世道沧桑,桐柏观又一次衰败。昔日辉煌的殿宇倒坍倾圮,山林田园悉数被侵,观里只剩下几个发白体衰的老道。因为香火不盛,他们衣衫破烂,吃落无着,但仍苦守着青灯黄卷,修身养性。

一天,老道们正在默念经文,做功讲道。忽然,桐柏观来了几个似官非官的大汉,说是朝廷命官后代。老道们连忙端茶递汤,搬椅让凳。可他们瞧也不瞧,在观中东张西望,近看远瞧一番,指着大殿说:"好,这地方风水好,就葬在这里。"

原来,这帮人是天台县城里一户张姓官宦的后代,他们的上代在朝中做过大官,四处挑选坟地,这天来到桐柏山,看中了桐柏观大殿。

这帮人回转县城,选了个黄道吉日。到了这一天,他们重新来到桐柏观。这时,桐柏观的老道们还蒙在鼓里,不知他们要做什么。

直到这帮人在大殿当中开挖,老道们才如梦初醒,拼着老命上来阻止。

这帮人哪里肯听,骂道:"臭道士,死远点,休要碍着我们做坟。"

老道们听说这帮人要将千年道观掘开做坟,哪肯答应,一个个躺在大殿当中,大声喊道:"你们要做坟,就从我们身上掘下。""这里是前朝皇帝封的

重新修建的桐柏观钟楼

圣地,谁敢乱动。""简直是无法无天。"……

那群人咆哮道:"哼,天是我们的天,地是我们的地。我们挑中哪块地,那块地就是我们的。"

老道们拼死不让。

那群人下了毒手,拿出木棒,将老道们一个个打得骨断筋伤,满身是血。

就这样,千年道观被强占了。据《桐柏春秋》记载:"大小月山前的桐柏观被夷为平地,观址也为官宦后人张某据为坟场,四十里山林亦被悉数霸占。"

康熙五十五年(1716),桐柏观来了一位救星。他,名叫范青云。

范青云(1606—1748),明末清初湖广江夏(今湖北省武昌市)人,自号太清、青云子。《金盖心灯》记载,范青云少时任侠,名震江湖。明末兵部尚书阮大铖曾经假托福王的旨意征召,要范青云去做官。范青云"视名利如浮云,不愿应召"。为了躲开阮大铖,他毅然穿起道衣,走出家门,成了一名道士,浪迹江湖。

范青云先上了茅山,拜谒茅山乾元观的道士沈常敬。沈常敬要他拜其徒弟孙守一为师。这时,孙守一已经出外云游。直到康熙四年(1665),时隔二十一年之后,范青云云游至天台山琼台的时候,才和孙守一相遇。孙守一授予他《玄偈》一百一十首和龙门秘诀,叮嘱他不要固守一地,应该云游天下名山,寻找有道行的高道,转益多师才能成就非凡的道行。

两年之后的康熙六年(1667),范青云听说高道王常月到了湖州金盖山,立刻前去拜谒,王常月授予他《钵鉴》五卷。

离开王常月,范青云又去云游。这一次云游达十年之久。

十年之后,他回到孙守一身边。这时的孙守一知道自己这个徒弟的道行已经很高深了,为他加冠,又授予他《锦记》数章。

从此,范青云守在孙守一身边,尽自己作为弟子的一片孝心。直到孙守一羽化,范青云才又一次出山云游。

清康熙三十二年(1693)冬天,范青云再度云游至天台桐柏山。这天正是雪后初晴,遍山皆白。八十七岁的范青云踏着积雪,独自登上琼台。放眼望去,山山岭岭,银装素裹,犹如进入瑶琳仙境,他心内一阵畅快,不禁仰天长啸。道书记载,他的啸声"如鸾凤和鸣,山回谷应,久久不绝"。

游毕琼台,范青云回到桐柏观,几位老道围了上来,向他哭诉说,祖师辛苦创建的道观遭豪强劫夺,毁坏如此,真是痛彻心扉,请他务必留下,帮助夺回观产,重振道观。

二十年前,范青云曾经来过桐柏。当年,老道们就希望他能留下来主持法席,争回观产重兴祖庭。但那时因为桐柏观的住持童清和还健在,他婉言谢绝,离开了桐柏山。

现在,童道长已经羽化,桐柏祖庭的光景比二十年前更加惨淡。大小月山前面那片曾经辉煌的亭台楼阁悉数被夷为平地,观址被官宦恶霸占据为坟场,四十里山林也全部被占一空。面对桐柏祖庭此景此象,范青云心中犹如刀割一般,他毅然答应老道们留下来,恢复祖庭。

听说范青云留下来挑头争观产，张姓豪强咆哮如雷，决定先下手为强，打范青云一顿。他们纠集了一批人，一顿棍棒将范青云打得遍体鳞伤。

几天之后，伤势稍稍好些，范青云便下山去天台县衙告状。天台县官听说告的是京中大官的后代，哪敢得罪，便反说范青云是疯子，一顿乱棍将他打了出来。

范青云只得回转桐柏。那班人听说他敢去县里告状，又将他毒打了一顿，打得他昏死过去，两条腿都折了。那些人以为他死了，扬长而去。

老道们将他搬进屋里，用草药治了三个月。腿刚刚好些，他就强忍着疼痛，写起状纸，徒步赶往台州府衙告状。知府看了状纸，也是吓了一跳，原来告的是大官后代啊。那还了得，像县官一样，知府也骂范青云是疯子，又是一顿乱棍将他打了出来。

坐在府衙外面大街上的范青云，叫天天不应、叫地地不灵。但他不灰心，他想天下总有说理的地方，县里、府里不行，那就上省里，上京城去告御状。

他一路乞讨，先到省里，省里告不准，又千辛万苦来到京城，可是森严的宫门哪里进得去。就这样，他前前后后告了十多年，还是没有结果。没办法，他只得先到白云观去借宿以等待时机。到了白云观，守门道士看他一身破烂，满嘴土话，又将他拒之门外。

遍体鳞伤、又饿又累的范青云昏了过去，围观的人连说"可怜，可怜"。一个为白云观打柴的道人，挑着柴担进来，看见此情此景，将范青云抱进白云观，用米汤救活过来。

范青云想见观主，观主不在，只得在观中帮着干点杂活，等待机会。

不久，机会来了。雍正皇帝的母亲生病了，宫中太医无法医治。一天夜里，雍正梦见一个道士对他说："太后的病只有天台山的范青云道士能够医好。"雍正问范道士在哪里。那道士说："正在白云观中。"又问道士姓名。道士说："我乃紫阳真人。"说过，一晃不见了。一梦醒来，雍正再也睡不着了。

雍正皇帝也是一个信道之人，平常有空就看些道书。一天，读到《悟真篇》，感触尤深，从此，对紫阳真人非常崇拜。今夜，紫阳真人前来托梦，哪有不信之理。

第二天，雍正便派太监到白云观寻访，在柴房中找到了范青云。太监看他衣衫褴褛，很是恶心，怎奈皇命亲封不得怠慢，又怕恐是神仙下凡故意试探凡人。太监立刻唤人给范青云香汤沐浴，换上干净衣服，带他进宫。

范青云见了太后，内外发功，对症下药，没多久，太后便觉浑身舒适。不几天，病全好了。

雍正皇帝龙心大悦，召见范青云。范青云未曾开言便泪如雨下，雍正问他为何如此悲伤。

范青云哽咽着，从怀中掏出一张状纸，递了上去。

雍正阅后，勃然大怒："朗朗乾坤竟有如此不法之徒。"立即派遣使者，陪着范青云回到天台，敕令浙江布政司和台州府、天台县地方官及时收回被豪强侵占的观基和田地山林。

那班侵占桐柏观的豪强也得到了应有的惩罚。

雍正九年（1731），皇帝下旨调拨当年台州六县的部分皇粮，敕令两浙粮道布政司朱沦瀚重建桐柏观。

前前后后历经三年，桐柏观于雍正十二年（1734）二月竣工。雍正皇帝非常关心，同年三月亲书"万法圆通"殿额和"敕建崇道观"碑文，遣使送到桐柏观。

雍正十三年（1735），范青云举荐自己的弟子高东篱住持桐柏观讲席，自己再一次出山云游。这一年，范青云已经一百二十九岁，虽然清健犹似六七十岁，但毕竟已是年迈，全观道士纷纷劝阻。范青云深知"功成身退"的道理，谢绝了全观道士的好意，离开了桐柏福地。

五年之后，范青云想念桐柏山，又一次回到天台。当他登上桐柏岭，站在桐柏岭头，眺望福地中间那犹如天上宫阙的道观，喜从心来，仰天大笑。后人在他驻足仰天大笑的地方立祠纪念，为他塑像，代代祭祀。此祠遗址，就在今天尚存的桐柏岭头路廊边上。

范青云最后住在杭州金鼓洞。清乾隆十三年（1748），他在金鼓洞羽化，寿一百四十二岁。弟子高东篱将他安葬在金鼓洞南边的"报本堂"旁边。

范青云著有《钵鉴续》九卷，书中记载自清顺治元年（1644）至雍正十三年（1735）之间其耳闻目睹的道门大事。

心清寿自高

在桐柏福地的历史上，对桐柏福地建设卓有功勋的，还有一位高道，名叫高东篱。他是范青云的徒弟，也是桐柏福地中最高寿的道士，活到一百五十岁。

高东篱（1618—1768），名清昱，东篱是他的字。高东篱生于后金天命三年（1618），祖籍山东宁海州（今山东省烟台市牟平区），后举家迁居吉林长白。父亲高熙中于康熙年间任台湾道道台，高东篱随父亲去了台湾，对台湾的风土民情相当了解。康熙二十四年（1685）秋，其编成《台湾风俗考》三卷。

清康熙三十一年（1692），高东篱七十四岁。为了访道，他从台湾渡海来浙江，和族侄高麟一起来到杭州金鼓洞，拜见第九代律师周明阳（太朗），并拜其为师，周明阳授以《南华经》。十三年之后的康熙四十四年（1705），周明阳又授以《道德经》《参同契》《悟真篇》。不久，又授其《华严经》《心经》《周易》等佛道典籍。从此以后，高东篱"灵关四辟，花香鸟语，云袅溪旋"。意思是他的道行已经能纵横捭阖，触处皆通，动物植物、山川河流，没有一物不可以入道。

高东篱的修道主张是"心清"。据说他曾对弟子说："人病不心清耳，心清眼自明。明无或昧，自与道合。盖人身一小天地，无物不有，无理不具，包古今，具去来。身同则具同，非难非易，何圣何凡。迟速有时，成功则一。一心清净，水到渠成。"

高东篱不但这样说，也是这样做的。所以，他能活到一百五十岁这样的高寿。这不但在桐柏福地的高道中数一数二，在世界上也是数一数二的。

高东篱道行之高深，已经达到匪夷所思的地步。他的弟子闵一得（号懒云）所著的道书《金盖心灯》中，曾经记载着他的几件逸事。

有一次，高东篱有事下山，来到天台县城。刚走到大街，一个年轻人拦住高东篱，把他强拉进一家青楼，叫来四五个姑娘，围在他身边，搔首弄姿、挨肩搭背,想尽办法挑逗他。他端坐在椅子上,闭着眼,不说不笑,如入无人之境。从上午直到太阳快落山,那年轻人和几个姑娘都累了,却仍然无法使他动心。没有办法,只好放他出来。

来到大街上,那年轻人问他:"道长,你老实说,刚才面对美色,真的一点也不动心吗?"高东篱说:"我的心如一面镜子,像忧亦忧,像喜亦喜。"年轻人听了。一知半解,只得悻悻地离开了。

第二年春天,高东篱挑着一担竹笋上县城卖,刚进西门,他又碰见那个年轻人。年轻人想,上次把他拉进青楼,对着美色,他不动心,今日我无缘无故打他一顿,看他怎么样。

想罢,他叫来三个后生,一拥而上,把高东篱按倒在地,一边骂着老牛、老畜生,一边狠狠地打他。打完以后,后生们问高东篱:"我们打你,你气不气,怒不怒?"高东篱说:"你们打我骂我,只不过是恶作剧,跟我玩玩,我为什么要气、要怒?""你痛不痛呢?"高东篱说:"是你们在打,又不是我在打,痛不痛你们自己知道,怎么反而问我呢?"

说完,高东篱拾起撒在地上的竹笋,挑起担子,没事人一样,继续向前走去。

奇怪的是,那几个打他的青年回到家后一个个浑身上下青黑瘀紫,痛得叫爹叫娘。

高东篱常常几天不吃不喝,照样修炼,照样上山下地干活。他不怕冷,也不怕热,冬天只穿一件苎麻布单衫,夏天却着厚厚的皮毛衣服。

有句俗话说:"爹亲,娘亲,不如铜钱银子亲。"说的是世人往往十分看重钱财,把钱财看得比性命还重要,比亲娘、亲爹还重要,以至因钱财而做出种种不法不义不忠不孝的事,从而惹下大祸、大灾,大难、大罪。为了启迪世人,为了使世人看轻钱财,传说他还做过这样一件事。

有一年,高东篱挑着一担从山上采来的草药,卖给城里三角街一家药店。卖完后,他向药店老板借来一个木盆,把卖草药换来的银子和身上带的所有"圆丝银"(当年钱银的一种)放在木盆里。他走出药店,在药店前面的檐阶石上盘腿坐下,把盛有银子的木盆放在面前,闭上眼睛。

人们不知他为什么这样做,药店的老板问他,他不说话;过路的人问他,他也不开眼，不说话。他只是闭目坐着，任凭面前木盆里的银子在阳光下闪闪发光。

一刻，他的面前就聚满了人。人们看着他这怪举动，议论纷纷。有的说，钱财不可露白，这道士疯了，把这么多银子放在这里，一定要出事。有的说只见卖东西换银子的，从来不见卖银子的。不管人们怎样说，他总是不开眼、不说话。

时间一分一秒地过去，很快，太阳下山了，天也黑了。药店老板提醒他说："道长，醒醒，天就要暗了，当心银子被偷啊。"

他还是闭着眼，不动，也不开口。

这时，有个成年人自己碍于面子，不好动手，偷偷叫自己的孩子伸手从盆里偷走一块碎银。

偷走后，人们看到高东篱仍然一点动静也没，以为他真的入定，睡着了。

于是，那些受大人唆使的孩子拥了上来，你一块，我一块，顷刻间就把木盆里的银子偷光了。

这时，高东篱突然睁开眼睛，笑着对仍旧围着的人们说："你们看啊，这银子，开眼常存，闭眼即失。可见，这东西最是无情，不值得留恋呵！"

听了他的话，方才唆使孩子偷银子的大人和偷银子的孩子都红了脸，灰溜溜地走出人群。其他人呢，也顿时明白了高东篱的用心。

清雍正十三年(1735)，范青云功成身退。他看中高东篱，在离开桐柏观时，举荐高东篱住持桐柏观讲席。这一年，高东篱已经一百一十七岁了。

高东篱的身体不是一般的好，一百多岁的人，比一般青年还强壮。为了重振桐柏福地，雍正十四年(1736)，他延请了方一定(号兰谷道人)、闵一得(号懒云道人)等数十名道士"协赞观事"，努力开创全真道龙门派桐柏支派。古老的桐柏观在他的住持下，"再度兴盛"。

为了使桐柏观后继有人，在羽化前夕，他又挑选了首座弟子沈轻云为桐柏观主讲。

清乾隆三十三年(1768)七月十五日，高东篱端坐羽化，享寿一百五十岁。弟子沈轻云、方一定、闵一得等将他安葬在桐柏观的后山上。

第六章

盖竹洞天

盖竹洞天是道家所说的神仙居住人间的三十六处名山洞府中的第十九个洞天。其所在地点，司马承祯《上清天地宫府图经》和杜光庭《洞天福地岳渎名山记》中均称："第十九盖竹山洞，周回八十里，名曰长耀宝光天，在台州黄岩，属仙人商丘子治之。"

　　清代史地学家齐召南在《天台山志要》卷一《山》则记载："盖竹洞天，在（天台）石梁侧。宋宪使河傅尝梦游其地，访之不得。嘉泰元年（1201），邑令丁大荣因祷雨得之。洞深三丈余，中有二峡，穹窿幽邃。下视攒峰叠嶂，如列翠屏。"

　　据《天台山志》记载，盖竹洞天在天台山。据传宋嘉泰元年（1201），天台山大旱，县令丁大荣为求雨，向天祷告，当夜梦见一位人面龙身的神人告诉他："吾是商丘子，住台州盖竹洞天。盖竹洞天周回百二十里，地下洞天广袤无比，南洞口在黄岩，北洞口在天台山石梁。吾今为石梁桥边的盖竹洞主，专管天台山风雨之事。汝是天台父母官，若欲求雨，应当熏香沐浴亲身到石梁桥边的盖竹洞求雨，才能有效。"

　　第二天，丁大荣遵商丘子之嘱，与衙役数人熏衣沐浴，三步一拜，虔诚地来到石梁桥边求雨。求祷刚毕，顿时看到一条神龙，从石梁桥边的盖竹洞中飞上天空。抬头看，神龙在空中飞舞，宝光闪闪。久旱的天空顿时乌云滚滚，大雨倾盆而下，百里方圆的旱情解除了。全县百姓都非常惊奇，纷纷向空中的神龙跪拜。

　　后来，丁大荣率领衙役带着祭请的厚礼，来到盖竹洞边"谢龙"。同时挥巨笔在崖壁上写了"盖竹洞天"四个大篆字，命石匠镌刻在洞边的崖壁。明代传灯大师《天台山方外志·岩刻》也有记载："盖竹洞天，右四字大篆，在石桥旁，题云：大宋嘉泰二年（1202）奉议郎知天台县事晋陵丁大荣书。"此四字至今尚存。

　　《天台山方外志》记载，唐代，石梁之北盖竹洞天连亘数里，建有会真府。山侧有洞，洞中居住过许多著名高道，如唐代的叶法善、宋代的张伯端等。石梁和水珠帘不但风景秀美，还有许多动听的传说。唐代的仙侣文萧、采鸾在这里隐居，清代台州知府刘璈在这里遇到过奇事。

叶法善神通莫测

遁甲驱邪

盖竹洞边有座天然的石桥,形状像龙背,横跨在两座山崖上。崖下飞瀑汹涌、声如雷鸣,画面惊心动魄!

据宋代周永慎《历代真仙高道传·会真府》记载,国清寺僧陈惠虚与同侣游石梁,当他一鼓作气走过石梁桥时,看到楼阁连绵,楼阁当中高悬匾额:会真府。左匾为金庭宫,右匾为桐柏宫。三门鼎峙。他走进右门西边,只见一座高楼,榜书:右弼宫。这时,一位老人上前对他说:"这里是真仙之福庭,天帝之下府,为小都会。太上老君每年三次降临此宫,校定天下学道之人的功行品第。"陈惠虚对此地深为仰慕,后来离开寺院来到石梁会真府学道。

据说,早在唐代,盖竹洞边就建有石梁观,被当时道家尊为"会真府",其中居住着很多高道。开元年间(713—741),天师叶法善(616—720)就住在石梁观修炼。

据《历世真仙通鉴》记载,叶法善,字道光,处州括苍(今浙江省丽水市)人。他的祖辈都是道士。有一天,他娘白天睡在床上做了个奇怪的梦,梦见天上一颗流星忽然飞进她的嘴里,她"咕噜"一声吞到肚子里。醒来后,他娘就怀孕了,过了十五个月才生下法善。他在娘肚子里的时间比别的娃长五个月。他刚生下就会说话,一家人十分惊奇。

叶法善七岁那年,独个儿跑到离家不远的江里去游泳,被水淹死了。爹娘哭得死去活来。谁知三年后,他一个人跑回家来看望爹娘。爹娘看他个子长高了不少,差点儿认不出来,既惊奇又高兴地问:"原来你还活着,这几年在哪儿待着啊?"

叶法善说:"我压根儿就没死嘛!那天我去江里游泳,遇上了仙人青童君,他很喜欢我,就把我带到天上,让我喝仙人喝的云浆,那可真是美味儿。喝完云浆,他又领我去拜见太上老君,在那里只待了片刻,便回来了。"

娘哭着说:"你倒说得爽,你只待了片刻,我却是哭了三年,泪水都流完啦! 这回真是谢天谢地!"

叶法善从此智慧大开,喜欢学道,从不吃荤腥。十八岁后,他游历名山,到处访道。他到青城山谒拜赵元阳高道,学会了"遁甲术",到嵩山谒拜韦善俊高道,跟他学习《八史圣文真形图》,从此能驱逐邪魔。

他从道书里得知,天台山是历代真仙出没之地,石梁桥是人间第一仙桥,于是他便来到天台山,住在石梁桥边的盖竹洞天修炼。

一次大雨后,山顶一块重约千吨的巨石滑下坡来,横在大路上,阻塞了通道,行人要绕很大的圈子才能过去。叶法善为了方便行人,不费吹灰之力就做了好事:"遂投符,石自起。"

也就是说,他把念了咒的符放在巨石上,巨石自动浮起来飞走了。不用搬动,不用炸,既省力又省钱。

一次,叶法善在石室中碰到三位神人。三位神人都穿着锦衣,戴着宝冠,对他说:"我们奉太上老君的命令把真实的秘密情况告诉你,你本是太极紫微宫的左仙卿,当年因为工作偷懒,校录不勤快,没做好本职工作,因此被贬到人间。你应当赶快立功,改掉偷懒的坏毛病,救度世间受困厄的人,辅佐君王,功德圆满,将来会官复原职的。现在我们把《太一三五正一盟威修真玉经》送给你,希望你多多努力!"说完,便都不见了。

从此,叶法善照着经文中说的方法除妖斩怪,解除民间苦厄,没有不灵验的。

唐高宗听到叶法善的名声,派人把他请进宫来,想封他做个官,留在朝廷,帮他出出治理国家的金点子。法善再三辞谢,说:"皇上您只要让我做个道士就够了!"

高宗只好答应他的要求,让他做个御庭道士,尊为"叶天师",赏赐给他丰厚的礼品。

一次,高宗在东都凌空祠设祭坛祭天,规模十分盛大,许多人都赶去观看。忽然间,有几十个围观的人跑进祭坛的火堆中,守卫的侍从大惊,立刻冲进火堆中去救。

"别拉我,别拉我!"身上已冒烟的人喊着,挣扎着不肯出来。

"你们中了邪啦,就不怕被烧死?!"侍从们硬把这些人从火堆中拉出来,并且扑灭他们身上的火。

满朝的人都大惊失色,叶天师却站在旁边哈哈大笑,说:"好了,好了,大家千万别怕!这些人都是妖魅附着在身上,我是施展法术让他们跑进祭坛的火堆中,把身上的妖魅烧死的。"

侍从们问遍跑进火堆中的人,他们都说:"自己早几天就中邪发寒,浑身不自在,刚才不自觉地跑进火堆中一烤,觉得身上百病全消,十分轻松自在,真要谢谢天师啦!"说罢,几十人都倒身拜谢。

后来,这些人的寒邪病果然都好了。

叶天师不喜欢长年住在朝中,再三要求回山修炼。唐高宗只好准奏,让他回到天台山石梁桥边的盖竹洞天隐居。

唐景龙三年(709)三月九日,叶天师又看到原先的三个神人从天而降,传达太上老君的命令,说:"你应当辅佐睿宗和开元皇帝治国理政,不可以长年隐居在深山中。"

叶天师跪下受命,从此又回到朝中。

当时,唐睿宗和唐玄宗都还没有被确立为皇帝,但他们都从叶天师的口中得知了自己将来登基时的庙号和年号。叶天师还暗中告诫他们要努力学好修身、治国的本领。

唐睿宗登基的时候,一次,吐蕃进贡了一件宝物,送宝物的人对睿宗说:"赞普说过,这件宝物无比珍贵,不要让旁边的人知道,免得被盗,请陛下亲自开盒!"

睿宗忙着开盒,叶天师在旁边大声喊道:"陛下,臣已知这是不祥之物,应当让这位蕃使自己开盒!"

睿宗便让蕃使开盒。蕃使便去开盒。盒刚打开,里面立刻射出弩箭,他不幸做了个屈死鬼。

安禄山和史思明之乱发生后,叶天师为避战乱,又回到天台山石梁桥边的盖竹洞天隐居。此时,他的名声已传遍天下。

天师渠

一天,叶天师正在观中打坐练气,忽然一阵心动,抬头远望窗外的天空,发现一件奇事:一位身穿青袍、腰间绑着一根龙鳞宝带的老翁,手拄拐杖,蹒跚在三门湾海边,他显得非常沮丧,走了一程,感到疲乏,便坐在一棵大树下歇息。

突然,老翁振作精神,"啊哧! 啊哧!"打了两个喷嚏,狂风大作,山林摇晃,晴朗的天空顿时乌云滚滚,大雨倾盆而下。老翁变得精神抖擞,纵身一跃,飞上高空,直向天台山而来。

很快,他来到石梁桥边的盖竹洞天上空,让脚下的祥云缓缓下降。接着,"啪"的一声,他跪在洞口,放声大哭:"叶天师救我,叶天师救我啊!"

正在盖竹洞中修炼的叶天师听到洞门外有人求救,立刻整整道袍,拄着拐杖出来。老翁见了,磕头如捣蒜,说:"叶天师,您一定要救救我啊!"

"老人家,快快请起! 您有什么难事进来说吧!"

看到大名鼎鼎的叶天师一派慈眉善目,老翁知道遇到了救星,感恩得泪如雨下。

原来,那青袍老翁早知道叶天师驱魔的符术高超,只有叶天师才能救自己。当时一听天师垂问,便"啪"的一声跪在地上哭诉道:"天师啊! 老朽乃是东海老龙。天帝救我守八海之宝,一千年一更任,若无过错,便可登仙品。我已守了九百七十年了,眼看功败垂成,故来求救。"

叶天师一听,方才明白,原来他是龙,不是人,神龙也有困难啊! 既然他有困难,前来相求,就应尽力相助才是。于是,他问道:"怎么会功败垂成?请您仔细讲来。"

老龙说:"有位外国来的婆罗门外道,能行幻术,住在三门湾海岸一年多了,日夜念咒,使海水逐步变浅。预计今年五月五日,海水将全部干竭。我所守的统天镇海之宝,乃天帝制灵之物,到那时,必为婆罗门所取。天帝将降罪于我,如何是好? 故特来向叶天师求救,乞求天师降临救助!"

叶天师说:"扶正压邪是我的本分。您老特来求救,焉能不管? 今天是五月一日,离五日之期尚有几日,到时再去便是了。"他叫老龙先回大海等候。

转眼间到了五月五日,婆罗门大施法术,海水迅速地退了下去,龙宫已有半截无水,海中鱼虾龙鳖一片惊慌。老龙跑上岸来,向远处遥望良久,并不见叶天师到来,感到绝望,便捶胸顿足,朝天哀号不止:"叶天师,你怎么还不来呀?快来救救我们吧!"

正在这时,叶天师驾起祥云飞到了三门湾海边。他画了一道符,投入海中。海水立刻沸腾起来,整座龙宫一片惊慌。但见大队天兵从天而降,旌旗照耀,戈戟摇光。鲸吞赤鲤,蟹捉乌鲳。叶天师轻轻吹口气,一纸符咒如闪电般飞驶,飞到哪里,哪里的波浪顿时平静。海水开始慢慢上涨。不久,大海恢复了原貌,烟波荡荡、海浪滔天。

统天镇海之宝保住了,老龙顿时心花怒放,衷心感谢叶天师,朝着他连连叩头。他看到叶天师有如此高超的法术,更感到自己的无能,羞愧不已。

第二天,老龙用龙车送了许多珍宝到石梁盖竹洞,酬谢叶天师。

叶天师请他坐下用茶,笑着对他说:"符咒降魔是我的本行,救人苦难是我应当做的,您不必感谢。您是龙王,降雨是您的本行吧,我也有事相求呢!"

"您老有事,尽管吩咐!我当尽力而为!"老龙连连叩头。

叶天师说:"这里石梁桥的上游有两条溪,一条是金溪,一条是银溪。两条溪流到石梁桥边汇合,称'两龙接舌'。出石梁桥下后,金溪流向东南,银溪流向东北。金溪之下两岸人烟稠密,水田纵横,但坑水甚少,加上近两年接连干旱,百姓不但饮水困难,还影响禾苗生长。我很希望您在天台山降雨,使金溪水量增大,灌溉两岸禾苗树木,让山民普遍受惠。您这样做,就是对我最好的报答。您拉来的满车珍宝都拉回去吧,我长年居深山,宝物对我毫无用处!"

老龙连连顿首,说:"天师真是一心为国为民的大好人!我一定照办,照办!请您老放心!"

当天晚上,老龙在石梁桥边连夜作法行雨,村民们睡梦中都听到潇潇风雨声。天亮以后,石梁上下游的金溪水流突然增大,溪水清澈见底,阳光在水面闪耀,如同闪闪黄金。大家都知道这是叶天师令老龙兴风雨注成的金坑,便称为"大金坑",纷纷来此引水,灌溉庄稼。

叶天师十分关心庄稼的成长,每天拄着手杖在坑边察看。他觉得大金坑还不够宽阔,如今坑水多了,禾苗固然受益,但因坑道太窄,水满到岸上,会伤害两岸的草木,还得想个办法。

当天午夜,他睡不着觉,起身来到坑边,提笔画了一道灵符,大声念起"劈山咒",投下大金坑,坑底顿时射出千丈金光。村民们在睡梦中听到"轰隆"一声巨响,地动山摇,金光冲天。

第二天一早,大家出门看,大金坑两旁的山岩如被刀削斧劈,坑面拓宽了四五丈,成了一条宽阔平坦的水渠,渠水滔滔不绝,两岸稻浪翻滚,草木摇翠。村民们欢呼雀跃,称其为"天师渠"。

霓裳羽衣曲与日本杨贵妃庙

唐玄宗登基以后,又一次诏请叶法善到长安辅佐他。像前任的唐中宗、唐睿宗一样,唐玄宗对叶法善非常信任。

据南宋王灼《碧鸡漫志》记载,开元元年(713)中秋节,唐玄宗在宫中赏月。叶法善在一旁陪侍。为了给唐玄宗助兴,叶法善指着天上的明月对唐玄宗说:"月宫中的嫦娥正在歌舞,陛下想去看看否?"唐玄宗说:"尊师可有此道术?"叶法善回道:"这有何难,贫道这就请圣驾启行。"说罢,将手中笏板朝空中一掷,立即变作一座长长的银桥,一直通到月宫。

叶法善扶着唐玄宗走上银桥。这桥随走随失。叶法善和唐玄宗走了几里路,来到一个所在,露冷沾衣、寒气逼人,迎面有座玲珑的四柱牌楼,一块大匾额,上书"广寒清虚之府"六个大字。进了牌楼,里头耸立着许多琼楼玉宇,楼前一株大桂花树。桂花树底下,许多白衣仙女乘坐着白鸾正在那里翩翩起舞。庭阶上面,也有一群穿白衣的仙女,手持各种各样的乐器在那里奏乐。看见唐玄宗和叶法善走进来,仙女们一点也不惊讶,也不迎接。舞者自舞,奏者自奏。

唐玄宗看呆了,听呆了。叶法善介绍说:"陛下,这些仙女名叫素娥,身上穿的白衣叫作'霓裳羽衣',那所奏的曲叫作《紫云曲》。"

唐玄宗素来精通音律,便将这动听的乐曲一一记在心里。

过了许久,唐玄宗衣薄怕冷,对叶法善说:"咱们回去吧。"

叶法善点头。他伸出手掌,掌心立即生出两片彩云。他们一人一片,飘出月亮,不一会便稳稳降到地上。可是一看,这里不是长安。唐玄宗问叶法善,法善说:"这是潞州城头。"

听见谯楼上面的鼓响了三下,天上月色越发光明如昼,夜深人静,四野悄然。叶法善说:"陛下,我们君臣今晚到了这里,也是一种缘分。陛下何不用方才月宫所记的仙乐演奏一番。"唐玄宗说:"好是好,只不过玉笛留在宫中,没有带来。"叶法善说:"这个不难。"他伸手朝空中指了一指,玉笛从空中掉了下来。

唐玄宗接过玉笛,按着记忆,吹奏了一曲。叶法善拍手叫好。唐玄宗高兴,从衣袖中摸出几个金钱,站在城头上朝街巷里撒了下去,说:"让百姓也高兴高兴。"

撒过金钱,君臣二人驾起彩云,回到了长安。

第二天,潞州城里有人说,昨夜听到了动听的玉笛声,还有人在街上拾到金钱,于是便报到府里。潞州州官认为,这是国家祥瑞,上表奏闻。

唐玄宗阅了奏章,不觉大笑起来。从此,他对叶法善越发敬重。那首从月宫中带来的《紫云曲》,经过唐玄宗的加工,改名为《霓裳羽衣曲》。

开元二十八年(740),杨玉环在华清池初次觐见,唐玄宗就以演奏《霓裳羽衣曲》作为导引。后来,杨玉环将《霓裳羽衣曲》编成舞蹈,名为"霓裳羽衣舞"。

世上的事总是多变,不但升斗小民常常遭受变故,就是唐玄宗和贵妃杨玉环也无法左右自己的命运。

"渔阳鼙鼓动地来,惊破霓裳羽衣曲。"唐天宝十四年(755),安禄山造反了,兵犯长安。唐玄宗带着杨玉环西逃。到了马嵬驿,以陈玄礼为首的禁军军士发生哗变,在乱刀砍死杨国忠之后,犹以"后患仍存"为理由,要求唐玄宗处死杨玉环。白居易有诗句"六军不发无奈何,宛转蛾眉马前死",说的便是这段历史。唐玄宗为了自保,赐杨玉环白绫一条,缢死于佛堂前面的一株梨树下。

然而,根据许多现代人的考证,杨玉环当时并未死去,而是在叶法善的帮助之下,经由天台山去了日本。

早在20世纪20年代,著名红学家俞平伯先生就在他所著的《长恨歌》中指出,杨贵妃可能没有死在马嵬坡,而是去了日本定居。

俞平伯在文章中指出,在日本不仅有杨贵妃坟墓,还有杨贵妃塑像。日本还有一个名叫"久津"的村庄,就以"杨贵妃之乡"闻名。那里的人相信一个传说。当年,是一个侍女代替杨贵妃去死了,杨贵妃则在遣唐使的帮助下,乘船到了日本。杨贵妃隐居的村子就是今天日本山口县久津。著名演员山口百惠就出生在那里,她还说自己是杨贵妃的后裔。

当年帮助杨贵妃出走的就是叶法善。安史之乱时,叶法善随唐玄宗撤往四川。马嵬驿之变发生后,面对爱妃的生死,唐玄宗五内俱裂。看到唐玄宗如此痛苦,叶法善想出了一个办法。

这又是一个月明之夜,唐玄宗悲伤地坐在行宫中,面前的御几上放置着一盘荔枝。面对荔枝,唐玄宗悲泪盈眶。叶法善轻步走了进来,唐玄宗抬起头默默地望着他。叶法善稽首行礼,也不说话,从袖口中取出一个李子,换下盘子里的一颗荔枝。

聪明的唐玄宗心眼蓦地一亮,立刻叫来高力士商量,挑选了一位与杨贵妃长相酷肖的宫女,赐以白练,缢死于宫前一株梨树下面。

这一边,叶法善将杨贵妃悄悄带出行宫后门,伸出手掌生起两片白云,一片自乘,一片载着杨贵妃,向着天台山飞去。

天还没亮,他俩便双双降落在天台山盖竹洞畔的"石梁观"前面。杨贵妃在石梁观大约住了半年之久。看到形势稍稍平稳,叶法善便将杨贵妃送到台州海边的青屿山港口(今属浙江省玉环市),将杨贵妃交给一个他熟悉的遣唐使,带往日本。

就是因为有这么一段神奇的历史,才有了今天玉环市名称的由来。而青屿山也就被《洞天福地岳渎名山记》定为道家七十二福地中的第八福地。

南宗始祖张伯端

洞天食气

眺望远处,一座座山峰拔地而起,山上绿树成荫、繁花点缀,把山峰打扮得分外妖娆。

俯瞰足下,白云迷漫,云雾缭绕,一个个山顶探出云雾外,如朵朵芙蓉出水……

张伯端

一位年轻而英俊的道士环顾着四周美丽的山峰,又望着悬崖上刚摹刻好的手书的四个红漆大字:"万古留真!"字体遒劲而隽美。红色大字和翠绿山峰互相映衬,显得非常秀丽。

年轻道士仿佛完成了一件大事,长长地舒了一口气,他用这一切实际行动,怀念他心仪已久的祖师!然后他返身走下山,回到居住的道观里。

这位道士姓白,名玉蟾,字如晦,又字白叟,号海琼子。他能诗赋,又擅书画。他更是一位侠客,因路见不平,杀了一个乡霸,从此遁入空门,成为道士。

白玉蟾(1194—1229)平时修习道教南宗,遥尊张伯端真人(984—1082)为始祖。宋嘉定年间(1208—1224),白玉蟾游历天台山,首先前来朝访张真人的故里张家塘。

道观前面是一口水塘,四围翠竹掩映,非常秀美。离道观不远处有个村庄,有三十多户人家,名叫张家塘。不远处是紫凝山,远望紫气缭绕。早在晋代,昭明太子萧统(501—531)曾慕名来到这里隐居,他编著了著名的《昭明文选》,传诵百世。后人为了纪念他,特地在紫凝山旁建造了昭明太子庙。陈隋时期,天台宗始祖智𫖮(538—598)也曾居紫凝山修禅,并著《童蒙止观》,传说他还曾在这里练气降魔……

当晚,白玉蟾住在张家塘边的道观里,在微弱的菜油灯光下,深情地读诵着张真人的《石桥歌》:

> 吾家本住石桥北,山镇水关森古木。
>
> 桥下涧水彻昆仑,山下有泉香馥郁。
>
> 吾归山内实堪夸,遍地均栽不谢花。
>
> 山北穴中藏猛虎,出窟哮吼生风霞。
>
> 山南潭底隐蛟龙,腾云降雨山濛濛。
>
> 二兽相逢斗一场,玄味隐伏是祯祥。
>
> 景堪美,吾暗喜,自斟自酌熏熏醉。
>
> 醉弹一曲无弦琴,琴里声声教仔细。
>
> 可煞醉后没人知,昏昏默默恰如痴。

读着读着,白玉蟾不禁陶醉了:这是一个多么优美、多么幽雅宜人的仙境啊!怪不得道观里的一个小道士,昨天像讲故事般向他讲起了张伯端年仅五岁时,独自在石桥北的山洞里住了五年的神奇经历。

张伯端五岁那年,辽军南侵,天下大乱。一次,传闻一队叛军要到张家塘来抢劫。里长急得在村头敲起铜锣,通报村民们赶快逃走。村民们急忙收拾衣被,男的挑着铺盖,女的牵儿携女,纷纷逃走出村。

张伯端的父亲挑着重担,担的两边是两口箩筐,一只箩筐里装着被铺,另一只箩筐里装着一袋米。母亲则背着小伯端。

天台山的方广寺边有一道著名的石梁瀑布,一道飞瀑从三十多米的悬崖飞泻而下,激起无数水花,发出震耳欲聋的声响,气势似万马奔腾、山崩海啸。

后边的叛军发现后追了上来。

张伯端的父母急了。他们想:自己被叛军追上,即使被杀也不过两条老命,要是儿子也被杀死,那可是不得了啊!

母亲急忙找地方隐藏儿子,恰好发现石梁旁边的绿竹丛中有个山洞,就把小伯端藏进山洞里。这时,一队叛军追了上来,把小伯端的父亲和母亲拉走了。幸好他们没有发现小伯端。

小伯端慢慢爬进了山洞……

开始时黑咕隆咚,什么也看不见。他往黑洞里爬,发觉远处有一点亮光,便朝着亮处爬去。

愈爬愈亮,洞中的景色真是好看。这里有"山鹰展翅""金鸡独立"等奇形怪状的岩石,一个个形态逼真。

忽然,有位仙人模样的道士一手挥着羽扇,一手夹着一只小怪物笑着对他说:"孩子,你就在这里住吧,别哭!闲着你就玩玩它吧!等大乱平定了,你父母会来接你回去的!"说罢,道士便把小怪物放在他的面前。

小伯端望着这只小怪物,金光发亮,摆动着四脚,伸长了脖子,觉得挺有趣的,不由得抹去泪水,双手抚摸着它,爱不释手……

再说叛军抓住张伯端父母后,逼着伯端的父亲替叛军挑运抢来的财宝,又逼伯端的母亲给叛军烧饭洗衣。张父张母受尽凌辱,每天以泪洗面,但更令他们伤心的是自己的宝贝儿子年纪幼小就这么活活饿死!

三年后,朝廷发兵平定了叛乱,张伯端的父母终于回到故乡张家塘。经历了一场兵灾,田地荒芜,房舍倒塌,满村一片凄凉。刚放下肩上的铺盖,张伯端的母亲就对丈夫说:"快,咱们快到石梁桥边去看看小伯端,不能让儿子的尸骨永远抛在古洞中……"一边说,一边眼泪扑簌簌地掉下来。

父亲听了,也流下伤心泪来,说:"是,现在先去把孩子的尸骨搬回来埋葬吧!"

父母俩赶到古洞顶上,面对洞口声泪俱下地呼号:"儿子啊,我的心肝宝贝,你死得好惨啊……"

父母正哭得伤心欲绝,突然洞中传出一个声音:"爸、妈,我在这儿闷死了,快接我上去吧!"

父母听了不寒而栗,看看那日薄西山的太阳,以为这是儿子冤魂的悲鸣之声,急忙说:"儿子,不是爹娘不要你,那是实在没办法呀!"

"说什么呀?我已在这里这么长时间了,快接我上去吧!"小伯端竟在洞中又喊叫了起来。

张父和张母感到非常奇怪,将信将疑地用绳相继缒下古洞,只见小伯端不但健康地活着,而且已比三年前长高长大了。

父母高兴极了,将小伯端抱回家中,问他没有干粮却能好好活下来的原因。

小伯端说:"干粮吃完时,饿得难受,我只是哭,流尽了泪水。这时,看到道士送给我的那只小怪物,伸颈似吞气的样子,觉得很好玩,就学它的样子玩耍。谁知,这样一模仿,口中即有津液产生,不断吞服津液,奇怪的是肚子竟不饿了。我就一直照着它的样子去做,也始终不觉饥饿。直到今日父母来,我也不饿。"

张父和张母听了,重到洞中去寻找儿子所言之物,原来是一只金色的乌龟。

后来,张伯端长大了,常常对人谈起儿时学龟息,没饭吃却活了三年的奇事,并说石梁桥边的盖竹山洞是自己年幼时的家,所以自称"我家住在石桥北"。

从此,这种龟息养生的方法被道士们知道了,他们便都虔诚地仿效,认真地实验,终于开创了道家吐纳长生的长寿功法。

火烧文书

张伯端长到十来岁时，父母送他进私塾读书。

伯端读书很用功，成绩在学童中数一数二；可是他家里很穷，常常吃不饱饭。好在他学会了龟息功夫，常常以练龟息代食。开始时，父母担心他饿出毛病，但后来发觉他常常不吃中饭，只炼气，居然也长得很壮很有精神，也就不管他"以气代食"了。

时间过得很快，张伯端长到十八岁时，由于努力学习，成绩很好，诗词歌赋出口成章。那年秋天，张伯端去省城应试，居然考中了举人。

当时，台州知府陆诜也是天台人，对张伯端非常赏识，也出于乡情，便聘请张伯端担任台州府吏，做秘书之类的工作。

伯端工作勤奋，在工作之余也常常练习他的龟息功夫。

一日，他正在衙中工作，忽听见衙役进来通报："禀老爷，门外有个衣衫褴褛的乞丐要求进见老爷。小的们再三驱赶，他就是不肯离去，请问怎么办？"

"嗯，那就让他进来说说有什么事吧！"伯端说。

乞丐被带了进来，只见他是道士模样的打扮，虽然衣衫褴褛，却气宇轩昂，肩上背着一把剑，直愣愣地看着伯端。

伯端请他坐下，很有礼貌地问："请问道者是何方人氏？找卑人有何事？"

乞丐指指肩上的青蛇剑，缓缓念了一首诗：

> 青蛇绕地月徘徊，夜静云闲鹤未回。
>
> 欲度有缘人换骨，暂留踪迹在天台。

伯端一惊，他早就听从天台到台州府城的同乡人说过，天台山瀑布岩下来了个游方道士，每天晚上月下舞剑，并且能在夜风中飞腾。不但武艺超群，常常召集一伙年轻人学舞剑，还教导他们只有行善积福，才能白日飞升。

想到这里，伯端进一步探问："请问道者尊姓大名？"

乞丐微微一笑，说了两句偈语：

野人本是天台客，石梁桥畔有旧宅。

父母生我姓两口，只爱笙歌不爱拍。

伯端听了大吃一惊，连忙倒身下拜，道："小子有眼无珠，不知吕祖驾临，有失远迎。恕罪，恕罪！"

吕洞宾笑着把手一挥，说："起来，起来，您也是自幼学道的，咱们算得上道门朋友吧，快快起来说话！"

张伯端又恭恭敬敬地叩了三个响头后，才起身坐下，说："请吕祖别嫌弃小子，屈驾住在卑处。小子可以早晚请教！"

"好的，好的！贫道与您有凤缘，就在这里暂住几天吧！"

从此，吕洞宾就在府衙旁住了下来。张伯端每天晚上在办好公事之后，便向吕洞宾请教学仙的法门。

在一个月白风清的晚上，吕祖和伯端坐在院子里聊天。

伯端向吕祖谈起年幼时自己被困在盖竹洞天中时，学习龟息，竟得以活命的经历。吕祖让他做个龟息的状态给他看看。

伯端照样做了。吕祖说："你这种做法，固然能以息代食，但还不能达到养生的高级境界。"

他教给伯端正确的方法：龟息先要调心。学者盘膝趺坐，上体正直，全身放松自然，松则气顺，百脉舒畅。然后双手相抱放在小腹前，两目垂帘，眼观鼻，鼻观口，口观心，舌抵上颚，心、神、意守脐部，务使心念不移。

接着，进入潜息（龟息）状态：此时振动鼻腔，深吸气。觉气入腹脐之中。吸气八分即可，不可吸满。气进入腹中后，心念不移，宁心静气，屏住息。如感气欲出时，放松小腹。心念下降，息亦下降，憋闷之感便会很快消失。

吕祖说："刚才，我发觉你'潜息'的时间还不够长。对于练习龟息大法的人来说，'潜息'的时间越长，他的气和忍耐度也会随之越长。以后你每次练习，至少要四十九息，修炼到息潜入腹，不急不憋，则不但能以气代食，还能益寿延年。长期修炼，百岁不成问题！"

接着，吕祖坐在椅上，给伯端做了示范。伯端学着做，做毕，虔诚下拜道:"恩师耳提面命使伯端走上修炼的正道,感恩不尽,感恩不尽!"接着,他叩了三个响头。

两人正谈得起劲,衙中的一只金丝猫"咪呜咪呜"地叫着,来到伯端的身边。伯端平时很宠爱它,办完公事休息时,都会把它抱在怀里。

吕祖望着金丝猫,笑着对伯端说:"你长期伏案工作,有猫做伴倒是很好的。我现在乘兴教你一套'梵猫瑜伽'的功法,好不好?"

伯端听了大喜,忙说:"好,好,请吕祖指教!"

吕祖便俯身在地,随手拉了一块地毯,一边给伯端讲述,一边做着示范动作:先是四肢着地模仿猫的跪姿,双手和双脚分开,模仿猫腰与地面平行;接着呼气,身体左转,左手撑住地面,头部右侧与右臂贴瑜伽地毯,保持两次呼吸时间,下半身不动,稳住身体;再次呼气,左臂向上举,眼睛注视左手指尖,小腿紧贴地毯,保持三次呼吸时间,吸气时恢复到开始的姿势,换方向反复练习。

吕祖示范,伯端跟着做。反复做了三遍,伯端觉得全身血管舒畅,轻松无比。

吕祖说:"常练梵猫瑜伽,可以加快血液循环,消除酸痛和疲劳感。这种功法和龟息一道修炼,有相辅相成的功效。希望你长期坚持下去,必能达到健身长寿的目的。"

伯端听了感激不尽,再三下拜。

吕祖说:"可是,你别忘了,这只是修炼'命功';而学道最要紧的还是要修'性'功,最后达到'性命双修'的目的!"

"什么叫'性功'呢?请恩师快快指教!"伯端急切地问。

"这可不是一两句话能够讲清楚的!而且万事有因缘,待你'命功'炼到一定程度,自有高人为你指点!"

正在这时,空中传来了庄重的呼唤声。吕祖急忙抬头看,半空中现出一位仙影,吕祖忙起身说:"是,我立即就到!"

吕祖伸手一招,飞来一朵彩云。他飞上云端,回头对伯端说:"天帝召我有急事。你好好修炼吧,三年后,再去西蜀……"

伯端急忙跪地拜谢,依依不舍地,一直望着吕祖飞向看不见的天边。

　　回转房中,伯端继续练着吕祖教授的"梵猫瑜伽功"。金丝猫也悄悄来到他的身边,蹲在一旁观看。

　　从此,伯端对金丝猫也更加珍爱。工作时让猫蹲在案头,休息时把猫捧在手中。

　　他知道金丝猫最爱吃鱼,每餐都让厨房送一碗鱼羹。这碗鱼羹是专给金丝猫吃的。

　　这样便形成了惯例,衙中的厨师、侍婢都是知道的。

　　一天中午,伯端办完公事后准备吃饭,金丝猫也来到桌边"咪呜咪呜"不停地叫。伯端回过神来,才发觉桌上少了一碗鱼羹。

　　他想:厨师怎么啦,今天竟忘了烧鱼羹?! 他忙派衙役到厨房去取。不一会,衙役回来说:"厨师说菜、饭和鱼羹是一道送来交给老爷侍婢的!"

　　"这就奇了,厨房明明送来,鱼羹怎会没有了呢?"

　　伯端想:对,原来的侍婢因事离开这里了。这个侍婢名叫阿香,是新来的,她不知道我的惯例,只看到送来的菜肴很多,以为我不知道碗数,就偷偷把这碗美味的鱼羹偷吃了。这不就要让我心爱的猫挨饿了吗?

　　想到这里,他怒上心头,便追问阿香:"我的鱼羹呢? 你为什么把它吃了?"

　　"鱼羹以及菜和饭,我不都放在您的餐桌上了吗? 因为您在忙着,我才没喊您!"阿香年纪轻,胆子很小,战战兢兢地回答。

　　"其他菜都在,为什么只少一碗鱼羹呢? 衙里没有其他人,除了你嘴馋,还会是谁?"

　　"我哪有这么大的胆啊? 老爷您别冤枉好人!"阿香忍不住喊了起来。

　　"你刚到这里,不懂规矩,敢偷吃鱼羹,还算什么好人?"伯端一时怒起,便连打了她两巴掌。

　　"冤枉啊,冤枉啊……"阿香忍不住哭了起来。

　　阿香一哭,伯端也自觉后悔,不该伸手打人,便说:"算了,算了,不要哭了,让厨房再做一碗鱼羹吧!"

　　阿香却哭哭啼啼回转了房里,闭门不出。

　　约莫过了半个时辰,两个衙役匆匆赶来禀报,说:"老爷,不好了! 刚才厨房做好鱼羹,我到阿香房外喊她去端来。房门久敲不开。我知道情况不妙,便另喊一人一道打开房门,发现阿香已经上吊自杀了……"

伯端听了,一时目瞪口呆,想想这都是金丝猫惹的祸。回头去看金丝猫,发觉它已跳到梁上。衙役连喊"咪呜",向它招呼,梁上却掉下大串鱼刺。伯端明白了一切,连连用两指指着金丝猫:"你……你……"

说罢,他一屁股坐在椅子上,深深自责,连说:"罪过,罪过……"

他呆呆地坐了好久,思绪万千,联想起身为府吏,长年累月协助知府处理案件,往往自认为是对的,实际却是错的,这样的事不知有多少。多少无辜的百姓可能因自己的错失而受到冤枉! 自己真是罪恶深重啊!

想到这里,他忽然起身来,走到公文柜前,把几年来所经办的公文都搬到天井里,然后拿来打火石,"啪啪"两声,一片火星碰上干纸,霎时间火光冲天……

衙役们看了先是发呆,随即高喊:"老爷,不可不可,知府大人要怪罪的啊!"此时火势愈来愈大,已经来不及扑灭了。

眼看数年来的公文转眼间化为灰烬,伯端拍打了一下衣服上的烟灰,直向台州知府的大厅走去,投案自首。

这是件惊天动地的大事。知府把案情上报朝廷后,宋仁宗是位爱好道教的皇帝,他从台州知府陆诜呈文中听说张伯端有"龟息活命三年"的奇事,十分佩服,因此决定从宽处理。庆历四年(1044),宋仁宗钦定张伯端为"火烧文书"罪,囚禁三年。

三年后,张伯端刑满释放。他想起三年前那天晚上,吕祖临走嘱咐他"三年后再去西蜀!",于是决定游历仙客云集的四川。临行时,他与台州府吏一一告别,并作诗道:

刀笔随身四十年,是非非是万千千。

一家饱暖千家怨,半世功名百世愆。

紫绶金章今已矣,芒鞋竹杖信悠然。

有人问我蓬莱路,云在青山月在天。

刘海蟾授"丹诀"

张伯端夜宿晓行,迢迢万里从台州来到了四川峨眉山,但见五里一庵、十里一宫,丹墙翠瓦,楼台掩映,到处充满佛光和仙气。那时候的峨眉山已是佛道双修之地。

一天,他在山下的街头漫步,忽然看到一个二三十岁的姑娘,手里拿着一根棒,一边追赶,一边大骂:"你这没出息的老鬼,再不听话,非打死你不可!"

伯端以为她在教育儿子,转眼看,前面逃跑的却是一个五六十岁的老头子。只见他踉踉跄跄,实在跑不动了,只好转身跪在地上,连连叩头求饶道:"别打我,别打我……以后照您说的去做就是了!"

说罢连连叩头。

伯端见了,想想:"这真是反了,反了!这么野蛮!女儿竟敢追打父亲!"于是,他满腔义愤,上前对那女子说:"小娘子,你懂得'孝道'吗?他再错也是你的爸爸,你怎么可以追打他呢?"

那姑娘抬头看是一位过路的远方客人,知道他误会了,放下棒,笑着说:"客人,您说错了。他是我的儿子啊!我觉得他实在不成才,只好棒教!"

"他是您的儿子?请问您多大?"伯端问。

"我,九十多岁了!"

伯端一愣,又指着老头问她:"他呢?"

"他才六十多岁,年轻着啊!但是一直不听我规劝上山学道,所以老得像个死榆木头!我实在气不过,才追打他!"

伯端听了,惊讶不已,又问:"请问您说的'上山学道',是到哪里,跟谁学这长生不老之术啊?我也正在云游天下,寻访高道呢!"

姑娘看伯端是个正经的学道之人,便说:"此去成都,有个天回寺,许多高僧、高道住在那里相互考学,其中就有大名鼎鼎的刘海蟾真人。您只要真心实意,他会诚心教您的!"

伯端大喜,谢过姑娘,直往天回寺而去。

原来刘海蟾是道教全真派北五祖之一,五代燕山(今北京市)人。在辽应举,中甲科进士,事燕王刘守光,官至丞相。平素好性命之学,崇尚黄老。他先遇吕纯阳点化,授以丹道;后来又遇上钟离权。刘海蟾拜他们为师,追随他们隐于天下道教祖庭——西安终南山下石井镇阿姑泉欢乐谷,修道成仙。从此,他到处训谕世人。这一次,他住在成都天回寺,与寺里的高僧切磋修身养性之术。

伯端到了天回寺。刚进门,一个小道士便上前迎接,问:"您是张伯端道长吗?"

"请问您怎么知道我的名字?"伯端很惊奇。

"是刘真人命我在这里等待您的!真人和您想必有缘分吧!"小道士笑着说。

"是,是!"伯端笑了。

到了中堂,刘真人起身迎接,笑着说:"您终于来了,吕祖昨天远在峨眉山就喊话告知我,说是那晚在台州没有把性命之道全部传授给您,就受天庭之命另办大事去了,要我今天与您详谈!"

说罢,命人送上一杯香茶。

刘真人说:"养生功可以归结为一个'道'字。道是什么?老子《道德经》云:'吾不知其名,强名之曰道。'又云:'无名天地之始,有名万物之母。'太极生两仪,两仪分四象,四象分八卦,八八六十四卦、三百六十四爻,尽性命之理,寓养生之道。道家修炼的上乘功夫是使后天返先天,就是抽出坎中的一阳,填到离中一阴里去。原来后天的离南坎北,就变成先天八卦的乾南坤北。这就是道家的所谓抽坎填离,又谓坎离交垢。古人将八八六十四卦、三百八十四爻,阴阳消长的变化与人从无到有,直到六十四岁紧密联系在一起。所以说无极生太极,太极分两仪,两仪分四象,四象生八卦,八八六十四卦、三百八十四爻,其间尽生命之理、寓养生之道。我根据吕祖的教导,先修命功,再修性功,写成《丹诀》一部。遵照吕祖的吩咐,把这部《丹诀》交给你,希望你在它的基础上一一研究,写出悟真的详细过程,传给弟子,作为后人学道的阶梯。"说着,他便把《丹诀》交给了伯端。

伯端再拜，双手接过《丹诀》，说："弟子一定遵命！"

伯端拜毕站起身来，刘真人已经乘坐一朵彩云飞上天空，他挥动着手中的拂子，说："后会有期！"说罢，彩云飞上了遥远的高空。

阳神采花

张伯端按照刘真人传授的《丹诀》刻苦修炼。通过修持，他有了自己新的体会，逐一写成诗篇，取名《悟真篇》。

张伯端带着《悟真篇》云游四方。为了修炼，他曾经长期住在金州安康郡（今陕西省汉江市）瓮儿山悬崖上的石洞中；后来又到翼城县唐城坊修炼。有一次，他在邠州（今陕西省彬州市）酒肆中遇上好道的石泰（1022—1158），见他诚心求教，伯端便将他收为弟子，传授《悟真篇》。后来，张伯端遇上河东转运使马默，马默也很崇拜张伯端，张伯端便传授他《悟真篇》。从此，这部中国道学界的杰出著作就一直流传下来。

宋元丰二年（1079），张伯端已经八十多岁了。为了重振祖庭，他回到了天台山。除了整修桐柏观外，他还召集了一些弟子，传授"性命双修"之术。

桐柏观南面不远的瀑布岩下，有个瀑布寺。寺里住着一位神僧，名叫昙圆。他禅法高深，自称能够"神游"，门下有大量佛弟子。

一天，昙圆来找张伯端，说："真人啊，禅术高深莫测，远远胜过道法。我门下弟子众多，财力丰厚，愿意出钱出力，我看桐柏观还是改建为禅寺吧！"

张伯端笑着说："道门不求钱财，只求仙侣。您的禅术既然高深莫测，据说还能'神游'，那我俩就不妨来个比试。您若胜了，桐柏观改为禅寺；我若胜了呢，您将瀑布寺改为桐柏观下院，属桐柏观管理。好吗？"

昙圆自认为禅术高强，满口答应，说："一言为定！"

伯端说："禅师啊，今天咱俩没啥事，到好玩的地方玩玩好吗？"

昙圆说："好啊，到什么地方玩呢？"

"我听您的，啥地方都行！"伯端说。

昙圆自以为功夫到家，"神灵"能跑得远，就说："听说扬州的琼花开得很好看，咱俩到那儿赏花。好吗？"

桐柏观紫阳殿

扬州离天台桐柏山有好几百里路,这是昙圆特意为难伯端。

伯端听了,只是微微一笑,说:"好的!"

于是,伯端和昙圆一道进入一间清净的禅房里,相对坐着,盘上双腿,闭上眼,施展"神游"的法术。

伯端到达扬州的时候,昙圆已经先到了。他俩绕着琼花林走了三圈,仔细观赏。

伯端说:"今日和禅师难得来这儿一游,咱们各自摘一朵琼花,回去做个纪念。好吗?"

昙圆点点头,便和伯端各摘了一朵花回来。

过一会儿,伯端和昙圆都打了个呵欠醒了过来。

伯端问:"禅师啊,您刚才摘的花在哪儿?"

昙圆望着自己空空的手袖,怪难为情的。

伯端一甩手,从袖中拿出琼花来,笑着在昙圆面前把玩,意味深长地说:"今世人学禅学仙,如吾二人者亦间见矣!"也就是说,当时学佛学道的人,一种是只修性,不修命;一种是性命双修,就像咱们两人一样。昙圆禅师羞惭满面,自愧不如,拜倒在地,连称:"佩服,佩服!"

伯端连忙把他扶起,说:"些少薄技,何足挂齿,以后咱们相互学习吧。"

昙圆禅师又问伯端:"请问高道,我俩同去神游,为什么您能带朵花回来,我却带不了花呢?"

伯端说:"我金丹大道,性命兼修,是故聚则成形、散则成气,所至之地,真神见形,谓之阳神。彼之所修,欲速见功,不复修命,直修性宗,故所至之地,人见无复形影,谓之阴神。"

这段话是说,修炼道教金丹功法的,是性功和命功一道修。两者凝聚在一块,就显现出形体;两者分散了,就变成一种气。我的真神到了一个地方,会显现形体,叫作"阳神"。而禅师的修法,是急于见功,不修命功,直接去修性功,因此他所到的地方,看不到形影,叫作"阴神"。阳神出游能做通常人能做的事,例如把扬州的琼花带回来,而阴神则办不到。

昙圆连连叩头称"是!"。

伯端接着说:"道家是根据命宗来立教,所以往往只谈命功,而忽略了性功。佛家根据性宗来立教,所以往往只谈性功,而忽略了命功。实际上,性功和命功本来不应当分开,道家和佛家最终的目的没有区别。像释迦牟尼出生在印度,他也懂得修炼金丹的道法,就是性命双修,这是最上等的修行法门,所以道家称他为'金仙傅大士'。"

昙圆又向伯端请教修炼内丹的方法。

伯端笑着拿出《悟真篇》,对他说:"您先读完这本书,再依法进行修炼。这本书主要讲述两个方面。第一,强调了只有修内丹才能修成真仙。《周易参同契》论炼丹,有人认为是炼外丹。而《悟真篇》认为炼内丹是明明白白的。炼内丹的材料铅、汞,不是自然界的矿石铅、汞。我在书中再三强调'草木金银皆滓质''用铅不得用凡铅'。另外,像乾坤、偃月炉、朱砂鼎等都是比喻人身体中的各种部位,火候指的是真气运行时的意念运用。第二,书中全面系统地介绍了炼内丹的方法。我提出'性命双修'的说法。性,是指人的心性、思想、秉性、性格、精神等;命,是指人的身体、生命、能量、命运、物质等。性命双修,也就是指'神形兼修'、心身全面修炼。性功是道教和儒、佛相通的地方，而命功便是道教独有的传统。"

昙圆双手接过《悟真篇》，连声说："弟子受教，一定好好拜读此书。"

昙圆回瀑布寺后，真的把寺额改为"桐柏观下院"，并且带领弟子们佛道双修。

宋元丰五年（1082）三月十五日，张伯端真人在天台山的百步溪洗浴后，盘坐着尸解，终年九十八岁。昙圆闻讯，赶忙带领弟子到百步溪料理后事，只见张真人的衣袋里揣着一纸《尸解颂》，上面写道：

> 四大欲散，浮云已空。
>
> 一灵妙有，法界圆融。

昙圆率领弟子把张伯端的遗体火化，得到舍利子千百颗，颗颗像彩珠一样光彩夺目。昙圆翻开道书来查对，发觉道书中也有"舍利耀金姿"的讲法，才知道佛道两教是相通的。

张真人只是尸解，实际上并没有死。据《真仙通鉴》说，七年后，刘奉真在王屋山遇到伯端。伯端留下一首诗后，就乘风飞走了。

长耀宝光天——石梁

《洞天福地岳渎名山记》中，称盖竹山洞为"长耀宝光天"，这也与当地的民间传说吻合。

传说在远古时期，盖竹洞天十里方圆的山中全是珠宝堆积，每到夜晚，宝光冲天，照亮长空。

西王母住的阆苑，就是由珠宝砌成的。据说每过千年其都要重新装修一次，这珠宝就是从盖竹洞天一带的山上运去的。

清代大诗人魏源（1794—1857）游天台山石梁飞瀑时，听人讲起石良的传说，感到非常有趣，遂作《天台石梁雨后观瀑歌》：

> 雁湫之瀑烟苍苍，中条之瀑雷硠硠；匡庐之瀑浩浩如河江。唯
> 有天台之瀑不奇在瀑奇石梁：如人侧卧一肱张，力能撑开八万四千
> 丈，放出青霄九道银河霜……

他写这诗据说是根据当地民间一个非常有趣的传说。这个传说收录在
浙江文艺出版社出版的《山海经丛书》第五辑中。

传说很早以前天台山脚住着个织布匠，姓石名良。

石梁瀑布

有一年夏天,石良织成了三百尺白布,趁晚间天气凉,半夜就挑着布上山,挑到中方广寺,老远就看见一片闪亮闪亮的东西,还听见"窸窸窣窣"的铲土声。石良连忙放下布担,躲在柴草丛中瞧,只见山雾中停着一只大筏,几个仙人在那里挖掘珠宝,并把挖出来的珠宝一筐一筐地往筏上搬。只听得一个白胡子老翁说:"要是把这里的珠宝运上天,咱们仙家的日子就更光彩了!"

　　随后是众仙人哈哈一阵大笑。

　　石良一听,急啦! 原来他们是一伙到天台山盗宝的仙人。怎能眼巴巴地让他们把这里的珠宝全盗走呢?

　　他想了想,便抖开担子上的白布,悄悄把布的一头系在仙筏的尾上,一头系在山边一块很大的岩石上。他又拿出布剪,在脚底猛刺了几下,把血滴在仙筏系布的地方,血和布凝在一块。仙人们忙着搬珠宝,根本没有觉察。

　　直到五更鸡鸣,仙人们赶紧跳上筏,脚一蹬,仙筏载着珠宝驾雾起飞啦。飞不多远,忽然飞不动了! 仙人们一看,原来仙筏是被长长的白布拉住了。他们七手八脚地去解白布,可是闻见一股呛人的血腥气,知道布上滴了脚底血,不但扯不断、解不掉,连仙筏也回不了天啦。仙人们急得直跺脚!

　　雷公、雷婆站在云头喊:"石良呀石良,你别再逞强! 若再不把血布解下,咱雷神爷一霹雳送你见阎王!"

　　石良腰一挺,手把白布紧紧拉住:"我为保住天台山的珠宝,一死又何妨!"

　　雷公、雷婆发怒了,"轰隆隆"一声霹雳,悬岩震塌近百丈。仙人们只好丢下一仙筏珠宝匆匆奔回天府老家去了。石良也在霹雳声中倒下,变成一根长长的石梁横躺在山崖上,手中还拉住白布死也不放。被扯住的装满天台山珠宝的仙筏跑不了啦,变成一座桥,就是今天离石梁不远的"仙筏桥"。石良手中的白布慢慢变成一道长长的瀑布,当地人叫它"石梁(良)瀑布"。

　　上述只是民间的一种有趣传说。实际上,石梁飞瀑确有其特色:它有一条两丈左右的巨大石梁,横跨在两崖之间,那微微拱起的梁像一条匍匐的巨龙。金溪和银溪两条溪,左右而来,汇合于此。溪涧岩石高低不平,水流随之层层折跌而下。每一次折跌,都激起一阵雪白水花。在日光照耀下,飞珠溅玉,十分壮观。道家称之为"长耀宝光天",确是恰如其分的。当年大诗人魏源来游石梁时,听了导游讲的传说,也似乎沉思冥想,敬佩传说中的石良,"侧卧一肱张,力能撑开八万四千丈,放出青霄九道银河霜",让珠光宝气照亮了整个天台山谷。

仙姝春睡浓

在石梁飞瀑北边约两公里的地方,有一处宽阔的瀑布飞挂在山腰。日光照射在瀑布上,飞珠泻玉、银光闪闪,十分好看,人称"水珠帘"。清代,天台诗人许君征在《云怡诗话》中写过一首《水珠帘》:

水珠帘

碧嶂洒寒泉，明珠映绿藓。

仙姝春睡浓，日高帘未卷。

他在诗下小注云："珠帘泉，俗传仙姝彩鸾居处也。"

故事传说是这样的。据赵道一《历世真仙体道通鉴后集》记载，唐大和末年(835)，有位读书人名叫文萧，很有文才，但是考试运不好，功不成，名不就，只好出去闯江湖，结果流浪到了钟陵郡(今江西省南昌市)。

文萧寄住在紫极宫道士柳栖乾那里，一共三四年。他性情温和，面目清秀，一副仙风道骨，柳栖乾和他很谈得来。

钟陵郡西山上有一所游帷观，原是高道许逊真君(239—374)学成真仙飞升上天的地方。每年中秋节许逊飞升的那一天，吴、蜀、楚、越一带人从千里外赶到这儿来，他们都带着奇珍异果、锦绣金钱，设斋祭请许真君，并且为一家人祈求福报。

这一年中秋节，钟陵人像往常一样往西山跑，山上挤着成千上万的人。这时，许多姑娘牵着手在游帷观前唱歌跳舞，吸引了无数人围着看热闹。

文萧也在围观的人群中。他看到一个非常漂亮的姑娘，穿着青衣，头戴道巾，打扮得和其他姑娘不一样，歌声非常清脆，就像珍珠在玉盘里滚动。尤其奇怪的是，她唱的歌词中有"文萧彩鸾"的字句。

文萧非常惊奇，想：看来我的姓名是个非常吉祥的兆头，文萧和彩鸾一定是一对神仙伴侣！

他的两脚就像生在地上，不肯走了。他轻声问旁边的人："这位青衣姑娘叫啥名字？是哪儿人？"

旁边的人说："她就住在洪室坛的旁边，不知道叫什么名字。"

文萧听她唱完歌，还一直站着不肯离去。

这时已经是四更天了，青衣姑娘和几个要好的女朋友告别，独自点了蜡烛，穿过大松林里的小路，向冷僻的山上走去。

文萧悄悄尾随着她，看她往哪走。只见青衣姑娘手里拿着的蜡烛快熄灭的时候，前面有好几十位仙童拿着松明灯出来迎接。

　　文萧跟在后面。夜色漆黑，看不清路面，文萧不觉滑倒，"呀"地喊了一声。这声音被青衣姑娘听到了，她回过头来看，问他："您是文萧吗？"

　　文萧忙答："对，我是文萧。"

　　青衣姑娘说："我和您天命不相配合，您到这里来干啥呢？"

　　文萧不敢回话。青衣姑娘想了想，说："您既然来了，就先到我这里坐坐吧！"说罢，她便把文萧带到山顶住处。门口侍卫森严。文萧随着青衣姑娘进了门，只见"几案帏幄，金炉国香"，分明是仙家摆设。

　　青衣姑娘和文萧坐定后，有两位仙娥各拿着簿书走到青衣姑娘面前来报告，说的都是江湖中翻船溺死人的名字。当她们讲到一个妇女的名字时，青衣姑娘显得非常痛惜。

　　她们又说到某一日沧湖风浪很大，误溺死了好几个小孩。青衣姑娘发怒道："生死是大事，岂可以'误溺'？！"

　　拿簿书的姑娘解释说："小孩子力气单薄，禁不住风暴咆哮、颠簸。不是咱们不救，而是来不及救，真的没有办法啊！"

　　文萧听后，觉得莫名其妙，便问究竟是啥事？青衣姑娘并不回答。

　　文萧再三请问，青衣姑娘说："这是阴间的机密，是不能告诉您的，这事恐怕我要和您一道受罪！"

　　两位仙娥把簿书刚拿回去，忽然间天地漆黑一片，风吹雷吼，把屋里的帐子吹裂，茶几和桌案都吹翻了。

　　文萧十分害怕，不敢往旁边看。青衣姑娘赶忙穿上衣服，手中捧着玉简，恭恭敬敬地俯伏在地上待罪。

　　过了不久，风停了，雷声也不见了，只见满天星斗，一位仙童从天上飞下，手中捧着天书大声宣布道："吴彩鸾以私欲而泄天机，谪为民妻一纪。"

　　一纪，是十二年。也就是说，吴彩鸾因为私欲和文萧要好，泄漏了天机，应当贬谪到人间，做凡人的妻子十二年。

　　当然，这是彩鸾求之不得的美事。文中说是"姝遂流涕"。这个美丽的姑娘听了泪流满面，恐怕是"欢乐的眼泪"吧。

　　当时，彩鸾便和文萧一道下山，文萧这时才知道她的名字，两人结为夫妻后回到钟陵郡，住在文萧的家中。

文萧问起彩鸾的家世情况。彩鸾说："我家原在豫章（今江西省南昌市），爸爸名叫吴猛，是个赫赫有名的人物，《晋书》里有记载。他一生救助贫困，爱护他人，主持正义，反对奸邪，现在在天上做仙官。我也是神仙，主管阴间簿籍六百多年了，从没出过差错。这回得罪了天帝，遭到贬谪，实在是为了您。不过，坏事变好事，您也因为得到我，将来待我受谪期满后，可以与我一道登上仙界。"

文萧的家非常清贫，两人温饱也成问题。彩鸾文才很好，为了挣些钱养家糊口，她便抄写孙愐的《唐韵》。她运笔如飞，每天抄一部。抄成后由文萧拿到市镇去卖，卖后能得到五缗钱。钱用完了，她继续抄写。文萧完全是靠着妻子吃饭。

就这样一直抄了十年，到了唐会昌二年（842），当地人才知道手抄的《唐韵》出自彩鸾之手，纷纷前来求见讨教。

彩鸾决定改行，连夜与文萧搬家，搬到新吴县越王山中的一个偏僻村庄居住。夫妻俩招收了山村里几十个蒙童来教读，这样又过了一段日子。

后来，彩鸾听说许逊仙师已到天台山盖竹洞天隐修，便和文萧商量，到天台山跟从许逊学道。

当天晚上，村里人听到两只老虎在院子里咆哮。第二天，彩鸾和文萧都不见了。有个打柴人说："今天一大清早我在越王山下打柴时，看到彩鸾和文萧各跨一只老虎，飞上天空，朝东方飞奔而去！"

到了天台山盖竹洞天附近，彩鸾和文萧下了虎背，找到一处宽阔的山洞住下，两只虎就像看门犬一般，替他俩看守洞门。附近的山民争着围观这一对骑虎的年轻夫妻。彩鸾笑着挥挥手，洞顶上的山泉忽然如潮水一般飞洒而下，挂在门口。山泉愈来愈大，挡住了大家的视线，就像一条宽阔闪亮的珠帘，人们便称其为"水珠帘"。

彩鸾和文萧大白天都在山洞里休息，晚上才到盖竹洞天许逊仙师处学道。据说，当年盖竹洞天中曾塑着许逊坐在高座，彩鸾和文萧在座下礼拜的塑像。

"前度又来"

高接云天的石梁桥侧镌有"前度又来"四个大字,是清朝同治年间(1862—1874)台州知府刘璈题的。当地流传着刘璈题字得梦的传说。

刘璈是镇压农民起义的刽子手,却假充文雅。每到一处,他总是赋诗题字。同治十年(1871),他带着狐朋狗党重游天台山,在石梁桥下摇晃着辫子高吟"前度刘郎今又来"的古诗,忽然心血来潮,叫随从取过纸笔,大书"前度又来"四个字并题了款,命人在高高的石梁桥侧凿崖镌字,为此行留作纪念。

石梁飞跨两山,离地百丈。梁下流水汹涌,惊心动魄。在衙役的皮鞭催促下,石匠只得腰悬绳索,冒着生命危险,攀上高崖镌字。

好不容易,高崖被凿平,字也镌好并且填上了红漆。竣工那天,刘璈来到石梁下,仰望自己手书的大红字,扬扬得意地说:"人称石梁天险,本府也题了字,真的名传千古了!"

反复欣赏之后,他走进昙花亭,坐下品茶,想再写一首诗,纪念这题崖壮举。可是他想了老半天,才想出了两句:

天险之处去磨削,百丈崖顶把名刻……

他搜尽枯肠,却再也吟不出了。困虫爬上来,他一手斜支着脑袋,忍不住打起瞌睡了。

这时,有个老和尚捧茶上来,说:"刘知府,这有何难?老僧替你续下去吧。"

刘璈一听大喜:"好,快续!"

老和尚随即吟道:

昏官漆却古纹琴,痴儿削圆方竹节!

吟毕,老和尚脸色一变,指着刘璈说:"刘某,你可知石梁天险,鬼斧神工,妙在人迹不到,耐人遐想;如今漆崖题字,大煞风景!你妄想流芳百世,实成千古蠢物……"

刘璈大怒,正待发作,蓦然惊醒,原来是一场梦!他揉揉眼,望着面前端坐着的一尊铁罗汉,正对他怒目而视,很像梦中的那个老和尚,不禁吓出一身冷汗,赶忙逃出昙花亭,溜回府城。

第七章　司马悔山福地

杜光庭《洞天福地岳渎名山记》记载,第六十福地司马悔山,在台州天台山北,李明仙人所治处。司马悔山福地位于浙江省天台县城西北约七千米处,因唐代天台高道司马承祯而得名。

据《旧唐书》记载,司马承祯道行高深,名扬远近。他曾经受到武则天、唐睿宗、唐玄宗三朝皇帝诏请,被尊为国师。

唐玄宗登基之后,多次诏请。开元十五年(727),唐玄宗派廷官第二次诏请,司马承祯此时已经八十岁。虽然因年老力衰,但仍勉强出山。

可他仅仅走了五公里多,到达凤凰山时,便心生后悔。从此,凤凰山改名为"司马悔山"。

离凤凰山不远处,有条山溪,名南岙溪,溪上有座石桥。司马承祯经过此溪时,也曾心生悔意,故此桥亦名"司马悔桥"。

实际上,司马悔山之高仅仅几十米。山上虽然松柏繁茂,但与周围高山相比,实在是太不起眼。不过,它的名声却比周围群山大得多。它被列为赫赫有名的洞天福地,究其原因,还是司马承祯的缘故。

可见,世上许多本来十分普通的物件,大者如山河,小者如书画,往往因为其连带上特殊的人物,也特殊了起来,有名了起来。这便是古人说的:"山不在高,有仙则名;水不在深,有龙则灵。"

一列队伍扬尘跋涉而来

漫长的驿道上，一列队伍正扬尘跋涉而来。

这是唐开元十五年（727）十一月底的一天，时值冬天，天空阴沉，万物萧疏。一只远空飞来的黑雕，稳稳地落在路边一棵合抱粗的松树上，两眼滴溜溜地盯着这支独特的队伍。

四匹高大雄健的骏马，走在队伍的最前面。马上的骑士配有腰刀佩剑，身躯伟岸，目光炯炯。紧随的武士高擎十八块旗牌，旗牌上写着"奉旨""钦差""五品正堂""七品正堂"等颜体大字。旗牌后面是四面大大的金锣，逢村过镇，便发出"哐、哐、哐"的震耳锣声。

金锣后面是两顶四人抬官轿和一顶两人扛的官轿，前后簇拥着一大群护卫的衙役。

这支队伍来到天台山桐柏岭脚时，已是第二天上午巳时。

队伍突然停了下来。

领头一顶官轿轿帘掀动，一位四十多岁的官员探出头来，中气十足地问："怎么，没路了？"

轿边的衙头赶紧上前回禀："回大人，这里是桐柏岭脚。从这上去，都是高山，路是有的，只是要爬岭。"

重重高山屹立在队伍面前，黝黑的绝壁直上直下，除了攀爬面前这天梯一样的山路，别无他路可走。

钦差、刺史、县官、侍卫……不管官大官小，再也不能坐轿骑马，一个个出了轿，下了马，抬起双脚，向着高耸入云的桐柏岭一步一喘地爬去。

约莫一个时辰，他们总算爬上了桐柏岭。

站在岭头的路亭口，展眼前眺，出现在他们眼前的是一个平平坦坦的高山平原。平原中阡陌交叉，村舍隐隐。

钦差大人舒出一口长气，抬手指着远处隐约的房舍，回过头，向衙头问道："前面房舍就是玉霄峰居吗？"

衙头赶紧回答："禀大人，前头房舍乃是山民村庄。玉霄峰居还在前面那座大山之上呢。"说着，伸手朝远处一列屏风似的高山指去。

钦差暗地叫声苦。他抬眼朝着前面高山望去，那高山坐落在山村房舍三四里开外的地方，山上岩石嶙峋，直插苍天。此时，一缕白云飘来，缭绕在半山腰，犹如一条洁白的腰带。

"此去尚有路否？"钦差又问。

"有，有，也是这般的卵石山道，不很窄，只是相当陡峻，直上直下，大约……大约有一千级，老百姓叫它摩天岭。"

摩天岭，摩天岭！方才那条桐柏岭，一千四百多级，已经要了老夫半条命。再爬一千级，今天，老夫这条小命也许就丢在这里了。

可是，想归想，怕归怕，别说高山，就是刀山，他也要咬牙爬上去。谁叫他有皇命在身呢。

只不知，皇上三番几次诏请的那位神仙老道平日是怎么爬这高山的。

一行人逶迤来到前面村庄，在一户农舍中喝了点水，吃了点糕饼，向着摩天岭爬去。

摩天岭的确名不虚传，陡峻如梯、高可摩天。每爬一级，都要付出吃奶的力气。众人气喘吁吁，汗湿衣衫。才爬了一小半，钦差、刺史、县令都爬不动了。他们一屁股坐在岭旁路亭的石凳上，再也不想动弹了。没有办法，刺史的师爷只得命令几个身强力壮的衙役将他们背了起来，继续向上爬去。

好不容易登上摩天岭。岭头有个翘角飞檐、九柱八面的"著衣亭"。

"著衣亭"是前朝女皇武则天下旨专门为司马承祯敕建的。里头竖着一块高大的圣旨碑，碑上刻着：文武百官来到此亭，必须换上官袍，毕恭毕敬，三步一拜，拜到司马承祯居住的玉霄峰居。

钦差们换上官服，出了"著衣亭"，沿着一条卵石山道，三步一拜，向山里走去。

司马承祯像

转过一个山弯,眼前又现出一个小盆地。盆地后倚高山,前临小溪,两侧环抱着两座比后峰稍矮的山峰,形状宛如一把椅子。盆地约莫百亩大小,俱已辟成农田。农田边上苍松翠竹,绿意盎然。松竹隐处,露出一带茅棚。走到边上,钦差们看见一片坐北朝南茅草盖顶的四合院。四合院共有三个,最前面的院前山门上悬挂着一块木匾,上书"玉霄峰居"四个大字。

望着匾额,钦差长长舒了一口气:"好啊,总算到了。司马先生,你叫下官好一阵寻找啊。"

衙头上前,伸手轻轻叩门。门开处,出来一个梳着道士髻的小道士。

台州刺史越过衙头,上前问道:"请问小师父,司马道长可在宫中?"

小道士抬眼望了一眼刺史,又望了望刺史身后一大帮人,才说:"你们是?"

台州刺史满脸堆笑:"下官是台州刺史。"指着身边钦差,"这位是皇上的钦差。我们奉旨前来礼请司马道长。"

小道士拍了一下手,高兴地说:"嘿,还真给师父说准了,你们果然来了。"

钦差以为司马承祯在家,对小道士说:"小师父,快请道长出来接旨。"

小道士摇了摇头:"师父不在家。"

"不在家?"

"对啊,今日一早,师父便背着药筐,出宫采药去了。"

听说司马承祯不在家,钦差冷气袭心,问道:"司马道长何时回宫?"

"我师父啊,出宫采药为人治病,从不交代何时回来。"

"你师父到什么地方采药呢?"刺史问。

小道士望着刺史,摇头说:"回大人,师父行踪,天马行空,无人能知,无人能晓。有时日行百里,有时日行千里,谁都无法知晓。"

听了这话,山门外面一行几十人皆呆住了:想不到啊想不到,千辛万苦,寻到这里,竟然吃了个闭门羹。

台州刺史不甘心,又问:"你师父临走时,难道连一句话都没留下吗?"

小道士这一回笑了起来:"话嘛,倒是有的。师父临出门,吩咐我,说是今日未时三刻,当有贵人到门,要我好生接待。师父真准啊,现在正是未时三刻,大人们准时来到,快快进内用茶吧。"

台州刺史和钦差没有进宫,一行人站在玉霄峰居外面,望着盆地四周重重叠叠一直伸到天边的群山,紧皱眉头:这么高这么深的大山,司马先生走了进去,就像一条鱼游进大海,要想寻找,简直比登天还难。

师爷想出了一条计策

头天晚上,司马承祯正在昏黄的蜡烛光下整理他那本道书《天隐子》。忽然,一股心血涌上心头,脑门微微发热,他停下毛笔,掐指一算,便知是当今皇上唐玄宗又下旨来,诏请自己进京。

自从唐圣历二年(699),武则天诏请他赴京归山之后,司马承祯就不想再出山了。这些年来,他隐居玉霄峰,除了采药修炼,为人治病,还开始整理自己一生的修炼心得,一字一句地记录、整理。他将这第一本道书取名为《天隐子》。今晚,就在《天隐子》快要完成之时,想不到唐玄宗又一次下旨请他出山。他怎么能丢下手头这一最重要的工作呢?

这一年,司马承祯已经八十岁了。

虽说修道之人多长寿,但道士也是人身,终究是不能永远活在世上的。他打算在完成《天隐子》以后,还要写作许多道书。这些道书才是传之千古的最要紧的事啊,年届耄耋的人了,怎能还为世间那些俗事无谓地浪费自己有限的生命和精力呢?

再说,自己已经应诏去过长安两次,该说的话已经说过了。这一次再去,还能做什么说什么呢。他想了许久,决定不再应诏。但不应诏,就不能待在宫中,只得出宫躲避。

这才有了上文钦差、刺史拜访扑了一空的一幕。

眼看天色不早,钦差和台州刺史只得跟着小道士,进了玉霄峰居,住了下来。

这天晚上,钦差、刺史和天台县令都睡不着。找不到司马承祯,传达不了圣旨,不是说着玩玩的事情,不用说头上的乌纱帽保不住,连项上的人头也许也要落地呢。

昏黄的蜡烛光下,钦差、刺史、县令坐在一起,你望望我,我望望你,长吁短叹,一点办法都没有。

时间慢慢地过去。

山村鸡鸣,天将破晓。

师爷走了进来,来到刺史身边,轻轻禀道:"大人,在下倒是有一个办法,不知行不行得?"

刺史眼睛一亮:"到这地步了,还吞吞吐吐干什么,有话快快说来。"

"是,是。"师爷赶紧答应,"事情是这样的。昨天晚上,卑职睡在小道士隔壁。半夜时分,卑职听见小道士房中传来一阵低低的哭声。卑职奇怪,披衣起来,悄悄来到小道士窗下,侧耳细听。听见小道士一边低泣一边念叨,父亲啊,你可千万不能死啊。你欠的田赋,等师父回来,师父一定会给你想办法的。听到这里,卑职离开窗下,找到看守山门的火工道人,一打听,才知道事情原委。原来,这位小道士姓郑,本县南山人氏。因为家穷,父母自幼将他送入玉霄峰居。今年,因为大旱,庄稼歉收,他父亲无粮缴纳田赋,被抓进牢中。为此,小道士才伤心哭泣。从火工道人那里回来,卑职心想,这倒是一个办法,我们可以对小道士说,只要他说出司马承祯的下落,我们便免去他父亲的田赋。为了救父,小道士也许能说出真话。大人,你看,此计可行否?”

台州刺史听了,转头问天台县令:“县牢中可曾关有那郑姓农夫?”

县令叫来役头。衙头说:“确有这么一个人。”

天亮了,小道士端着一个木桶盘走进屋里。桶盘中放着三盏米粥,一盘白馒头,还有咸笋、金针等四碟山珍。

台州刺史看见小道士眼睛又红又肿,知道师爷说得没错。

小道士小心翼翼地将饭菜放在桌上,低着头轻轻说道:“大人们慢用。”正欲退出,刺史叫了一声:“小师父。”

小道士停住脚步,垂手低头,轻声问道:“大人,还有什么吩咐?”

刺史说:“小师父,我看你眼睛红肿,定有什么伤心事,不知能否告诉我?”

刺史这一问,触着小道士心事,小道士鼻子一酸,“哇”的一声哭了起来。

钦差说:“别哭,别哭,有什么难事尽管说出来。刺史大人管着一府六县,办法有的是呢。”

小道士“扑通”一声跪到地上,一边哭,一边说出父亲欠缴田赋的事。他拼命叩头,央求说:“大人,请大人高抬贵手,救救我父亲吧。”

刺史说:“能救你父亲的不是我,是你自己。”

“我?”小道士抬起泪眼。

“是啊,我如果免了你父亲田赋,你拿什么报答我?”

小道士又趴在地上磕头："大人若能救我父亲，小人来生来世做牛做马也要报答大人。"

刺史说："我不要你来生来世，我要你现在就报答。"

"现在？"

"对，现在，你把你师父的下落说出来，我立即免了你父亲田赋。"

小道士呆住了，一时不知怎么办好。说吧，怕师父责怪。不说吧，父亲性命难保。

钦差看在眼里，催促说："说出来吧，我们奉旨诏请你师父进京，是一件千载难逢的大好事啊。如此好事，还犹豫什么呢？"

对啊，皇上请师父进京的确不是什么坏事。多年之前，师父进了两次京，皇上不是对师父很看重吗，回来时，不但设宴欢送，还赏赐了好多好多宝物呢。再说，师父今天临走时，也没说过不能说出他的下落。为了救父亲性命，说出师父的下落，慈悲为怀的师父也许不会责怪的。

想到这里，小道士抬起头，对台州刺史说："大人，你要说话算话。"

刺史笑了起来，说："哈，到底还是一个孩子，还怕我说话不算话呢。好吧，我这就先免了你父亲的田赋，省得你不放心。"转头对天台县令说："将他父亲田赋免去。"

天台县令说了声："卑职遵命。"招招手，叫来一名衙役，命他立即下山，赶到县城，释放小道士的父亲。

差役走了。

小道士这才放下心，对刺史说："大人，我师父其实没走远，就在这桐柏山下金庭洞里。"

钦差、刺史、县令、师爷一班人跟着小道士寻到坐落在百丈坑的金庭洞，司马承祯果然在洞中。

司马承祯压根儿没有想到，小道士会把钦差和刺史带到这里。正要责怪，台州刺史上前，说："道长，你要怪就怪下官吧，是我要小师父说出来的。"接着，刺史将小道士父亲欠税赋坐牢的事一五一十地说了一遍。

听了刺史的话，司马承祯果真没有责怪小道士，反而有些高兴。好啊，自己这一躲避,竟然无意中救了小道士父亲一条命,也够合算的。既然已经让他们找到了,想再避也避不成了。好吧,且跟他们走一趟,走一步算一步吧。

台州刺史对司马承祯说:"司马道长,今天时光已经不早,要道长动身也不现实。这样吧,我们先下山,您老回宫做些准备。三天之后,我们在天台县城会面,怎么样?"

司马承祯点点头。

钦差、刺史、县令告别司马承祯,离开金庭洞,沿着百丈坑回转天台县城。

为了不出意外,刺史留下那个足智多谋的师爷,还有两名旗牌官、两名差役,并再三吩咐他们,一定要安全准时地把司马承祯送到天台县城。

司马悔桥的传说

据陈甲林《天台山游览志·司马悔山》条记载,司马悔桥在县北约三公里的南峦溪上,齐召南《忆梦》诗注,即今落马桥。

司马承祯走到落马桥的时候,为什么会后悔呢?关于这件事,当地有这样的传说——

三天以后,司马承祯头戴道冠,身披鹤氅,带着两名小道士,在师爷、差役的陪同下,出了玉霄峰居,经过著衣亭,下了摩天岭,穿过桐柏盆地。

刚刚走到桐柏岭头,阴沉的天忽然飘飘洒洒下起雪来。北风裹着雪花,越下越大。不一会,岭上石级便铺满积雪,山山岭岭一片雪白。

他们一脚高一脚低,来到半岭一个路亭。一行人进亭避雪。

亭中石凳上早已坐着一个约六十岁的老樵夫,一担蒙着雪花的柴禾靠在路亭一边的乱石墙上。

看见司马承祯他们走进路亭,老樵夫站了起来。

司马悔山俯瞰图

司马承祯看见老樵夫有点面熟，打了声招呼："您老……"

老樵夫转身从柴担上取下一个毛竹做的茶筒，走上前来，递给司马承祯，说："司马道长，您老赶路，一定渴了，老汉这茶筒里面有冷茶，道长喝一口吧。"

司马承祯望了望老樵夫，心中有些奇怪，入冬腊月，刮风下雪，怎么让我喝冷茶呢？摇摇头，说："谢谢老丈，贫道不渴。"

老樵夫收回茶筒，不再说话。他回头走到一边，将茶筒串在柴担上，挑起柴，便向着路亭外面走去。一边走，一边唱起山歌：

> 古怪古怪真古怪，冬天请人喝冷茶。
>
> 求贤若渴装门面，不如跟我砟柴卖。

司马承祯听着山歌,觉得山歌里头夹带着一些"骨头",心里翻腾开来:冬天请人喝冷茶,求贤若渴装门面……这里头句句好像都是针对唐玄宗和我的呀。

他心中这样想着,踏在石级上的脚步便有些沉重起来。

到了桐柏岭脚下,天台县令派来迎接的一帮差役已经带着两匹马等候在那里了。

司马承祯和师爷上了马,其余的人前呼后拥,沿着去天台县城的卵石大路继续向前行去。

天上的雪像筛粉一样下着,一刻不肯停歇。风裹着雪,越下越大,远远近近一片混沌。

约莫行过两公里,一条湍急的山溪横在面前。这条山溪名叫南㟁溪。溪上横架着一座几丈长的木桥,仅仅三尺来宽。

这里是个三岔路口:一条路,过桥向东通向县城;另一条,向西通往天台县"小西乡"。

此时,桥上已经积满厚厚的雪,那积雪经寒风一吹,结成了一层硬硬的冰壳,琉璃似的滑溜溜。

两匹马颇通人性,望着木桥,"咻"地惊叫一声,高举前蹄,在雪地上旋转,差一点将司马承祯掀下来。

师爷下了马,走上前去,仔细看了看木桥,问衙役:"能过去吗?"

衙役说:"我们可以把司马道长背过去,可是两匹马没办法。"

路旁有个路亭。众人只得暂时进了路亭,躲避风雪。

师爷紧皱眉头,怔怔地望向前面。风雪弥漫当中,他忽然看见桥头有块石碑,上面依稀刻着"落马桥"三字。心中有些奇怪,他便转头向司马承祯问道:"司马道长,这桥为什么叫'落马桥'?"

司马承祯说:"这里头有个神奇的故事。"

"请先生说来听听。"听说有故事,众人围了过来。

司马承祯指着桥对面那个小村庄,说:"故事就发生在对面那个村子里。"

也不知道有多少年了,那个村子里住着一个名叫来富的樵夫。一天,来富上桐柏山砍柴。回来的路上,他看见两个白发白须的神仙在路边一块大岩石上下棋。来富平日最爱下棋,就把柴担挂在旁边岩壁上,站在旁边看了起来。

两个神仙下了一盘又一盘。来富一边看着棋,一边发觉山下的田垟,一青一黄,一青一黄,翻麦饼一样,不知翻了多少回。

也不知过了多久,忽然"嘭"的一声,来富回头看去,见是自己的柴担倒了下来。他走过去一看,吃了一惊,啊!那根挂柴担的短棍不知什么时候已被白蚁蛀空了。他再低头一看,自己竟然赤着脚,原来脚上的草鞋也不知什么时候已经烂成尘土了。

来富又惊又奇,抬头望望天空,天色已晚,心中发愁:这里离家还有二十多里呢,怎么回去呀?

神仙见他发愁,安慰说:"客人不必忧愁,请进洞内吃点东西,我们马上备马送你回去。"

话音才落,怪得很,原来铁实的石壁上面顿时现出一个洞来。来富跟着两位神仙走进山洞。山洞里石桌、石凳、石床、石几样样齐全。石桌上摆满各种各样的山珍佳肴,还有一壶美酒。神仙招呼来富饮酒吃菜。来富端起酒杯,呷了一口,只觉得甜香满口,直透心脾。

吃过美食,神仙和来富走出洞口。一位神仙在洞口山坡上摘来一根碧绿碧绿的"剑娘草",窸窸窣窣编了起来。顷刻,一匹两三寸长的剑娘草马编成了。

神仙将小小的剑娘草马托在手中,嘴里念念有词:

剑娘马,剑娘马,餐风饮露快成长。
砍柴之人骑上去,千里乘风送到家。

奇得很,神仙刚刚念罢,那只仅仅两三寸长的草马"呼"的一声跳到地上,摇身一变,变得和真马一样大小,扬蹄摇鬃,咴咴直鸣。

神仙对来富说:"你骑上它,双手抱紧马颈。记住,别开眼,待马落地,再睁开眼,就到家了。"

来富骑上马,双手紧紧抱着马颈。

神仙说声:"起。"

草马腾身而起。来富抱紧马颈,飞了起来,只听得耳朵边风声呼呼。过了一会,马落到地上。来富睁眼一看,落在一座三尺来宽的木桥边。来富下了马,再仔细一看,原来这就是自己村头那座小桥啊。

看见来富已经下马,剑娘草马向着来富连连叫了三声,"呼"的一声跃到空中,箭一般向着桐柏山方向飞去了。顷刻,便不见了踪影。

过了桥,来富走进村子,却是一个人都不认识了。好容易找到自己家门口,只见大门已经倒坍,只剩下一尺多高的墙基。院子里长满了齐腰高的杂草。他分开杂草,走了进去,看见草中倒着一个只剩半边的石臼,原来是自己捣米的石臼啊。

这时,村里人闻讯赶来了,对他说:"客官,你找谁? 这院子原来住着一个名叫来富的砍柴人,现在没人住了。"

正在说着,一个白发白须的老人挂着拐杖走了过来。他来到来富面前,睁着老眼,仔细看了一番,惊叫起来:"你不就是来富吗? 怎么还这么年轻呢?"听老人这一说,众人都呆住了。大家也曾听过来富的故事,知道五十多年前,村里有个叫来富的砍柴人出去砍柴,一直没有回来,难道就是眼前这个人吗?

来富望着面前的老人,仔细看着,好久好久才认出来,原来是自己年轻时的朋友,名叫永牛。他高兴地说:"你不就是永牛吗? 怎么变得那么老呢?"

永牛说:"你不知道,你离家已经五十多年了。"

来富听了,愣了好久,叹了一口气,说:"想不到山中半日工夫,世上已经五十多年了。"

听过这个故事,师爷和众人个个惊讶。不过,他们也只不过是惊讶而已,没有想到别的。司马承祯就不同了,他说完故事,感触良多。他想,山中方一日,世上已百年。岁月啊岁月,就如那山间的落叶,日夜飘零,一刻不停。人生在世,如露如电,一忽便老,我已经八十岁了,怎么能再如此无谓地浪费时间和生命呢。他后悔了,心中暗暗做了决定:不去京城了。

从此,这座桥便被人们称作"司马悔桥"。

司马承祯对师爷说:"小桥冰冻,无法过溪,我们回去吧。"

师爷哪肯答应,赶紧说:"司马道长,不能回啊。你这一回倒不要紧,可我们的小命就没了。"

对啊,自己回转山上容易,可也不能为了自己,害了别人呀。怎么办呢?

焦静真和谢自然

司马承祯想来想去,想出了一个主意。他指着西边那条通往"小西乡"的小路,对师爷说:"大人,你看这雪越下越大,天又快黑了,过溪十分危险。从这条路过去约四公里,有个叫'天宫'的道观,是我的女弟子焦静真和谢自然修丹之处。我看今晚且到那里宿一夜,明天再想办法,如何?"

师爷抬头望了望天空,雪像棉花一样,下得越发密了,只得点点头说:"好吧。"

司马承祯领着众人,返身往西边那条路走去。

司马承祯一行走近天宫山门。焦静真、谢自然等一班女弟子已经恭候在山门两侧。

雪夜无事,师爷又来到司马承祯房中,恰好焦静真和谢自然也来拜见司马承祯。闲聊中,师爷听说焦静真和谢自然是刚刚云游全国的洞天福地回来不久,便问起她们当初为什么寻到天台山学道。

上文已经说过,五年前,她们两人千辛万苦来到天台玉霄峰。司马承祯见她们都是有"仙质"的人,有心栽培。为了考验她们,马承祯说:"我名下的弟子已有数十人,只缺两位'采樵''执炊'之人,你们愿意担任,可留下;不愿,可自去。"

两人都说愿意留下,从此天天砍柴、烧饭。过了一年,司马承祯连"玉霄山居"也不让她们住了,要她们住到玉霄峰顶一个石洞中,天天砍柴,送下山去。

就这样,两人在山上又砍了一年柴。司马承祯仍然一点也没有教她们修道的样子。两人不禁怀疑起来,以为自己投错了门户。于是,一天,两人不辞而别,下了桐柏山,离开天台山。

她们出外云游,先是到四川的青城山、峨眉山,后来还去了三十六靖庐、二十四治,到处寻找名师,但所遇到的名师都不如她们。她们接着又游历商洛、江淮及其他全国各大名山,"凡有名山洞府灵迹之所,无不辛勤历览"。可是她俩还是找不到理想的师父。因为李白在《赠嵩山焦炼师并序》中说,她们已具有"胎息绝谷,游行若飞,倏忽万里⋯⋯"的本领,普通的"明师"怎能比得上她们呢?

为了求取真仙之术,她们又寻到海外的方丈山,在山中碰到一个腾云驾雾的仙女。

仙女看见她们求道心诚,告诉她们:"你们想求见真仙官吗?可以去找东华真童道君,他那里有一部《三皇之法》。学会了《三皇之法》,你们就能成为真仙了。"

"请问,东华真童道君是谁?住在哪里?"

"东华真童道君,名叫司马承祯,住在天台山玉霄峰。我也是他的女弟子呢⋯⋯"说罢,仙女已驾云远去。

这一下,她们傻眼了,寻来寻去,寻遍天下,还是要找让她俩砍柴、烧饭的那位司马大师啊!从此,她们彻底心服了,于是又回转天台山。

刚刚飞到天台山上空,她俩低头一看,底下有一座像凤凰一样的青山,风光特别好。她们降下云头,来到这座山前,向树林中走去。她们在树林中发现了一个山洞,山洞中有现成的石床、石椅、石桌、石凳,一切好像是专为她们准备似的。

正在奇怪着,忽然眼前光芒一闪,从天上飞下一个人来。她俩仔细瞧去,这人头戴道冠,身披羽衣。两人心里想:既然是从天上掉下来的,一定是仙人。

还没等她们动问，那位仙人说："两位休惊，贫道乃是李明，是司马大师让我来接你们的！"

一听是司马大师的仙友李明仙人，两人跪了下去，磕头说道："小女子来天台山学道，求上仙指点。"

李明说："你俩抬头看，这是什么洞。"

两人抬头，只见山洞上沿镌着"白云洞"三个字。白云洞，师父号称"白云子"，难道？

李明又说话了："告诉你们，在天台山翠屏岩、灵墟、桐柏、玉京，处处都有你们师父的仙迹，这里只是其中的一处。你们师父是当今最上乘的仙人。"

两人嗫嚅着："可是……"

"我知道，你们师父天天叫你们砍柴、烧饭，整整两年了，别的一点也不教，所以你们才出走，是不是？"

两人点点头。

李明说："你们读过庄子的《知北游》吗？庄子说，大道无所不在。大道在蝼蚁之中，在稗草之中，在瓦块砖头之中，甚至在屎溺之中……"

听到这里，两人豁然大悟，伏地流泪道："弟子知错了，明白了。弟子这就回去砍柴。"

李明说："只要心中有道，处处都是修道处，这里就是你们师父专为你们准备的修真养性之处，你们就好生住下吧。"说完，转眼便不见了。

焦静真和谢自然在凤凰山脚这个山洞住了下来。她们天天砍柴、烧饭、采药，为附近山民治病。司马承祯看见她们经受住了考验，来到这里，向她们传授了《修真秘旨》等道学。又过了两年，她们在这山洞前的谷地上建起了道宫，成了"玉霄宫"的下院。

唐代大文学家韩愈作有《谢自然诗》，称赞她坐禅功夫出神入化，焦静真当然也是如此。

············

一朝坐空室，云雾生其间。

如聆笙竽韵，来自冥冥天。

白日变幽晦，萧萧风景寒。

檐楹暂明灭，五色光属联。

观者徒倾骇，踯躅讵敢前。

须臾自轻举，飘若风中烟

············

　　雪纷纷扬扬地下了一整夜。第二天，天宫前后左右的山岭阡陌一片皆白。师爷站在天宫山门外面，望着铺天盖地的积雪，心想，这么深的雪连道路都看不见，司马承祯这么大年纪，要是路上有个闪失，自己可脱不掉干系。

　　他告辞司马承祯，冒雪赶到天台县城，向钦差和刺史禀报："大人，眼看就要进入腊月，一年之中最冷的季节马上就要来临。此去长安，一路往北，天气越来越冷。司马道长已经是耄耋之年，要是路上出个闪失，谁也担不起责任。"

　　钦差和刺史觉得师爷说的甚有道理。再说，皇上的圣旨也没载明具体期限。商量之后，钦差和刺史拟写了一道奏章，奏请唐玄宗，准许司马承祯在来年春暖花开之时动身进京。

左慈在天台山

　　司马承祯在天宫住了几天，便开始研究天宫的历史。

　　据《仙鉴·左慈传》记载："东汉太极左仙翁居天台山，得李明仙人经典，授《金液丹经》《太清丹经》《九鼎丹经》三卷。"

　　这里的太极左仙翁，即左慈。他是天宫的创建人。

左慈(159—289),字元方,道号乌角先生,安徽庐江人。

读过陈寿《三国志》和葛洪《神仙传》的人都知道,三国那段日子里出过三个神仙,第一是南华老仙,第二是左慈,第三是于吉。

据说南华老仙授予弟子张角一本书,便掀起了黄巾起义,天下被搅得纷纷扰扰,造成三国时期一场大混战。

于吉是一个高道,本事大得很,也爱做好事,受到百姓爱戴,却落入"才高招妒"的魔框,被孙策杀死。

左慈则不一样。左慈除了自己很有本事外,还培养了很多有作为的弟子,其中最有名的是司马懿和葛玄。他中途得到神人指点,隐居在天台山中修炼传道,足足活到一百三十岁。

左慈因为太有本领,曹操想杀他,刘表也想杀他。后来他去了东吴,孙策也想杀他。

据陈寿《三国志》记载,一天,左慈上了钟山,正在思考去往何处。一位老者踏歌而来,呼道:"左慈,左慈。"

左慈惊讶:"汝怎晓吾名?"

老者道:"左慈之名,天下皆知。左慈之身,天下欲杀。"

左慈见老者出语奇特,问道:"敢问老者可有真言教我?"

老者道:"你欲曹操跟你学道,让刘备稳坐天下,错矣。汝只知其一,不知其二;只知人力,不知天时。天下大势,三分而治,定矣。你虽得'遁甲天书',只得其术,未得其道。"

听到这里,左慈心智顿开,跪了下去:"请问,何处可以学道?"

老者朝着东南一指:"此去东南,有一高山,名曰天台。天台之中,有一凤凰,汝去那里,定有收获。"

左慈还想问凤凰是何物。眼前光芒一闪,老者踪影已失。

左慈飞到天台山上空,朝下面望去。在桃源前面,有一座山峰,形似凤凰。他心想,老者指点的一定是这个地方了。

左慈下了仙鹤。

他穿过一片松林,来到一堵绝壁面前。绝壁上面镶着一块石匾,镌着

"李明仙洞"四个大字。石匾之下是一个大大的山洞,却被数块稻桶大小的岩石堵死。

左慈正想施展法术,搬开巨石。地下忽然钻出一位山神,他向左慈一揖:"左慈仙人,此洞乃秦朝李明仙人所居。李明离开之时,曾说'遇陶而开'。小神知道仙人你姓左,不姓陶,只与此山有分,却与此洞无缘,只可在此洞外结茅而居。"

左慈来到松林外面,搭起一座茅棚,天天采药炼丹,打坐修炼。

转眼之间,三年过去了。

这一天,左慈在茅棚中打坐,忽然听见天空传来一阵仙乐。

左慈走出茅棚,抬头一望,天空现出一片彩云。彩云当中,一群仙女手持笙箫管乐,拥着两辆天车,徐徐而降。

天车降落在茅棚前面,从中走出两位仙人。

为首一位,头戴道冠,身披鹤氅,双目炯炯,鸾姿风态。

左慈一望,大吃一惊,这不就是在钟山上面指点自己的那位仙人吗?他赶紧跪下,纳首便拜:"左慈拜见师父。"

那位仙人开口说:"左慈,你既称我为师,实话告诉你吧,贫道就是李明,与你钟山一别,已有三年。三年之中,你于凤凰山下潜心清修,已改昔日浮躁之气。为此,太上老君命我与太极真人徐来勒同降凤凰山,授你《九丹金液经》、《上清太经丹经》三卷、《九鼎丹经》一卷。"

站在一旁的徐来勒将手中的道经授予左慈,并吩咐说:"此三部真经非有大福分之人,不能得之。老君有旨,命汝自受经之日起,潜心修炼,将来当有千百子弟前来拜你为师,创道教灵宝一派。老君又说,汝这茅棚太小,可于这凤凰山下建屋百楹,名曰天宫。"

李明、徐来勒走后,左慈便遵太上老君之命,在凤凰山脚建起偌大的一座道观,取名"天宫"。这便是"天宫"的来历。

左慈本就名满天下,天宫一建,大江南北、四面八方的弟子蜂拥而至。其中最著名者,一为葛玄,一为司马懿。

左慈是在赤城山玉京洞遇见葛玄的。他见葛玄禀赋异于常人,便将《太清丹经》《黄帝九鼎神丹经》《金液丹经》等几部道书授予葛玄。左慈升仙之后，葛玄除了重修天宫之外，又在桐柏山等地建起道观三十九所，成为道教著名丹鼎大师和灵宝派的祖师。

司马懿的名气比葛玄更大更响亮，他是三国时期魏国的政治家、军事家。司马懿因为曾经跟随左慈学道，得了道家无为的真谛，一生为人低调，几十年忍辱负重，熬死了诸葛亮，熬死了曹操、曹丕、曹睿，终于掌握魏国实权，为建立晋朝打下基础，成了最后的胜利者。

"仙乌琼楼"的来历

钦差与刺史的奏折递上去不久，圣旨便下来了。唐玄宗准许司马承祯在这个冬天暂留天宫，来年春天再进京。这是皇上的旨意啊，当然是无法反抗的。

为了告别他四十多年日夜相伴的天台山，告别天台山的一草一木，更为了告别他日夜魂牵梦绕的"太师公"，他住进了一座名叫"仙乌琼楼"的楼房当中。

这座楼房在当年算是绝无仅有的"凌云之楼"。楼有三层，又建于高高的司马悔山之顶。每当朝岚升起，远远望去，云缭雾绕，影影绰绰，犹如天上宫阙。

据《天宫寺史》记载，仙乌琼楼建于南齐永明八年（490），建造者是高道陶弘景。到司马承祯时，仙乌琼楼已经有两百多年历史了。

陶弘景是中国道教史上一个举足轻重的人物，是道教上清派第九代传人。司马承祯则是上清派第十二代传人，中间隔了三代。排起来，司马承祯该叫陶弘景一声"太师公"。

陶弘景之所以隐居在司马悔山，还在司马悔山上建造这么一座当年绝无仅有的三层楼——"仙乌琼楼"，是与陶弘景当时所处的政治环境分不开的。

陶弘景出生在中国历史上较痛苦、较混乱、较分裂的南北朝时期。

来到天台凤凰山隐居之前,陶弘景是南齐的一名品级不低的官员。仅仅二十八岁,他就官拜振武将军,还担任宜都王的侍读。

在人们的眼中,陶弘景已是少年得志,前程远大,但是天生向道修仙的性格改变了他的人生道路。

二十九岁那年,陶弘景生了一场重病,整整七天昏迷不醒。七天之后,他醒了过来,对身边的人说,他在梦中见到许多仙人。这些仙人带他到了一个非常美丽、非常神奇的地方。仙人送他回来的时候还说,世上的人深陷苦难之中,过一段时间,天上会派一个神仙降临人间,救度所有有缘的世人。

果然,仅仅隔了两个月,一个来自永康县(今浙江省永康市)的道士到了京城建康(今江苏省南京市)。道士名叫孙游岳。

孙道士在建康开了一家兴世馆,招收弟子,讲授道书《上清经》,传授道家符箓。陶弘景听到消息,前去听讲,成了孙道士的得意弟子。

陶弘景在兴世馆一学就学了三年。

一天,孙道士把他叫到自己的密室,告诉他,在建康东南方向有一座仙山,名叫天台山,天台山中住着许多神仙。

听了孙道士的话,陶弘景日夜向往天台山。一年之后,他向齐武帝请了假,说是要到天台山寻找仙人。齐武帝同意了。

他离开京城,先来到会稽的大洪山。在大洪山上,他碰到一个名叫娄惠明的道士。娄道士告诉他,天台山坐落在大洪山南面的始丰县,还有三百来里。陶弘景翻过天姥山,远远望见一个很大的山间盆地。来到盆地,他看到左边高山上有一条飞瀑,白练似的飞挂而下,便问当地一个白发白须的老人:"那条瀑布名叫什么?"老者说:"那条瀑布叫孝幕水,它是神仙住地的帘幕,也是仙境和凡间的分界。过了孝幕水,里头就是神仙居住的地方了。"

陶弘景向老者作揖告别,顺着一条狭窄的土路,向飞瀑走去。离飞瀑几里地,是一处布列着许多矮山的丘陵地带。陶弘景走进一个小山坳,碰到了一个名叫钟义山的道士。钟义山对他说:"我就住在前面不远的凤凰山脚下的一个石洞中,如不介意,请进洞歇歇吧。"

陶弘景跟着钟义山向前走,果然见到一座形状像凤凰的山。山脚下有一大一小两个石洞。

钟义山指着大洞说:"这个大洞,几百年前住过一位名叫李明的仙人。李明仙人后来去了茅山,临走之时,曾经留下"遇陶而开"的话。你既姓陶,缘分也许就落在你的身上。"说话间,两人来到李明洞面前。

钟义山惊呼一声:"怪了。"原来,那个被稻桶大小岩石堵了几百年的李明洞,此时洞口大开,那几块稻桶大小的岩石已经不翼而飞。

听了钟义山的话,陶弘景也惊得目瞪口呆。他怔怔地望着深邃幽深的李明洞,心里惊异万分。他再看看面前这位童颜鹤发的钟道士,分明也是一位得道的神仙,他再也不想走了,于是就在李明洞中住了下来。

第二天,陶弘景跟着钟义山到山上采草药。天台山上草药真多,多得说不出名字。钟义山说:"天台山莽莽苍苍几百里,到处都是草药,只是你不认识而已。你要是认识了,连脚都无处踩。"

傍晚时分,两人回来,吃过一点九蒸九晒的黄精,就坐在明月下面拣摘白天采来的草药。两大箩满满的草药拣摘完了,明月已经升到中天,大地一片光明。钟义山走进洞里,拿出一卷竹简,对陶弘景说:"这是李明仙人当年留下的《神农本草经》,既然洞为你而开,这本书也一定与你有缘,你好生收下吧。"

陶弘景接过《神农本草经》,回到洞中,连夜读了起来。他发现《神农本草经》中所载的草药虽然很多,但还是有许多遗漏,比如白天在山上采到的十几种草药就没有被记载进去。

他想,天台山上满坡满谷都是草药,又有钟道士这么好的一位老师在身边,何不在《神农本草经》的基础上,编著一本更全面、更正确的药书呢。

他把自己的想法跟钟道士说了。钟道士说,这也正是他想干而未干的事,答应尽自己的力量帮助他。

从此,他白天跟钟道士到附近的山上采草药。晚上,他和钟道士一起将这些草药分类、绘图并记载下来。碰到不认识的草药,他们就一起到附近的山村中向药农请教。

转眼之间,六个月过去了,皇上给的假期满了。陶弘景只得告别钟道士,暂时回转建康。

刚刚走进建康城门,陶弘景就觉得建康像一个即将爆炸的火药桶,形势紧张得令人惊悚。

因为原定为齐武帝接班人的太子萧长懋得病死了。如此一来,朝廷上下便围绕皇位接班人而展开斗争,各种势力风起云涌,明争暗斗,危机一触即发。

看到这种情景,陶弘景也不去谒见齐武帝了,立刻返回天台山。

他在凤凰山下继续跟钟道士一起采药炼丹,一起整理《神农本草经》。

时间又匆匆过去整整三年,一本名叫《名医别录》的药书终于编成了。这本药书在《神农本草经》的基础上,增加了三百多种药物。除增加药物内容外,陶弘景还在《名医别录》中首创了药物分类法。这种分类法十分科学,一直沿用到今天。

陶弘景的名声越来越大,四面八方前来拜他为师的人越来越多。

陶弘景觉得这样下去可不行,人生苦短,应该避开一些不必要的俗事和杂事。想来想去,他想出了一个办法,就在现在司马悔山的山顶上建造了一座三层楼。他平常就住在顶楼,来了客人,由住在一楼的弟子挡驾。楼房四周开辟了一个药圃,种满几百种草药。陶弘景最爱"天台乌药",就将这个楼取名为"仙乌琼楼"。

从那时到唐朝,两百多年过去了,仙乌琼楼虽然外表有些旧,但仍然完好无损地屹立在司马悔山上。

司马承祯住进"仙乌琼楼"的最顶层。像陶弘景一样,他足不下楼,静静地、专心地将自己一生修炼的心得整理出来,一笔一笔写在纸上。

司马承祯平生最爱松树和樟树,他和弟子一起在仙乌琼楼四周栽下许多松树、樟树。每当山风骤起,司马悔山上松涛轰轰,他便推开木窗,洗耳细听,感叹说:"这才是神仙过的日子呀。"

日子过得飞快,一晃几个月过去了。这天上午,司马承祯接连写了两个多时辰,觉得腰有些硬,便站了起来,下楼来到药圃中。春气转了,药圃中的草药一株株都已经绽出米粒一样的新芽。

啊!春天来了,皇上又要派人前来催我了。蓦然生起的念头使他有些不快。我该怎么办,怎么办?

正当他沉浸在烦恼之中的时候,耳边忽然响起一阵仙乐。他抬起头,只见天空中降下一朵彩云,彩云上有一位仙人在四名童子的护驾之下,冉冉降到药圃上面。

吃惊中的他不知如何是好。

彩云降到离地三丈高的地方停住了。那位仙人开口说道:"司马承祯休惊,我乃汝师祖陶弘景。"

听说是师祖陶弘景,他立即跪地叩拜:"弟子拜见太师公。"

陶弘景说:"今日,师公是专为你解惑而来的。咱们上清派'正一之法'传到你已是第四代了。上清派道门虽然不慕荣利,洁身自好,但也是为众生、为大众的。一个真正的道者不但要修成自身的道行,更要有悲天悯人的济世之心,要用自己的智慧和知识为百姓服务。当今皇上乃是真命天子,亟须你去帮助。弟子,使命当前,你去吧,好生去吧,不要再犹豫!"

说完这些话,仙乐重新响起,陶弘景在仙乐中乘云冉冉离开。

司马承祯跪在地上拜别,一边叩头,一边对着半空中的陶弘景大声说:"弟子明白。"

为了纪念太师公陶弘景这一次降临教导,司马承祯在进京前吩咐焦静真和谢自然在司马悔山不远处建造了一座"迎仙宫"。

屹立千年的"天宫"

又过了一个多月,天气愈加温和起来,司马悔山周围的山岭百花盛开。司马承祯怀着依依不舍的心情,带领几位年轻的弟子,告别天台山,去了京城。

到了京城，他才被告知：唐玄宗为了能够就近向这位国师请教，已经特地在离京城不远的王屋山为司马承祯造了一座阳台观，请他在那里定居。

八十岁的人了，虽然怀念天台山，但也的确没有力气再来回奔波几千里了，司马承祯只得遵旨住进了阳台观。

后来，他应诏时时出入长安宫廷。唐玄宗接受了司马承祯无为治国的道理，开创了中国政史上有名的"开元盛世"。直到八十八岁升天，司马承祯也没有回转天台山。

司马承祯离开了天台山，但那座他曾经修道住过的仙乌琼楼和他主持重建的天宫，那座因为他后悔进京而闻名遐迩的司马悔山，仍然永久地留在天台山。人们看到这些长留在世间的东西，便会情不自禁地怀想起司马承祯这位仙人。

司马承祯一生主张佛道互融，他的主要著作《坐忘论》就是吸收了智者大师《六妙门》和《摩诃止观》中的禅定方法，是道教由外丹转向内丹进程中的重要理论著作。所以，从唐至清，天宫数度改宫为寺，又改寺为宫，成为天台山佛道双修的圣地。

清嘉庆十六年（1811），文学家许谦荣为天宫撰写了一篇"天宫碑记"。这篇碑记连同石碑至今仍然藏在天台县博物馆中。碑记写道：

> 天宫寺在台施之中，南联雁汇，北抱桐溪，桃源位其后，司马悔山绕其前，洵神仙窟宅。诏国师所建第十一道场，古称檀坛瑞像院，宋祥符改名天宫。元明两朝兴废代谢，清初重建兴也。其风景，绵山秀水，秀峰数叠，右绕金笋，左环玉带，飞凤入宅，青溪出鱼。亦天台一奇景也……

人们说天宫最兴盛的时期当数北宋。太平兴国八年（983），宋太宗敕建天宫，曾敕赐过一副楹联："秦汉神仙府，梁唐宰相家。"

"秦汉神仙府"指的是秦朝方士李明，西汉三茅真君，东汉太极左慈，东晋杨羲等高道曾经在这一带隐居修炼。

"梁唐宰相家"则是指上面已经说过的陶弘景，他在历史上号称"山中宰相"。

除了陶弘景这位国师之外，在司马悔山这块福地悠悠两千多年的历史中，还出过四位国师。这在天台山所有宫观中是少有的，他们是唐代的慧威禅师、司马承祯、高道杜光庭和五代高僧德韶禅师。

慧威(634—713)，天台宗第七祖，婺州东阳(今属浙江省)人，俗姓刘。幼年出家，受具足戒。后来，他听说天台宗六祖智威大师大力弘扬天台教法，便前来天宫拜智威大师为师，顿悟三观之法。

人们尊称他为"天宫尊者"。晚年，他回归故乡东阳，隐居在深山之中，打算断绝人事，一心悟道。但这怎么可能呢？他的名气实在是太大了，以至于登门向他求道的人络绎不绝。唐高宗时，他与师父智威大师同为朝散大夫四大师。唐开元元年(713)示寂，世寿七十九。其嗣法弟子为"左溪尊者"。到了吴越国时，吴越国王敕赐其为"全真尊者"。

杜光庭，字宾圣，号东瀛子，处州缙云(今属浙江省)人。少年时便博通经史，曾投考"万年科"，未中。于是，他便生起出尘之念，来到桐柏山拜高道应夷节为师，学习道术。

唐僖宗曾经召见他，向他询问治国方略。问答之后，唐僖宗十分赞赏，赐给他"紫袍象简，授麟德殿文章应制"，令他成为当时道门领袖。这期间，有一个名叫张令闻的人，清高耿介，瞧不起这些赏赐，写了一首诗：

> 试问朝中为宰相，不如林下作神仙。
> 一壶美酒一炉茶，饱听松风白昼眠。

杜光庭读后，大有所悟。他上表辞官，回转天台山，在天宫隐居修道。也就是在这段时间，他四出云游，考察了天下的道家名胜，写下《洞天福地岳渎名山记》，将司马悔山列为天下第六十个福地。

德韶(891—972)，禅宗法眼宗第二祖，俗姓陈，处州龙泉(今属浙江省)

人。传说,他的母亲叶氏曾梦见白光触体,因而有孕。德韶十五岁出家,十七岁在龙归寺剃度,十八岁于信州(今江西省上饶市)开元寺受具足戒。

德韶曾经四处拜师问道,最终选中了天台山。来天台山后,他的名声越来越大。吴越王钱弘俶诏请他去京城临安,尊为国师。在吴越王的支持下,德韶在天台山一共建了十三所道场,其中一所建在司马悔山脚下,名为"檀坛瑞像院"。

到了北宋年间,天宫又从佛寺恢复为道观。檀坛瑞像院又改称"天宫院"。

天宫院在檀坛瑞像院的基础上扩建,规模宏大,金碧辉煌。楼阁百余楹,道众三百,建有天宫阁、上清殿、凤凰楼、藏经楼、神仙府、宰相堂、道德堂、玉凤塔、仙井亭、司马亭、洗心池、仙乌琼楼等。此时是天宫最鼎盛的时期。

南宋乾道九年(1173),天宫道士马元一从师于"延祥观",继领行在南宋兵马都监。终南宋一朝,天宫的香火尚能维持和延续。

元明两朝,天宫毁于战火,僧众零散,房舍、山林、田地都被侵占、瓜分。

清乾隆年间(1736—1795),僧人宗全在天宫院的旧址上重建了一个寺院,天宫又一次改道为释,定名为"天宫寺",一直传到今天。

天宫寺住持宗全法师能诗善文,与大诗人袁枚(1716—1798)交往甚厚。袁枚一生喜爱搜罗古籍。一日,袁枚在西湖孤山的"延祥观"获得天台山天宫寺历史初稿一本,立即告诉宗全。宗全如获至宝,当即委托袁枚代为整理。

清乾隆五十五年(1790),宗全法师去杭州将袁枚整理完成的《天宫寺史》带回天台,珍藏在天宫寺方丈楼。过了一百多年,到了清光绪二十一年(1895),天宫寺因为年长月久、风雨侵袭,寺舍毁坏严重,寺僧在信徒的支持下,筹集资金整修房屋,整修中发现了这部由袁枚整理的天宫史籍。只可惜,因为年深月久,雨淋虫蛀,史籍已经破烂不堪,无法翻读。后来,经过天宫寺妙法师的细心整理,虽然补回了大部分,但始终难以详全。

关于这一段历史,妙法师当年曾经写下一篇《天宫寺序》。文中说:

本寺妙师撰宗全师祖游"上都"，闻亦得南宋西湖孤山延祥观管事马元一，嗣子宋事成，遗存天台山天宫历史，藏签木盒，得虫所蛀，不可翻看。师祖遇大诗人袁枚，游天宫寺得心交，重立史册，藏方丈楼。天宫院，南联赤城雁汇，北抱桐溪，桃源位其后，司马悔山绕其前，乃神仙宅府。北宋祥符，兴建楼阁百余楹，道众三百。建有玉凤塔、司马亭、洗心池、仙井亭、仙乌琼楼。有彭启丰书"指迷宝符"额。其左胡公馆，正门挂大宋皇朝赐楹联："秦汉神仙府，梁唐宰相家。"方士李明管治，后隐于茅山。秦始皇问道求长生，刻石颂德而还。东汉太极左仙翁，得李明仙人经典，授《九丹金液经》《上清太经丹经》《九鼎丹经》三卷。有梁代国师陶弘景旧居，唐代司马大师旧居。五代韶国师建檀坛禅院，金碧辉煌，元明之际毁于战火。

1941 年抗日战争期间，兵荒马乱，寺僧流散一空，铜像法物悉数被盗，寺院资产全部流失，山林土地亦遭人侵占。幸亏寺院房舍和寺院周围山林完好无损。1945—1948 年，寺院改为天台林场。

中华人民共和国成立后，社会经济大力发展，人民生活水平不断提高，原住于天宫寺的村民从寺中搬出，住上新屋。

如今，建于清代的大雄宝殿、方丈楼、罗汉楼、胡公殿以及东西厢房等寺宇四十多间，历经三百余年的风风雨雨，仍然坚强地屹立在这天下第六十福地司马悔山脚下，向前来瞻仰、游览的人们讲述司马悔山福地的故事。

第八章

桃源洞天

据杜光庭《洞天福地岳渎名山记》记载："桃源山洞，周回七十里，名曰白马玄光天，在玄州（今属湖南）武陵县，属谢真人治之。"这就是晋代陶渊明《桃花源记》中的桃源山洞。后代道家普遍认为那是隐居避世者的桃源，而司马承祯《上清天地宫府图经》中的真正桃源山洞，则是晋代干宝《搜神记》所载刘阮遇仙的桃源洞天，在今天的浙江省天台县（司马承祯曾多次游天台桃源）。唐代诗人曹唐的《游仙诗》也是写天台山桃源洞天的。

　　天台县的桃源洞天位于天台县城西北约十三公里的宝相岙。这里"两山绣壁参差，中裂一涧，随山曲折，愈入愈邃，镜泉帘瀑，映带其间，涉目成赏"。六朝文人写的《搜神记》和《幽明录》中都有关于"天台二女"的记载：东汉初年刘晨、阮肇入天台山采药，就是在这里遇见仙女的。

　　刘阮遇仙是一个相当神奇、优美的故事，代代相传，对后世诗词、小说、戏曲的影响极为深远，刘郎、阮郎、刘阮等词语已经成为诗文中对拥有佳妻的美男子的雅称。

　　天台县的桃源洞天千百年来为道、释、儒三家共同青睐。唐代大诗人元稹《刘阮妻》诗道："仙洞千年一度开，等闲偷入又偷回。桃花飞尽秋风起，何处消沉去不来（其一）。""芙蓉脂肉绿云鬟，罨画楼台青黛山。千树桃花万年药，不知何事忆人间（其二）。"这两首诗表达了他对桃源二女深情的想象。

　　唐末高僧佛教法眼宗二祖德韶禅师喜爱桃源洞天的仙气、风水佳绝。他曾在这里建起护国寺、云居寺、普光寺、宝相寺等多个寺院。

　　北宋元祐年间（1086—1094），天台县令郑至道更是钟爱此景，披荆斩棘数次勘察，捐出俸禄"凿山开道，立亭于其上，环亭夹道植桃数百本"，不但开发了桃源，还写下一篇脍炙人口的《刘阮洞记》。

　　从此之后，文人墨客纷纷前来，桃源洞天成为一大胜景。据说，有趣的是，历朝历代竟然有很多游人真的像刘阮一样在这里见到了仙女。其中有宋景祐年间（1034—1038）的护国寺僧人明照大师，明永乐年间（1403—1424）著名诗人杨珂，明万历年间（1573—1620）著名旅行家王士性，以及清代的天台著名儒师施际清等。他们在这里留下了一段段人神相聚、相亲的佳话。除此之外，北宋以来，还有许多士人在此隐居，明代工部左侍郎张文郁不但隐居至生命最后一刻，还把坟墓建在这里。

　　刘阮遇仙的传说不但记载于古书中，还一直流传于广大民众的口中。美丽的民间传说，比之于《幽明录》等书的记载更加神奇、更加凄婉，也更加动人。今天，"刘阮遇仙传说"已经入选国家级非物质文化遗产名录。

刘晨、阮肇遇仙子

刘阮遇仙图

晋代干宝《搜神记》中记载着一个刘晨、阮肇天台山遇仙的美妙故事。

　　汉永平五年(62),剡县刘晨、阮肇共入天台山,迷不得返。经十三日,粮尽,饥馁殆死。遥望山上有一桃树,大有子实,永无登路。攀缘藤葛乃得上。各啖数枚而饥止体充。复下山,持杯取水欲盥漱,见芜青叶从山腹流出,甚鲜新。复一杯流出,有胡麻饭糁。

便共没水逆流,行二三里,得度山出。一大溪边有二女子,姿质妙绝。见二人持杯出,便笑曰:"刘、阮二郎,捉向所失流杯来……"

这个故事非常优美曲折,成为后世戏剧、小说的重要题材。至于流传在天台当地人口中的传说,是这样的——

东汉初年,剡县(今浙江省嵊州市)有一个小村子,村子里住着两个采药郎,一个名叫刘晨,一个名叫阮肇。

一年,剡溪两岸许多百姓突然得了心窝痛的毛病。为了救治百姓,刘晨、阮肇爬遍剡溪两岸所有的山峰,寻遍剡溪两岸每一块田垄,采到许多治疗心窝痛的草药,可总找不到一种名叫"乌药"的主药。

他们为此日夜心焦,吃不下饭,睡不好觉。

这一天,他们又出去采药了。半路上,他们碰到一位老人。老人告诉他们,剡县南边有座天台山,西汉时三茅真君曾在那里采药炼丹,治病救人,去那里一定能找到"乌药"。

刘晨、阮肇听了,回到家里,辞别父母和乡亲,向着南边的天台山走去。

他们翻过一座又一座山,涉过一条又一条河,来到一个方圆几百里的大盆地。忽然,一座高山挡住了去路。这座山平地拔起,岩石赭红,形状像一座城堡。

他们站在高山脚下,正愁没路往上爬,忽然看见旁边碧绿的松林中走出一个满头白发的老婆婆。她的臂上挽着一个紫藤编成的篮子,里头装着雪白的松菇和紫红的山栗。

两人一见,连忙上前施礼。

老婆婆问:"孩子们,你们这么辛苦,到天台山做啥呀?"

刘晨说:"我们俩来自剡溪岸边,只因剡溪两岸的百姓不知为何忽然生起心窝痛的毛病,听说乌药能治这种病,我们寻遍了家乡每一座山都没有找到这种仙药。听别人说,天台山上有这种仙药,我们才来这里寻找的。"

老婆婆听了,朝他们看了一眼,关心地说:"孩子呀,难得你们一片好心。可是这天台山足足有一万八千丈高,范围大得不得了。你们看,眼前这座高山，高入白云，叫作赤城山，但它只不过是天台山的南大门呢。再说，天台山上老林密布，到处都是毒蛇猛兽，不是那么好爬的。依我看，你们还是回去吧。"

刘晨说："老婆婆，谢谢你的关照。可是我们家乡的百姓实在太痛苦了，我们一定要为他们寻到这种仙药。不管山有多高，路有多险，不采到乌药，我们是不会回家的，请老婆婆为我们指条寻药的道路吧。"

老婆婆见他们这么善良，决心这么大，有些感动，说："既然你们决心这么大，你们就从这座松林当中穿过去，那边有条羊肠小道，可以直通桃源洞，桃源洞畔长满各式各样的仙草。"

刘晨、阮肇正想作揖感谢，眼前亮光一闪，睁眼看时，老婆婆已经不见了。

他们奇怪极了，心想，这老婆婆一定是神仙，神仙指路一定不会错的。他们返身穿过那片密密的松林，松林尽头果真有一条羊肠小道，在一条山溪旁向前伸展。

他们沿着羊肠小道，向西边前进。这时已是深秋时节，白天出了太阳还暖和，一到晚上，山风一吹，他们便冷得瑟瑟发抖。走了一天又一天，他们带来的干粮吃光了，就找野果吃。

第十三天中午，他们来到一条山溪面前。溪水弯曲，根本没有路，他们只好在溪当中垒起的大石头上跳着前进。这时，他们已经筋疲力尽了，只觉得头昏眼花，浑身无力。阮肇一屁股坐在溪边的岩石上，再也动弹不得。刘晨硬撑着，喝了几口溪水，站起来，抬头往四面望去，只见四面都是光秃秃的悬崖峭壁，找不到一个野果子。

阮肇有气无力地说："刘哥，前面没有路了，我们回去吧；要不，会饿死的。"

刘晨摇摇头说："别急，我们再找找看……"话没说完，腿一软，也倒了下去。两人都昏倒在小溪边。

也不知过了多少时间，他们才醒过来，只见眼前亮堂堂的，满天红云照得高山、大谷处处红光闪闪，暖洋洋的。

再细一看,哟,原来是对面的悬崖上长着一株桃树,正开满粉嘟嘟的桃花呢。他们想,怪呀,如今已是深秋,怎么还有桃花呢? 正想着,那桃花忽地一下全谢了,枝头上挂满了青桃子,一个个有拇指那么大。随着一阵山风吹过,那桃子见风就大,顷刻之间,长得比拳头还大,一个个鲜红欲滴,馋得两人肚里咕咕叫。

他们连忙爬起来,攀着青蕨藤,"唰唰唰"地上了悬崖,一伸手就摘下几个桃子。他俩才把桃子放到嘴边,还没等咬,哎呀,桃子咕噜一声,竟然从喉咙口直滑到肚里去了。霎时间,两人都觉得肚子里像着了火,热气从毛孔里往外冒,马上觉得手脚轻灵,精神十足。

两人下了悬崖,回到溪边,低下头,刚想捧点水喝,忽然看到水中漂来一瓣碧绿的菜叶,新鲜的就像刚从菜园里摘出来一样。

刘晨对阮肇说:"阮弟呀,这溪水里漂着菜叶子呢,这样看来,上面一定有人家,我们往上走吧。"

阮肇听了,点头说:"对啊,我们沿溪寻上去。"

他们沿着弯弯曲曲的溪向上游走。忽然听见一阵"轰轰"的水声。转过一个山弯,水珠扑面而来,原来是一个大瀑布,从几十丈高的悬崖上直泻而下。他们绕过瀑布,攀上悬崖,上面又是溪流。他们顺着溪,再往前走。走了没多远,阮肇忽然呼叫起来:"刘哥,你看那水上是什么?"

刘晨朝溪里一看,溪里有个又黑又红的东西正随着水波,向他们这边漂来。

刘晨几步上前,来到溪边,捞起那东西。一看,原来是个黑红色的瓦罐,打开罐盖,一股从未闻过的香气扑面而来。再细一看,原来是一罐满满的胡麻饭,还冒着热气呢。

两人正有些饥,不管三七二十一,把胡麻饭全吃了。

怪得很,饭刚落肚,他们就听见全身骨头咯咯响,一会儿,身轻如燕,精神越发足了。

刘晨、阮肇快活极了,手拉着手继续向上游走去。走了好久,一座大山挡住了去路。两人爬上山顶,眼前现出一片平地,平地上一条大河哗哗地往前流去。

他们下了山,走到大河边,想过河,可这河太宽了,加上水深流急,又无桥,过不去呀。

正在为难的时候,忽然听见有人在喊他们:"刘晨、阮肇,刘晨、阮肇……"

他们四下寻找,找不到喊话的人,只听到满山满谷的回声,像哗哗的流水一样清朗动听。

他们看看无人,正转过身子,想向大河上游走去,寻找水浅的地方过河。没想到那喊声又响了起来。

他们回过身,朝喊声的地方望过去,哎呀呀,是两个穿红衣着绿袄的姑娘,坐在大河对岸一块大岩石上。穿红衣的姑娘手上还拿着一根长长的鹅黄色绸带,那绸带正随着山风袅袅飘动哩。俩姑娘的脸就像刚才见到的仙桃一样红润、娇艳。

刘晨、阮肇呆住了,这不就是画上见到过的仙女吗。

正发呆,绿衣姑娘站了起来,两手圈成筒儿,放在嘴边,朝着他们喊:"过来啊,快过来啊。"

刘晨说:"水太深太急,我们过不去呀!"

话音刚落,对面的红衣姑娘在岩石上站了起来,挥起手,将手中的黄绸带往空中一抛,绸带飞上半空,降了下来,一头落在河水那边,一头落在河水这边,像一道长虹架在河上。

红衣姑娘喊道:"你们从绸带上走过来吧。"

刘晨、阮肇看着在空中上下飘动的绸带,哪里敢走。绿衣姑娘笑着,朝空中的黄绸带"呼"地吹了一口气。哈!真神,那绸带立刻变成一条黄色的石桥,凌空架在大河上面,又稳固又坚实。

刘晨、阮肇过了溪,来到姑娘身边。红衣姑娘问道:"你们是从剡溪来的吧?"

刘晨、阮肇很奇怪,她们怎么知道的呢?再仔细一看,哦,老天爷!这两位姑娘的衣裙,通身上下没有一道缝儿。俗话说"天衣无缝",难道我们遇见天仙了吗？

刘晨问道："请问两位姐姐家住何方？"

红衣姑娘听了，只是嘻嘻笑着。

绿衣姑娘说："我们就住在前面不远的桃源洞，请两位到桃源洞坐会儿吧。"

桃源洞，真是"踏破铁鞋无处觅，得来全不费工夫"。

刘晨、阮肇跟着两位姑娘离开大河，向着山里走去。大约走了四里路，他们来到一堵雪白雪白的、像玉屏风一样的大石壁跟前。绕过石壁，他俩眼前豁然开朗，石壁后面竟然是个几十亩大小的山谷。山谷里，百花盛开，蜂舞蝶闹，好一派阳春风光。

刘晨、阮肇仔细一看，哈！那些红橙黄紫的百色花朵，都是牡丹、芍药、百合、菊花……名贵药材呀。

山谷一侧的峭壁上有个山洞。洞口挂着紫藤编织的门帘，四周用百花镶边。走进洞里，洞壁装饰着五颜六色的龙凤绣纬，中央摆设着嵌金镶玉的桌椅几凳。再往里走，转过一道金子镶边、玉石磨制的洞门，就是仙子的卧室了。床上是蕙草织成的茵席，挂着明珠串成的罗帐，满室飘着一股兰桂的芳香，把刘晨、阮肇的眼都看花了。

仙子们请他们吃酒席，满席除了松菇、冬笋、金针、牛脯外，全是桃酱、桃片、桃块、桃干，连喝的酒都是桃子酿的呢。

刘晨、阮肇和仙子一边吃一边聊。慢慢地，刘晨、阮肇知道两位仙子一个叫红桃，一个叫碧桃，是王母娘娘桃园里司管蟠桃的仙女。因为王母娘娘生了心窝痛的毛病，需要天台山的乌药医治，所以派她们在这里看守乌药。

得知这一消息，刘晨、阮肇不知有多高兴，自己千辛万苦寻找的仙药原来就在这里呀。

于是，刘晨、阮肇就在桃源洞中住下，等待机会向两位仙子讨要乌药。

白天，刘晨、阮肇出去采药，仙子们就在洞里做好热饭、热菜等他们。碰上高山深涧，他俩上不去、过不去，仙子们就用黄绸带为他们搭梯架桥。等他俩晚上回来，四人在一起谈笑歌唱，十分快乐。

转眼过了半个月，四人日久生情，就请苍松为媒，青山做证。碧桃嫁阮肇，红桃配刘晨，双双对对欢天喜地成了亲。

有话则长，无话则短，转眼之间，过去了半年。

这一天，刘晨、阮肇又出去采药，来到一个山坡前，看见一只子规鸟停在杜鹃树上朝他们不停地叫唤："哥该归去，哥该归去！"好像在抱怨他们忘了家。刘晨走了过去，说来也怪，那只子规鸟竟飞上他的药筐，又不住地鸣叫起来。

这一下，引起了刘晨的乡思。

他对阮肇说："阮弟，你看，爹娘和乡亲们托子规鸟带信来了，催我们快回去呢。可是，这半年来，百药都已采齐，就差乌药没有采到，你看如何是好？"

阮肇因为恋着碧桃仙子，不愿立即回家，低下头来，一声不响。

这天回来，红桃仙子见刘晨闷闷不乐，知道他生了归心，趁着下棋好言劝慰，可也难解刘晨的心事。

过了几天，仙女们特地为刘晨、阮肇设下酒席。酒过三巡，红桃仙子站起身来说："刘郎呀，我见你近来闷闷不乐，今天特地请来几位姐妹，为你解解忧愁。"

说罢，红桃仙子将左手长袖朝空中一甩，一缕云烟从袖口袅袅透出，云烟落地，化成了十二个仙女。接着，又将右手长袖一甩，也走出十二个仙女，她们手里拿着笙、箫、管、弦各式乐器，一齐来到席前。一时间，仙乐齐鸣，歌舞翩翩。阮肇高兴得赞不绝口，可刘晨还是想着乡亲们的病痛，闷闷不乐。

红桃仙子见了，知道刘晨归志已坚，只得收起仙女，叹了一口气，又站起身来，斟满一杯香酒，缓缓地捧到刘晨跟前，叫碧桃敲起檀板，自己唱道：

仙洞千年一度开，仙境哪能得再来。

玉液劝君须强饮，水向人间去不回。

唱罢，已经是泪流满面。

接着，她忍住悲痛，叫碧桃到内洞捧出许多金银财宝赠给刘晨和阮肇。

刘晨说："娘子啊，这些珠宝我们不需要。临行如能赐支乌药，我们就心满意足了。"

红桃听了，低下头想了很久，才说："郎君不爱珠宝，只要乌药，这心愿我们早已知道。怎奈天条森严，实在不敢拿出来啊！今日生离死别，情实难舍，我也顾不上什么天条了！"

说着，从袖中取出一支叶绿根黑、晶莹闪亮的药草，递给刘晨，流着泪道："刘郎，这乌药只生仙山，不长人间。但我已为它灌上仙气，郎君回转家乡，将它好好培育，从此可在人间生长。日后，见到乌药就像见到我们一样。"

这时，刘晨已经泪流满面，哽咽着接过乌药，抚摸着，连一句话都说不出来。

出了桃源洞，仙子们将刘晨、阮肇一直送到先前相见的大溪边。红桃哽咽着说："过了这溪，就是仙凡相隔了。"

刘晨泪如雨下，阮肇蹲在大石边，哭得喘不过气来。两位仙子也是泪流满面。

他们在大溪边，满心惆怅，流连了好久，才依依惜别。从此，这条溪就叫作"惆怅溪"。

刘晨、阮肇走了十三天才回到家乡。只见村子里路变了，人变了，连房子也变了，他们再也找不到自己熟悉的家门了。村口那株樟树，离家的时候只有胳膊那么粗，现在已经是两个人都抱不过来了。

他们很奇怪，向村人打听自己离家时的一些事情，大家都说不知道。后来，他俩好容易找到一个须眉皆白的老公公，那老公公说："我小时候听祖父说过，村子里有两个十世祖公到天台山采乌药，一直没有回来。"

刘晨、阮肇听了大吃一惊，啊！真想不到，山中方半年，世上已十世了。

刘晨、阮肇回来的奇闻传开了，方圆几十里的百姓都赶来看望他们。他们用采来的草药治好了许多人的毛病，他们还把那支乌药种到药圃里。说来也怪，那支乌药因为受了仙气，只要一夜工夫便一变二，二变四，长了满满一园。患心窝痛的人吃了,病都治好了。从此,天台山的乌药便闻名天下了。

又过了一年,刘晨、阮肇万分想念仙子,他们告别乡亲,重新踏上去天台山的路,千辛万苦回到桃源洞。

可是,桃源洞变了。原先美丽的桃源洞口飘浮着密密的云雾,崖壁上生满苔衣。他们分开藤蔓,走进洞里,原先的琉璃灯、龙凤绣纬、金桌银椅不见了,只剩下一些石桌石凳,更甭说找到自己深深相爱的仙子了。

刘晨、阮肇呆呆地走出桃源洞,站在洞口,往四面山上望去,一边大声呼喊:"娘子、娘子,刘晨、阮肇回来了,你们在哪儿? 你们在哪儿啊?"

悲痛的呼喊声响彻山谷,回声嗡嗡,满山满谷都回应着"娘子、娘子,你们在哪里啊?"的声音。

刘晨、阮肇日夜不停地寻找,不停地呼唤,嗓子嘶哑了,筋疲力尽了,一头栽倒在桃源洞旁边的桃树下面。

也不知过了多少时间,山谷里红光一片,刘晨、阮肇醒了过来,只见眼前站着一位老婆婆。这不就是原先在赤城山指点自己的老婆婆吗? 他们赶紧爬了起来,作揖道:"老婆婆,请你告诉我们,两位仙子到哪里去了?"

老婆婆转过身子,指着桃源洞旁边的两座山峰,叹了一口气说:"红桃和碧桃因为私赠乌药,触犯天条,已经被罚做那两座山峰了。"

从此,刘晨、阮肇就在桃源洞畔住了下来,日日夜夜陪伴着两座仙子变成的山峰,辛勤培育乌药。

据《搜神记》记载,晋太元八年(383),刘晨、阮肇在桃源洞白日飞升,修成了真仙。

唐代诗人都把天台山桃源洞作为仙凡相爱的洞天,如刘长卿《送常十九归嵩少故林》的诗句:"他日山中逢盛事,桃源洞里几人家。"曹唐《小游仙诗》之二十三的诗句:"玉皇赐妾紫衣裳,教向桃源嫁阮郎。"……让人充满了对天台桃源洞天的幻想!

刘晨、阮肇虽然离开了,但乌药仍然长留在天台山,而且越长越茂盛,从桃源洞天一直长遍天台山。

2005年,天台乌药被列为国家原产地域保护产品;2006年,天台县被命名为"中国乌药之乡";2008年,天台乌药注册为中国地理标志证明商标;2012年,乌药叶被国家列入新资源食品名单,天台乌药已经通过桃源遇仙的故事名传海内外。

德韶建寺扬佛禅

通玄峰顶,满目青山

刘阮遇仙的传说广泛传播之后,桃源洞天便成了道、释、儒三教人士共同向往的地方。

后唐清泰三年(936),一个名叫德韶的禅师来到了天台山。

德韶是一个很有作为的高僧,前后在天台山住了三十七年,建设了十三所寺院,分别为通玄寺(周显德八年建)、宝国华严院(不详)、普门寺(后汉乾祐三年建)、弥陀塔院(周显德年间建)、景福院(周显德七年建)、云居寺(建造时间不详)、普光寺、宝相寺、护国寺(周显德四年建)、证教寺(宋建隆元年建)、天宫寺(不详)、华顶圆觉道场(即今华顶寺,晋天福元年建)、普慈寺(建造时间不详)。

十三所寺院中有四所建在桃源洞天,可见德韶禅师对桃源洞天是多么看重。这四所寺院分别是建于桃源洞东北一里之处的云居寺,为德韶禅师在天台山的第二道场;建于桃源洞北边一里左右的普光寺,是德韶的第十三道场;建于桃源坑口的宝相寺;建于桃源洞西南方两里处的护国寺。

德韶法师在禅宗中地位很高,为禅宗法眼宗二祖,又是吴越国的国师。他对天台山佛国建设的功绩,可与智者大师相比拟。

德韶像智者大师一样,献身佛法,一生充满神奇的经历和故事。

德韶是禅宗高僧清凉文益禅师的法嗣。他俗姓陈,处州龙泉(今浙江省丽水市)人。据《佛祖传》记载,他的母亲叶氏因为梦见白光触体,醒来便觉有孕。

十五岁的时候,一个印度和尚到他家中化缘,看他气度不凡,劝他出家。于是,年仅十七岁的他就在处州龙归寺落发。第二年,他到信州(今江西省上饶市)开元寺受具足戒。

后唐同光年间(923—926),为了学到更多的佛学知识,德韶开始游方参学。首先,他来到舒州(今安徽省潜山县)投子山,礼谒投子大同禅师,接着又礼谒龙牙居遁禅师。

他跟龙牙居遁见面有一段非常有名的对话。

刚刚见到龙牙居遁禅师,德韶便斗胆提问:"雄雄之尊,为什么亲近之不得?"

龙牙居遁禅师道:"如火与火。"

德韶问:"忽遇水来又作么生?"

龙牙居遁曰:"汝不会我语。"

德韶不走,又问:"天不盖,地不载。此理如何?"

龙牙居遁道:"道者(道人)合(应该)如是。"

德韶反反复复问了十七次,龙牙居遁自始至终同样回答了十七次。

德韶最终还是不明白其中的道理,再三请求龙牙居遁垂示。龙牙居遁说:"道者,汝以后自会去。(你以后自己去体会)"

禅宗就是如此传道,要求弟子通过独立思考达到顿悟。

德韶离开龙牙居遁,来到天台山的通玄峰。一日,他正在洗澡,想起龙牙居遁禅师的话,忽然有点省悟,但还没有彻悟。

于是,他离开天台山,又出去游学拜师,前后参学了五十九位高僧。

最后,他来到临川(今江西省抚州市)礼谒法眼禅师(清凉文益)。法眼一见,非常器重他。

这时,德韶因为参谒的师父太多,已经倦于参问,每日只是随众出堂而已。

一天,法眼禅师登堂。一位弟子问:"如何是曹源一滴水。"

法眼禅师回答:"是曹源一滴水。"

那弟子听了,不理解是什么意思,惘惘然退到一边。

这时,德韶坐在一旁,听到法眼禅师的话,顿时大悟,站了起来,将自己的证语告诉了法眼禅师。

法眼禅师大喜,称赞说:"汝向后当为国王师,致祖道光大。行矣,无滞于是。"

于是,德韶便辞别法眼禅师,重新回到天台山,这时已是后唐清泰三年(936)。他到智者大师的遗迹处参拜,恍惚间觉得像回到了自己的故居一样,很是熟悉。于是,他在通玄峰建了一座通玄寺,大兴法眼宗。一日,德韶对众弟子说了一首偈:

通玄峰顶,不是人间,心外无法,满目青山。

师父法眼禅师听说以后,赞叹道:"即此一颂,可起吾宗。"意思是单单这一首偈语,便可以使法眼宗大兴。

于是,他将法眼宗的衣钵传给德韶。自此,德韶被尊为法眼宗二祖。

德韶法师访桃源

过了几年,德韶法师觉得要大兴法眼宗,光一个通玄寺还不够。他到处寻找建造新寺的地址。

这一天,德韶法师又走出通玄寺,到天台山各处寻找。有人告诉他,天台山西边有个桃源洞天,非常幽美,他可以到那里去找找。

德韶法师徒步来到桃源,看见桃源坑确实与众不同,又深邃又曲折,一条清溪在峡谷中流淌,夹岸桃花烂漫。他又觉得这地方一山一水一岩一树都那么熟悉,好像已经来过。

正想着,前面传来一阵哗哗的水声。德韶禅师抬头一望,一条银练似的飞瀑从半天高的崖壁上喷薄而下。他走了半天,有点口渴,想到瀑布下面的清潭中喝口水。

来到潭边,他刚想蹲下,忽然,面前"轰"的一声,现出一片紫云。德韶禅师吃了一惊,再仔细看去,那紫云团团聚起,竟变成了一个光华四射的高僧。德韶禅师想,慈云护体的高僧一定是活佛,赶紧拜了下去。

刚拜下去,那高僧就开口了:"德韶休惊,吾乃智者大师,汝乃我的后身,将在这里发扬光大佛法。吾生前在天台山建成十二个道场,汝将建十三个道场。"

德韶禅师赶紧礼拜回答:"不知祖师降临,罪过,罪过。弟子今日来此,就是为了寻找建寺新址,望祖师指点。"

智者大师微笑着说:"吾知汝有弘扬佛教之心,故特来此指点。这桃源洞天,汉时曾有仙人居住,今当为佛教圣地,汝可在此建设四个道场。"

"请问建于何处?"

智者将手往东北方向一指:"在这桃源深处,有块平地甚是平整,汝可建寺,弟子随我来吧。"

话刚说完,那片紫云朝德韶禅师笼罩过来,将他托了起来。他跟着智者,向桃源坑深处飞去。

紫云降下,德韶睁眼一看,这不就是自己刚才已经走过的山谷吗?一片平地,有几十亩大小,真是一个建寺的好地方。

他正想拜谢,没想到眼前亮光一闪,祖师已经驾云而去。

就这样,在智者大师指点下,德韶在这桃源洞天东北建起了云居寺。

护国古寺的重建

云居寺是德韶禅师在天台山建立的第二个道场,也是他在桃源洞天建立的第一个道场。建成以后,他从通玄寺移住到这里,在这里住了二十一年。

随着岁月的推移,德韶的名声越来越大,人们都说他是智者大师的后身,四面八方的弟子和信徒纷纷来到云居寺参学修行。

云居寺虽好,但终归局促在高山之上,不但交通不方便,而且规模也太小。德韶每次讲经说法,听众最少也有四五百人,怎能容纳得了。

他想,必须建设一个更大的寺院。

德韶每次从云居寺下山,总要从护国寺的后山经过。每次,他走下山岭,看见山岭下面那一片平坦的土地,总觉得这里倒是一个建寺的好处所。他细细勘察了这块谷地,看见谷地四周"群峰雄踞,颇饶胜概",面积足足有好几百亩,确实是一处风水宝地。

护国寺

当年,德韶初来天台山时,吴越王钱弘俶还是一个王子,任台州刺史。钱弘俶虔信佛教,听说德韶是个已得菩提妙旨、有修有证的高僧,便邀他到台州任所讲经说法。德韶有先见之明,看见钱弘俶龙姿凤态,他日必当为王,对他说:"他日为国王,无忘佛恩。"天福十二年(947)春天,钱弘俶出镇丹丘,德韶又对钱弘俶说:"此地非君为治之所,当归国城,不然将不利矣。"钱弘俶听从德韶的话,于九月回都城杭州。

后汉乾祐元年(948),钱弘俶果然继承王位,为忠懿王。他不忘当年,遣使迎接德韶禅师,尊其为"国师",并执弟子礼。

忠懿王在位期间,对佛教诸多护持。凡德韶禅师所请,无不欣然应允,助其在天台山建起许多寺院,重建梁妃塔,还遣使去高丽求取散失的天台宗典籍。

这一年,已是钱弘俶登上吴越王的第十年。国内局势稳定,经济繁荣,听到德韶打算建设一个更新更大的寺院,钱弘俶很是高兴,立即下旨拨出国帑予以建设。

不久,寺院建成了,规模十分宏大,取名"般若寺"。

般若寺建成之后,德韶便从云居寺移住般若寺。

过了几年,吴越王钱弘俶看中般若寺东边一块宝地,将它作为钱氏子孙的墓地,于是指定般若寺为钱氏王族的"香灯院"。为此,钱弘俶又下旨在般若寺增建了"广恩院",赐田四百亩,山林八百亩。

到宋真宗年间的 1008 年,般若寺改名护国寺。两宋时期,护国寺一直兴盛不衰。

直到宋朝灭亡,钱氏家族势力才随之衰落。护国寺失去钱氏的扶助,也日渐破败。僧众星散,房屋倒塌,只剩下几个老僧勉力坚持。

清道光十六年(1836)春天,因为连年灾荒,护国寺的日子更是艰难,坚守在护国寺中的几名僧人,连口粮都无从着落。破殿中的那些佛像遭受风吹日晒,毁坏严重。僧人们不忍佛像如此毁坏,决定将一些毁损严重、无法修复的佛像搬到寺院空地当中焚化。

没想到,正当焚化的时候,忽然刮起一阵大风,霎时间烈焰腾空,延及整个寺院。虽经僧人和周边村民全力扑救,可寺院已经烧得所剩无几。从此以后,护国寺一蹶不振,僧人更加稀少,昔日那个管理"钱王墓"的、辉煌的"香灯院"也名存实亡。

据当地老人回忆,1949 年,整个护国寺只剩下寺前两支砖塔和一块放在路下有石龟驮负的大石碑。

再过几年,砖塔、石碑也遭人拆毁,护国寺被辟成了农民的田地。

20 世纪六七十年代,我们曾经前去瞻仰,看到的是一片耕地。我们徘徊在陇亩之间,弯腰拾起草丛中的断砖碎瓦,似乎听得见那些断砖碎瓦在向人们呼吁:何时才能复我护国寺之辉煌?

时间一步一步向前走去,该来的缘分一定会来的。2011年春天,机会终于来了。

这一年的春天,一个中年僧人带着一颗重建护国寺的虔心,向着这个千年古寺走来。

这位中年僧人名叫释月净,祖籍浙江省温岭市,原是天台山国清寺副监院,现任浙江省佛教协会副秘书长、台州市佛教协会副会长。

月净法师怀抱"不为自己求安乐,但愿众生得离苦"之心,创办"台州市护法慈善功德会"。从2000年到现在,他已经筹集慈善物资和善款一亿八千多万元。二十年来,月净法师和弟子们为慈善事业日夜操劳,长年累月,爱心遍及四川省、甘肃省、青海省、贵州省等十九个省,惠及几百万个贫困家庭。

2008年,为了大力弘扬天台山佛教文化,月净法师又创办"天台山文化交流中心",特邀国内各大院校研究天台宗的教授学者,致力天台山文化的挖掘、研究、出版、传播工作。自2009年至现在,他已向天台全县近四万名小学生赠送经典读本《少儿国学》八万册,并请一批国内著名学者编著"中国名山文化丛书·天台山系列"(五种)、"中华天台学系列丛书"(二十种),在国内外发行,从而大大提高了中华天台学的知名度。

月净法师为了弘扬正法,净化人心,促进社会和谐,创办天台山菩提院,得到了天台县有关部门的高度重视和大力支持,同时也得到佛教界和社会各界的大力支持,准备择地建设。

护国寺所在的天台县白鹤镇人民政府高度重视护国寺的修复,当得知月净法师正在择地建设菩提院的消息时,就与法师多次磋商,达成一致意见:将菩提院建在护国寺原址上。这样既建设了菩提院,亦是恢复了护国寺,一举两得,两全其美。此计划报经上级批准。

2012年5月3日,这里举行了开工典礼,首先建设万佛大讲堂。大讲堂为典型的唐宋风格,占地面积为一千六百平方米,建筑面积为两千七百平方米。一楼可容千人听经，中供万尊佛像，三楼供奉《大藏经》。接着，大殿前面的弥勒宝殿和东边伽蓝殿也陆续建成。大殿西厢房祖师殿、功德楼、居士楼、多功能楼四幢同时开工建设，其地下室有三千三百多平方米，已建成一个能容纳一千人同时用餐的餐厅。

2019年，护国寺二期工程安养院又开工建设，安养院占地六十亩，设计床位五百个，是集康养和临终关怀为一体的高品位的老年安养场所。

护国寺的重建，给桃源洞天增添了更为亮丽的色彩。

郑至道开发桃源洞

宋元祐二年(1087)春天，一个官家打扮的中年人轻车简从，出天台县城西门，向着护国寺走来。

护国寺守门和尚上前迎接，一问，原来是新任天台县令郑至道大人，立即进去报告。当家和尚介丰法师赶紧迎了出来。

进了客堂，介丰合十道："阿弥陀佛，不知大人驾到，有失远迎，失礼，失礼。"

用过茶后，郑至道说明来意："下官原在广西雄州，新来天台。未来之前，听说天台有处桃源洞天，乃是刘阮遇仙之地。来到以后，遍访父老，寻找此处胜景遗址，结果都是语焉不详。后来，翻阅唐代古籍《天台图经》，才知在护国寺附近，故此前来寻访。"

介丰道："大人如此遗爱天台山风光，令老衲感动。这桃源洞天确在我护国寺旁边，离此只有两里呀。"

郑至道高兴地说："原来真的就在贵寺附近，大和尚能引下官一游吗？"

介丰却摇了摇头："大人，桃源虽近，可道路不通。那桃源洞更是深蔽榛茅之中，若要游览，必先修路。"

听了介丰的话，郑至道有些失望。

看到郑至道有些失望,介丰又说:"大人,若要开路至桃源洞,也不是不可能的事。因为那边原来有条鸟道,采药之人可以通过。只要有资金,可将鸟道扩宽成一条游步道。"说到这里,介丰停了停,又说,"说起鸟道,我寺祖师还有一次奇遇呢。"

郑至道又兴奋起来:"奇遇?请大和尚说来听听。"

介丰法师清了清嗓子,说了起来:"事情发生在景祐年间(1034—1038),离今天不过四五十年。我寺先师,名叫明照,不仅佛学精湛,而且医术高明,为了救治附近山民,常常进护国寺周围山中采药。有一年,说来也巧,这周围山民也像刘阮生活的那个时代一样,患了心窝痛的毛病,需要乌药医治。明照禅师就进了桃源坑寻找。那一天,他带着柴刀,劈开桃源坑的柴草藤蔓,沿着桃源坑向里寻去,寻到中午,还没有找到乌药。正在着急,他听见前面传来一阵哗哗的水声,转过一个山弯,看见前面高崖上泻下一条瀑布,到崖半腰,被一块凸出的岩石一挡,分为两条,犹如燕尾一样,跌进底下一个深潭当中。

明照禅师被眼前这一奇景迷住了,不禁赞了一声:"好一条燕尾瀑。"

话声刚落,就听见一阵银铃似的笑声。

明照禅师循着笑声朝前望去,只见那瀑布底下的深潭上面,不知什么时候忽然架起一座金色的弓桥。两位娇艳如花的少女,一个十六七岁,一个十五六岁,挎着竹篮,从桥上飞奔过来。下了金桥,她俩走到水潭边上,取出篮里的东西,在潭水中洗了起来。不一会,东西洗完,两位少女撩起潭水,你甩我,我甩你,一面戏水,一面欢笑。

眼前这一奇景把明照禅师惊呆了。他站在树丛后边,一动也不敢动。仔细看去,少女们洗的东西黑黑的,一根一根像小棒槌似的,这不就是自己要寻找的乌药吗?他心中一喜,脱口喊了出来:"呀,乌药,那是乌药啊!"

喊声惊动了少女,她俩一齐回头,看见树丛中有一个僧人的身影在晃动。十六七岁的少女说声"不好,有凡人偷看,快回快回",一边捉住十五六岁少女的手,拉着她飞奔上金桥,顷刻到了对岸,隐入岩壁,霎时便不见了踪影。

明照祖师急忙奔到潭边，不用说人影，连金桥也不见了，只有那篮乌药还好端端地放在潭边。

明照祖师既高兴又遗憾。他提起那篮乌药，回转护国寺，用乌药治好了许多人的病。

这个故事更加激起郑至道寻找"刘阮洞"的兴趣。

回转县衙，郑至道念念不忘。他想，这么美好神奇的地方，如此荒弃着，多么可惜，一定要把它开发出来。

古时候，衙门里没有开发景区的公款，要开发，只得自己掏钱。郑至道捐出自己的俸禄，亲自带领吏民披荆斩棘，"凿山开道，立亭于其上，环亭夹道植桃数百本"。

到了来年春天，种植的桃树开花了。三月十日，介丰法师向他报告，桃花盛开，请他前去游览。他率领三五知己和僚属，"幅巾杖藜，徜徉行歌，沿涧而上，观草波之涟漪，听寒音之潺湲"。游览之余，他们坐在亭中，兴致勃勃地为这桃源洞天的景物一一取了许多美名，有"鸣玉洞""桃花坞""金桥潭""会仙石""双女峰""迎阳峰""合翠峰""迷仙坞""浮杯亭"等。这天同去游览的五名知己都是精通文墨之士，他们是县尉郭仪、监征曹球、黄岩县主簿王沔之、金华知县王汉之昆仲。

游毕回城，郑至道还久久沉浸在桃源的美景和神奇传说中，兴趣盎然。他提笔写下一篇脍炙人口的《刘阮洞记》。

这是天台山旅游史上的一件大事，当时，士民都称赞郑至道："数千百年湮没之迹，自公发之。"

根据郑至道《刘阮洞记》所述，所谓"刘阮洞"，似乎不是指具体的某一个山洞，他认为整条桃源坑曲曲折折，深邃如洞，就是一处极幽美的"洞天"。

到了明清年间，桃源洞天左侧的山顶之上才开始有人居住，渐渐发展成一个小村庄，名叫"水磨岭头"。山民们砍柴、采药，在水磨岭头村西边的高崖上发现了一个奇险的山洞。不过，要上这山洞，必须有二十四格的梯子才能攀缘。

清代礼部侍郎齐召南在他所著的《天台山游记》中，对这个洞也有记载：

"从双女峰侧作猿行,援巨藤而上,有仙子洞。洞中有石床、石桌,宛然。"

齐召南的堂兄齐周华在其《台岳天台山游记》中却说:"对面有洞,苦不能渡。"说是在双女峰对面的悬崖峭壁上有一个洞,苦于山谷幽深,过不去。

21世纪初,当地文人汪林等游览桃源,在桃源坑上游一道瀑布下面发现一个更大的山洞。这山洞隐于瀑布之后,洞口长满草木,藤蔓缠绕,不到面前,极难发现。

洞分里外两个,外洞面东,里洞朝西,差不多大小。两洞之间有一缝隙,可供一人通过。外洞和里洞的洞底都有一张平坦的石床,略略高于地面,可容两人睡觉。更为神奇的是,他们在里洞的洞底还发现许多木炭和瓦片。可以推测,这洞应该有人住过。

千年一觉寻仙梦

桃源洞天自从北宋元祐年间天台县令郑至道开发以后,便成了天台山一处极为著名的旅游胜地。元代著名诗人曹文晦将它列入"天台山大八景",名曰"桃源春晓",并写下一首脍炙人口的诗:

数点残星挂绿萝,看桃行入旧山阿。

洞门花雾红成阵,沙麓岩前翠作涡。

天外曙红惊鹤梦,水边啼鸟和渔歌。

刘郎去后无人到,吟倚东风草色多。

这首诗使桃源洞天变得更加家喻户晓。

从此以后,文人墨客纷至沓来。他们不但在这里饱览了美妙的自然风光,更为神奇的是,据说,许多人还像当年的刘晨、阮肇和护国寺的明照禅师一样,一次又一次地遇见了桃源仙女。这些事情都记载在典籍当中,实在是奇之又奇。

根据《天台山风物志》记载,在这些艳遇仙女的文人当中,最著名的是明代的杨珂、王士性和清代的施际清。

杨珂,明代著名诗人,与当时著名的文人徐渭、萧勉、陈鹤、朱公节、沈炼、钱楩、柳文、诸大绶、吕光升等人,号称"越中十子"。

文人大多喜爱游山玩水。这一年,杨珂一个人带着干粮,来到桃源洞天游览。他从桃源坑口进入,沿着溪边的小道向里走去,走到会仙石旁边,抬眼望着高崖上的桃源洞,打算先在会仙石上休息一会,养养力气,再去攀登陡崖上的桃源洞。

他放下行囊,在会仙石上坐下。因为走了许多路,有些乏力,他闭上眼睛养神。刚刚闭上,忽然,眼前现出一片红光。他睁眼一看,原来是一个十六七岁穿着红色罗衫,梳着发髻,美若天仙的少女,背着药筐站在会仙石前面,正朝着他微笑呢。杨珂"啊"地惊叫一声,站了起来,结巴着问:"你,你是谁? 从何而来?"

少女笑着回答:"先生不要惊慌,贱妾乃桃源洞中采药女。先生不是想上桃源洞吗? 我来帮你。"

杨珂看她一副弱不禁风的样子,怎有力气帮自己,说:"你一个纤纤女子怎帮得了我一个男子汉?"

少女一笑,再不回答。探手从袖口中掏出一双黑面白底的布鞋,递给杨珂:"你穿上这双布鞋,就能身轻如燕,腾空而起,一会儿便可到那桃源洞了。"

杨珂将信将疑,接了过来,把鞋穿上。少女轻轻说声"疾",杨珂便从会仙石上飞了起来。顷刻之间,"飞上顶峰,极目八荒,心神无比舒畅"。杨珂站在双女峰顶上,正在凝神眺望,少女又在桃源洞口叫唤了:"先生,先生,快下来,快到桃源洞来啊。"杨珂双脚在峰顶岩石上一顿,又飞了起来,到了顶峰下面悬崖半壁的桃源洞。

少女领着杨珂,走进洞里。一边走,一边喊:"妹妹,杨先生来了,快快设酒。"

里头应了一声，走出一个十五六岁的少女，也是美丽非凡。她望着杨珂，道了个万福。随后，她对着石桌把手一拍，掌声才落，石桌上已经摆满各式各样的山珍。杨珂惊得张开口。再一细看桌上的佳肴，和刘阮遇仙时吃的山珍一模一样。

杨珂抬头望着两位少女，心里暗道，她们该不会就是刘阮当年遇见的仙女吧。想不到我杨珂哪一世也修来这么好的福气。

少女俩见他怔怔地望着自己，脸上飞起红云，低下头，斟满酒，举杯道："杨先生，你初到桃源，乃是贵客，小女子聊备薄酒为你接风，我先干为敬吧。"说着，仰头一饮而尽。

这席酒从进洞开始，一直饮到月上东山。

望着洞外月光下的群山，十五六岁的少女说："杨先生，今日胜会，甚是畅快。此时洞外已是月上东山，先生走了一日，想必已经困倦，里洞被褥床毡已经铺好，请先生早点歇息，明日再会。"

说完，两位少女走出洞口，在月光中向着深山飞去，须臾不见了踪影。

就这样，杨珂在洞中住了三日。三日之中，天天欢宴，只是没有像刘晨、阮肇一样和仙女结成夫妇。

三日之后，两位少女再也不来洞中。杨珂左等右等，不见少女踪影，万分失望。他一个人站在洞口，"但见空山寂寂，荒草茸茸，杳无人迹"，只好怅然而返。

回转故乡，杨珂仍然念念不忘这次桃源洞的奇遇，写下一首《忆天台山》，深深怀想两位少女。

忆昔游天台，山深杳无极。

下有桃花源，山通斑竹石。

洞门长自开，白云满月壑。

道逢采药人，授我双飞舄。

兀兀蹈八方，桓桓无行迹。

回视东溟翻，坐看桑田易。

天地本无始,万化一瞬息。

永怀在黄云,乐我冥真宅。

继杨珂在桃源洞遇见少女之后,明代万历年间(1573—1620),著名旅行家王士性也来到桃源洞游览,又一次在桃源洞天遇见了仙女。

王士性(1547—1598),字恒叔,号太初,浙江临海县城关人。少年好学,喜游历。万历元年(1573)中举人。万历五年(1577)取进士,授郎陵(今河南省确山县)知县。历任礼科给事中、吏科给事中、四川参议、广西参议、云南副宪、山东参议等职。

王士性是个旅行家,一生游迹几乎遍及全国。凡其所到之处,对一岩、一洞、一草、一木之微,悉心考证;对地方风物,广事搜访,详加记载。有《广志绎》《五岳游草》《广游志》等三种地理著作传世。

王士性曾多次游览桃源。他深深地爱上了这一奇景,在桃源坑口"买山筑室,住坞寻真,自必得睹真洞"。(齐周华《台岳天台山游记》)

王士性是个性情中人,他为自己造的房子取名"俪仙室",在室中整整住了一个多月,终于得偿所愿。

他在文章中记载,一天,他又步行进了桃源坑,寻访仙女。刚刚走到双女峰下面,远远看见前面桃花林中有两个仙女的身影。他停下脚步,仔细观察,看见两位仙女倚在桃树上,微笑着,向他招手,邀他过去。

王士性喜出望外,紧赶几步,向着桃花林奔去。可他刚刚奔到那桃花林中,却已不见仙女踪影。他寻了许久,仍然一无所获。

回转俪仙室,王士性又是惊喜又是遗憾,惊喜的是自己终于遇见了日思夜想的仙女,遗憾的是没有和仙女一起交谈、一起生活。

这天晚上,王士性辗转反侧,彻夜难眠,满脑子都是仙女的情影。天快亮时,他披衣起床,点起明烛,写下一首《桃源行》作为永久的纪念:"我亦天台采芝客,来往青山访陈迹。万树夭桃隔彩霞,仿佛仙娥落空碧……"

在历朝历代遇见桃源双女的神奇故事中,除去刘晨、阮肇,比起以上几位,要数清代的邑人施际清最为真实也最为神奇。

施际清(1726—1799),字缉熙,号穆亭,晚号紫霞山人,天台城关人。他曾任泰顺县儒学教谕,武康县教谕兼理训导事,乐清训导等职,从事教育工作三十年,是一个博学多才的举人,清光绪十五年(1889),天台各界公议,从祀乡贤祠。

施际清年轻时,曾在"桃源庵"读书,游览桃源洞天,有幸与桃源仙女相逢。这件事记载在邑人金文田《天台采访册·施穆亭逸事》当中:

> 穆亭施先生际清,乾隆己卯(1759)读书桃源庵。庵去桃源里许。旧传有桃源洞,为汉时刘、阮遇仙之所。洞不知何在?穆亭一日自惆怅溪迤逦至双髻峰下,仰睨半壁,豁然五彩斑斓,迥非人世。归语诸友,金曰:"咄咄乎怪哉!施君诚实士当非妄言,盍往观焉。"乃相将至百步外,遥望巨石纵横丈许,塞山膈,众骇愕曰:"洞已扃矣,石从何来?若阖其户耶!"翌明又往,山则如故,石亦杳然。

金文田(1851—1924),字永田,子仁,号胜山,天台城关牌门前人。清光绪二十九年(1903)进士,曾与同人创办天台中学堂,任天台中学堂学监。金文田记载这件事时,离施际清逝世只有七八十年,可见这件事情的来历可能不是空穴来风。

除金文田之外,与他同时代的天台儒师张廷琛(1854—1911),在他编纂的《天台山新志稿》当中,对这件事也有记载。张廷琛说,当年,施际清在桃源看见桃源洞以后,曾将自己的奇遇告诉"桃源庵"的僧人。桃源庵僧人听了,合十恭喜他:"见是洞,为贵之兆。"

说来也真奇怪,据说这一年,施际清真的考中了举人。

桃源散人张文郁

在《中国隐士与中国文化》中,学者蒋星煜将天台山列为中国二十大隐士之山的第四位,可见天台山是一座隐士之山。

天台山得天独厚的自然风光吸引了一代代的高僧、高道和文人墨客来此隐居。桃源洞天既有遇仙之奇,又有古寺可依,加上山谷深邃与世隔绝,自然成了许多文人墨客隐居生活的最佳处所。在这些文人墨客当中,明代退仕的工部左侍郎张文郁是一个杰出的代表。明亡之后,张文郁誓不再为清政府服务,隐居在桃源坑口,自号"桃源散人"。清政府多次劝他出仕,均遭拒绝,他发誓"愿为明逸民足矣!"

张文郁誓不仕清,对故乡百姓却怀着深厚的感情。隐居期间,他做了大量好事善事,最著名的是毁家纾难。

张文郁(1578—1655),字从周,号太素,天台县茅园村人,著有《度予亭集》,少时便聪明绝顶。

明天启二年(1622),张文郁考中进士。时逢皇宫的皇极殿(俗称金銮殿)、中极殿、建极殿遭受火灾,延及文昭、武成二阁,亟须重建。由于工程浩大繁难,前几任官员先后因罪罢职。吏部、工部推荐张文郁出任总监。修造期间,他"出入常见戴星,度支皎如悬月。弊莫逃其精核,事必任以小心"。夙兴夜寐,备尝艰辛。于天启七年(1627)修建成三大殿,又重修了文昭阁、武成阁、隆德殿、养心殿、昭和殿、紫光阁、宝月亭、东西品官房、御马监、尚宝司和六科廊。张文郁因为督造有功,升任都察院右都御史添注工部左侍郎。

明朝灭亡之后,张文郁回转故乡天台。清朝以貂皮、人参等贵重礼物多次劝他出仕,张文郁不为所动。他与张煌言等一批忠士拥戴鲁王朱以海监国,被鲁王赐封为兵部尚书、太子太师。其胞弟张文郊也率领义军赴杭州,为抗清将军张国维参赞军务。

南明义军在极端艰难困苦的条件下，苦苦坚持。鲁王监国元年（1646）五月下旬，在清军凌厉的攻势下，杭州告急。明将方国安率领败兵退至绍兴，看到大事不妙，竟然与马士英密谋劫持鲁王投降清军。

鲁王从绍兴逃到天台，住在度予亭张文郁家。面对当时的危急局势，张文郁仍然大义凛然，信心十足。他向鲁王建议："杭州、绍兴业已失守，台州亦非用武之地。不如入海与唐王联合，徐图进取。"鲁王听从张文郁之计，由海上进入福建，继续抗清。

鲁王刚走不久，方国安三万败兵来到。

败兵来了！消息传到，天台百姓人心惶惶，一个个携儿带女往外逃。无处可逃的，只得待在家中，听天由命。

这天已是傍晚，张文郁坐在度予亭中，为此事焦心，为百姓担忧。家人禀报，说有十几位当地绅士求见。

用过茶后，一位七十多岁的绅士说："侍郎公，方国安败军已到新昌，马上要来天台，全县百姓眼看就要遭殃。侍郎公曾与方国安同朝为官，城中百姓推我们前来，求侍郎公设法拯救全县百姓。"

张文郁说："文郁正在为此事焦心，我文郁也是天台一子，保卫乡土，拯救乡民是我分内职责。方国安与我虽同朝为官，奈何鲁王已去福建，方军饷银无源，致使其掳民自给。今日之计，唯有给足粮饷，方能止其暴行，保我百姓。"

听了张文郁的话，众皆称是。但说起饷银，一时间，度予亭中静默无言。

静默中，张文郁站起身来，朗声说："三万败军，其饷银绝非小数。这样吧，文郁我拿出家中所有，凑足十万银子，在座诸位随缘乐助吧。"

接着，张文郁派人出走城乡，以斗米五钱的高价购买军粮。

军粮购足后，张文郁亲自前去见方国安。刚刚走到新昌县拔茅，就与方国安相遇了。

张文郁说："我们愿出十万两饷银和五千石大米，望将军约束士兵，使我天台合县父老平安。"

方国安见有饷银大米，点头答应。

为了确保全县平安,张文郁还不放心,又派出向导,为方国安领路,指明天台县境一直到临海的白水洋。所以,当时非但天台,连百步至白水洋一带的百姓也平平安安。

方国安败军南去之后,清朝委派刘思因为天台县令。刘思因强迫百姓剃发,违者立斩。百姓愤恨,闯入县堂,"署中席卷"。刘思因跳墙逃走,至州府报信,说是天台百姓造反。

台州府冯总镇闻讯天台民变,不问事情真假,立即派兵前来镇压。

一难刚罢一难又起,而且这一次的形势比上一次更危险。危机中,张文郁又一次挺身而出。

此时,清巡盐御史王燮和台州知府陈联璧正在石梁游览。张文郁连夜写信,派人飞速上山相告,信中说"并非县民背叛,乃是县官太恶,加之个别奸民挑拨所致。文郁我愿以合家老少百口性命担保"。并要求两位大人立即遣牌止兵。盐御史和台州知府信任张文郁,一商量,将官牌交给来人,要求冯总镇罢兵。

冯总镇的兵马刚刚到中渡,见到两位清廷官吏的官牌,命令大队人马暂时撤回,自己带领五十名骑兵来到天台。刚见到王燮和知府,便怒气冲冲地说:"县民造反,理应屠城,为何要我撤兵?"

盐御史王燮说:"将军息怒。此事确非县民反叛,乃是谣言传播,才激起民变,责在县令。"

就这样,又一场泼天大难被解除了,天台百姓万门千户得以保全,只将县令刘思因弹劾撤职了事。

天台百姓万分感恩,写好《十德录》,呈文道府为张文郁建立生祠。道府批准,由县举行,张文郁再三推辞不受。没有办法,百姓们只得将上起青山岙、下至扁担岩的一段始丰溪赠给张文郁。可是,这也只是一种象征性的赠予,因为张文郁及其后裔从来没去接受。

为了感谢张文郁的恩惠,从此以后,天台县城南边溪头村的渔民,每年元宵节,都要将一尾大大的红鲤鱼送到张氏宗祠,在张文郁像前供祭,表示世世代代不忘张文郁的恩德。

　　明灭亡之后,张文郁誓不仕清。为了避开清廷的干扰,清顺治七年(1650),张文郁带着弟弟张文郊和几个儿子离开天台县城,退隐到桃源,自号"桃源散人"。

　　在桃源洞天,张文郁度过了他生命的最后六年。清顺治十二年(1655),他病逝于桃源。临终时,他叮嘱儿子要一生隐居桃源,切不可做清朝之官,并吩咐将自己的遗骸葬在桃源。

　　张文郁的几个儿子和孙子都遵遗嘱,真的一生不去做官,隐居桃源。

　　长子张元心(生卒年不详),字汝了,号若婴,荫都督府都事,著有《名山杂吟》《只自藏》等书。次子张元声(1612—1685),字汝韵,号九夏,南明赐举人,授云南司主事。隐居桃源之后,自号"幽溪散人",以耕读终其一生。为表自己心迹,有《度予亭草》等著作传世。

　　他在作品中借歌颂英士豪杰,表达自己的心怀,并且表达了对百姓疾苦的同情。他在《哀役夫》中写道:

役夫驱向烈日走,并力齐行谁敢后?

炎气郁蒸不能前,鞭笞乱下毒拳殴。

须臾气喘力尽伤,一命仓猝弃道旁。

家人两日无闻问,人传消息空彷徨。

涕泣携锸急相赴,可怜头颅已非故。

血肉淋漓渍草莱,黄犬青蝇共一堆。

顿足放声仰天哭,哭断游魂招不回。

行人过者泪沾臆,妻子伤痛那有极。

人生贵贱虽不同,七尺微躯谁掷得。

役夫役夫死良苦,作歌吊汝亦何补。

死生有命慎勿猜,役夫役夫尔何哀。

　　人们说,此诗千古流传,可与杜甫的"三吏""三别"相比拟。

　　张元声的次子张亨梧(1633—1708),"闻甲申之变,年方十二,避乱桐柏,即抱夷、齐石像大哭,决心继承祖、父志,终身不考功名。在桃源隐居一生。和徐光授、朱之任一起称为'明季天台三高士'"。

由于张文郁两次毁家纾难,家产变卖一空。儿孙们隐居桃源时,生活十分困顿。张元声曾在诗中说:"黄金偏见厄,白发渐相酬。"到了最后,"敝衣尽典"。隆冬季节,缺衣少穿,他只得将典衣的铜钱换得一壶薄酒,聊以御寒。周围百姓听到消息,想起张家当年恩惠,纷纷送衣赠米,桃源洞天出现了一幅知恩报恩的感人画图。

长子张元心和长孙张亨镇(字靖之,号少岳)与张文郁一样,逝世后,葬在桃源坑口。子侄百姓自愿为其守墓。经几百年繁衍生息,在墓地上形成两个山村。为纪念张文郁,两个山村分别取名"上宝(保)相"和"下宝(保)相"。

如今,张文郁和长子张元心、长孙张亨镇的墓仍然完好地保存着,次子张元声和四子张元功(字汝逊,号呆庵)的墓也先后移到这里,被列为"县级文物重点保护单位",并成了桃源洞天又一处胜景。

第九章　天姥山福地

据司马承祯《上清天地宫府图经》和杜光庭《洞天福地岳渎名山记》记载:"天姥岭,在剡县南,属真人魏显仁治之。"天姥山福地坐落于今天台县西北部。其具体位置,在天台县城西边约三十公里处。

天姥山福地从地形上来看,是一片高山台地,方圆五十多平方千米。台地当中,冈峦起伏,林木葱郁,清泉潺潺,巨石累累。中间虽有阡陌村庄,却是人烟稀少,十分幽静。天姥山实在是一个修真养性的好地方。

天姥山福地之所以能够名闻中外,主要的原因在于李白写了一首《梦游天姥吟留别》。从李白诗中的内容,我们可以看出,李白当年是曾经亲身到过这个地方的。据历史记载,李白曾经两次来天台山。在来天台山的途中,天姥山福地是必经之路。

20世纪80年代,有学者在万马渡西岸发现天姥岩,高十余米,脸庞方正,体态丰盈。从侧面看去,其眼鼻唇耳、脑后发髻、玉簪俱历历分明。据当地传说,这是天姥的化身。她与李白在诗歌当中描绘的形象相当一致。

除了魏显仁和李白,至今,我们能够找到的在这个福地清修和活动过的历史名人还有许多,其中最有名的是东晋的谢灵运和昙猷大法师,唐代的高僧普岸禅师和高道吕洞宾,以及五代时期的吴越王钱镠等。

是他揭开了天姥山福地神秘面纱

天姥山福地的神秘面纱是由中国山水诗的先驱谢灵运揭开的。

是他,在一千六百多年前,带领着一百多个家丁,在天姥山的崇山峻岭中开辟了一条古驿道,百姓们叫它"谢公道"。

谢灵运(385—433),原名公义,字灵运,以字行于世。小时候名叫客儿,所以世人又有称他为谢客的。谢灵运祖籍陈郡阳夏(今河南省太康县),出生地在会稽始宁(今属浙江省)。

谢灵运出身于官宦人家。晋元兴二年(403),年仅十八岁的他便继承了祖父谢玄的爵位,封为康乐公。后来,他做过东晋许多地方的官。

谢灵运依靠祖辈、父辈丰裕的家底和深厚的人脉,生活十分富足,交往相当广泛。据说,当时光是先人的门生故吏和他交往的,就有上百名。他生性潇洒,喜欢游山玩水。而且,他喜欢到那些十分险峻幽深、人迹罕至的地方。为了便于走山路,他创造了一种独特的木屐。这种木屐,前后齿可以装卸,上山时去掉前齿,下山时去掉后齿,人们称它为"谢公屐"。

谢灵运之所以要在天姥山修路,起根发脉还在幼年时。谢灵运四岁的时候,就进入钱塘(今浙江省杭州市)杜明师的书塾读书。杜明师是"五斗米道"中人,与灵宝派一脉相承。灵宝派的创始人叫葛玄,他在天台创建的桐柏观每年都有法事活动。每当法事之时,杜师父总要前去参加。回来的时候,他便向谢灵运讲述天台山是如何美丽、如何神奇,使小小年纪的谢灵运对天台山十分神往。稍长之后,谢灵运读到孙绰写的《游天台山赋》,更是拍案叫绝。他不但会背这篇名赋,还抄写下来,挂在书房中,时时刻刻向往着何时才能上这神奇的仙山一游呢。

永初三年(422)七月,谢灵运三十七岁,出任永嘉太守。永嘉在天台山南边。这本来是一次游览天台山的好机会,可是,由于天姥山的阻隔,谢灵运只能舍近求远,经过上虞、渔浦、富阳、东阳,走了一个弯道,前往永嘉。这一次给他留下了深深的遗憾。

他在永嘉太守任上只待了一年,便辞职回家,在家乡始宁隐居。

就在这段隐居的时间里,两位高龄的苦行僧造访了他的"始宁墅"。一位是昙隆法师,另一位是庐山的修持法师。

说起和两位法师的交往,缘分起自十五年之前的义熙三年(407)。那一年,谢灵运担任抚军将军刘毅的记室参军,驻守在江陵(今湖北省荆州市)。从荆州顺着长江东下,去庐山是比较方便的,于是酷爱旅游的他游览了庐山,拜谒了佛教净土宗始祖慧远大师,从此与佛教结了缘。

昙隆法师则是在谢灵运拜谒慧远大师后的义熙十四年(418)投迹庐山的,他在庐山香云峰苦修了六年。昙隆法师虽然比谢灵运迟十一年上庐山,但谢灵运仍然是他的一位大施主。

这一次,昙隆法师来到谢灵运家的目的是想上天台山,朝拜天台山佛国的开拓者昙猷法师的佛迹。他想问问谢灵运是否有兴趣同行。

谢灵运当然是满口答应。他和两位高僧一起上天台山,虽然是收获满满,却实在是艰苦备尝。因为一路上只有砍柴人踩出的山间鸟道,有的地方甚至连鸟道也没有。昙隆法师已是耄耋之年,谢灵运特地为他打造了一顶两人抬椅。经过三天的苦行,他们方才登上万年山,来到当年昙猷法师修持的旧址面前。昙隆法师面对已经被风雨剥蚀的祖师遗迹,长跪不起,喃喃祝祷。那一次,昙隆法师本来还想朝拜昙猷法师的另一块佛迹旧址——石梁"方广圣寺"。询问当地人,当地人说,从这里到石梁都是崇山峻岭,林莽蔽天,连一条羊肠小道都没有,根本去不得。面对巍巍群山,昙隆法师只得朝着石梁方向行了三跪九叩大礼。他不无遗憾地对谢灵运说:"贫僧缘浅,无法亲往圣寺,只得拜托施主。施主来日如有机遇,请代贫僧上石梁,礼拜方广圣寺,如何?"谢灵运频频点头:"请师父放心,弟子有生之年,一定设法上石梁朝拜昙猷法师。"

就因为这两次的亲身经历,谢灵运生起了打通天姥山、筑路向天台的决心。

可是,正当他打算动手的时候,宋文帝的诏书到了。宋文帝起用他为皇帝身边的秘书监。对于宋文帝的面子，谢灵运不敢不给。他只得暂时停下开路的准备工作，打点行李，上了京城建康。又是仅仅过了一年，他就向宋文帝上了一道奏疏，要求辞去秘书监一职。宋文帝同意了。这便是历史上记载的"奉旨东归"，也是谢灵运一生当中的第二次隐居。

回到家乡始宁，他便正式动手建设这条自始宁县直至临海郡的大道。隐居了，所有的时间都是自己的。"食邑两千户"的俸禄又使他拥有筑路的雄厚经济基础。于是，在"奉旨东归"的第二年，元嘉六年（429）秋天，四十五岁的谢灵运带领一百多名家丁，开始了名垂千古的筑路工程。

隔了几年，一条从谢灵运家乡始宁县开始，中间经过仙岩（镇）、剡县、石牛（镇）、会墅岭、皇渡桥、关岭……的宽阔道路终于筑成。

为了纪念谢灵运，百姓把这条穿越天姥山长达一百五十里的古道叫作"谢公道"。

《宋书》本传记载："自始宁南山，伐木开径，直至临海。蜿蜒盘桓，约百五十里。"

谢公道对临海郡和天台山的开发，所起的作用是十分巨大的。天台山，虽然因为孙绰的《游天台山赋》而蜚声中外，但是因为有崇山峻岭的阻隔，人们对天台山的向往只能是可望而不可即。

自从有了谢公道，天台山才真正打开了它神秘的门户。

当代著名作家陶泰忠对谢公道曾有过十分中肯、准确的评价。他说：

> 谢灵运"老夫聊发少年狂"时所修的道路，今人称谢公古道。谢公古道的巨大作用，比孙绰的《游天台山赋》更发力于历史。因为唐诗之路的四百余位诗家走的是这条路，徐霞客游天台山，走的也是这条路。在没有公路的古代与近代，它是游人必经之路。因为这条路，神秘的天台山被揭开了面纱，桃源仙境打开了门户。天台世世代代的民众，都要感谢谢灵运这个筑路人，它让"或匿峰于千岭，始经魑魅之途，率践无人之境"的神秘之地，与长安、洛阳、建康接上了轨，与外面繁华的世界接上了轨。

天姥山福地的开拓者

如果说谢灵运是揭开天姥山福地面纱的第一人，那么还有一个人，可以说是天姥山福地，乃至天台山佛国最早的开拓者。历朝历代尊称他为"昙猷法师"。

昙猷（？—396），姓竺，又名法猷，白道猷，甘肃敦煌人。少年时便开始修苦行，学习安定地止息一切杂念，进入禅定状态。后来到江苏一带游历，又曾经到了今天嵊州市一带化食坐禅。

有一天，在剡县（今浙江省嵊州市），竺昙猷去一个会用邪术害人的人家化食。那人将饭食倒进他的钵盂，他刚刚念完经咒，一条蜈蚣便从饭食中跳了出来。那户人家暗地里看他会怎样。昙猷一点没有惊慌，很快把饭吃完了。

后来，他听说赤城山上有蛇妖害人，便想上赤城山为老百姓除妖。因为从剡县到天台无路可走，他就乘坐一条用枫木凿成的船，经由海上过来，在今天宁海县的港头港登陆。奇怪得很，那条由枫木凿成的船，在他登岸以后，"呼呼呼"地变大了，成了一座山。这座山至今还在那里，百姓们叫它"枫槎山"。

登岸以后，竺昙猷先在宁海县建了白泉庵（今宁海县寿宁寺前身）、广润寺等寺院。

而后，竺昙猷来到始丰的赤城山。他看到一座石头房子，就住进去坐禅。正在坐禅的时候，门外窜进来十只猛虎，想赶走昙猷。昙猷一点也不惊慌，"诵经如故"。看见昙猷这样，猛虎反而安静下了，蹲下来听经。听着，听着，一只猛虎打起了瞌睡。昙猷用如意敲击它的虎头，说："你为什么不听我诵经？"过了一会儿，这群老虎都离开了。

又过了一会儿，一条粗壮的大蛇从屋外爬了进来。它在昙猷的身边来

天姥岩

来回回地爬,还抬起头,张开口,吐出蛇信子吓他,好长时间都不离开。昙猷仍然一点也不害怕,端坐着安然念经。

到了第二天,一个神仙现出了原形,来到昙猷身边,对他说:"法师既威严又有德行,如今来到赤城山,弟子应当将这所石头房子奉送给法师。"

昙猷说:"贫僧游历山川,愿得有人同道,我们何不共住这所房子。"

神仙说:"弟子倒是没有什么,只是我的下属未经教化,很难控制。要是对法师你有所侵犯和抵触就不好了。再说人神不同道,我还是走吧。"

昙猷问:"你是什么神仙?已经在这里居住多久了?打算搬到哪里去呢?"

神仙说:"弟子是夏帝的儿子,在这赤城山上已经居住了两千多年。家舅住在寒石山,弟子打算到舅舅家去居住。"

两人来到一个山阴庙。临别时两人还拉着手。神仙送给昙猷三匣子

第九章　天姥山福地

香。天空中响起一阵鼓角之声,神仙一个纵身,跳上半空,一阵风向着西边飘去。眨眼之间,神仙便不见了踪影。

赤城山上有一块巨大的岩石,高高耸立,直插云霄。昙猷拊石作梯,爬到岩石上面禅坐。他还用竹子接水,作为日常生活之用。消息传了开来,前来跟随昙猷学习佛学的有十多人。书法家王羲之听到昙猷的名声,也曾经前来拜访。他来到赤城山下,仰望山峰高入云霄,又没有什么道路,上不去,只得朝着山上拜了几拜,然后原路返回。

过了一段日子,有个打柴的老人对昙猷说:"离赤城山四五十里的地方,悬崖飞瀑,峰岭插天,上面有非常精美的房舍,住着许多得道的人。"

昙猷到了那里,果真看到有座天生的石桥,瀑水从桥下流出,轰然下泻。有条小路通向石桥,但是石桥那边却有一块高大的横石拦着,而且石桥上面莓苔青滑,似乎自古以来就没有人走过。

昙猷不害怕,举步朝石桥走去。正要跨上桥头,半空中忽然响起一个声音:"知君诚笃,但你现在还不能过去。"

昙猷抬头四望,却不见说话人的身影,只得问道:"为什么呢?"

空中说:"因为你是一个茹过荤的生死肉身。"

昙猷不解:"神仙,贫僧是胎里素。不但贫僧出生之后没吃过荤,连我的生母也是一生素食,怎说贫僧是一个曾经茹荤的肉身呢?"

空中说:"君蒙矣,你母亲怀你的时候,曾经路过一片韭菜地,吸了韭菜味,怎能说是胎里素呢?"

昙猷明白了。他回转赤城山石屋,拿起一把菜刀,来到石屋旁边的泉水边,切开肚腹,把肠子取出来,在泉水中洗得一干二净。接着,他把肠子摊在旁边的山岩上晾晒。晒干之后,他将肠子重新纳回肚里,用手一摸,已是完好如初。从此,赤城山留下"洗肠井"和"晒肠岩"两处胜迹。

洗净肚肠的昙猷回到石桥,只见桥那边的横石已经被移到一边。他走过石桥,果然见到许多精美的华屋和许多神僧,就像那个砍柴人说的。于是,昙猷就和那些神僧一起烧香、进食。

饭后,神僧对昙猷说:"过十年后,你再到这里来。你现在还不能住在这里。"

昙猷说："请神仙为我指点一个去处。"

神僧用手向着西北方一指："你从这里向西北方向，走十五里。如果看到一个八峰环抱、双涧汇流的宝地，就可以住下来静修了。"

昙猷告别神僧，刚刚走上石桥，那块横石又合上了。

这就是昙猷第一次见到五百罗汉的故事。宋本《神僧传》中有这样的记载：

> 其石梁圣寺（方广寺）在石桥之里，梵呗方作，香霭始飘。先有金色鸟飞翔，后林树石畔见梵僧，或行或坐，或抬手之状，或卧空之形，瞬息之间，又于万年山曾见五百大士（罗汉）流连于八峰两涧之间，游戏入定。

昙猷离开石桥，向着西北行走。一路都是高山峻岭，根本没有路。他用禅杖分开古木荆蔓，艰难行进。

中午过后，他忽然听到一阵水声，又前进了约莫半里路，林莽忽然中止，眼前豁然开朗，竟然是一个平平坦坦的山谷，有几百亩。

昙猷高兴极了。他来到谷地当中，原来那水声就是脚下一条碧绿怪清的山涧的流水声。再一看，山涧不止一条，而是两条。一左一右，从北面的山脚夹抱着流淌过来。

双涧，这不就是神僧说的双涧吗？

昙猷越发高兴，抬起头来，朝四周望去。啊！谷地四周，不多不少，真的有八座苍翠如画的山峰呀。

八峰、双涧、平谷，这就是神僧指点的好去处呀。昙猷擦擦额上的汗，朝北边的山峰走去。他想寻找一个佳处住下来。

正当他拔脚之时，更加奇异的事情发生了。原来平平静静的山谷里，忽然出现了许多梵僧打扮的人，约有五百个。他们有的在树木中禅坐，有的在溪涧边行走，有的在山谷边的山岩上入定。

昙猷止住脚步,呆呆地望着他们。这些梵僧与石桥畔见到的罗汉十分相似,他们是同一批人吗? 是他们一直跟在我的身边护卫我的吗?

正在冥想,一个长眉的梵僧微笑着向他招手,其眉毛足有五尺多长。

昙猷走到长眉梵僧面前,合掌见礼。长眉梵僧说:"你与此山有缘。"说着,他指着山谷周围的山峰,说:"这山谷周围山峰,名叫明月、娑罗、香炉、大舍、铜鱼、藏象、烟霞、应泽。你可在此选一佳处,结室修禅。十年之后,我们可以再见。"

话刚刚说完,眼前金光一闪,长眉罗汉便不见了。等昙猷睁开眼,山谷中那几百个梵僧也全不见了。耳边听到的,只有淙淙的涧水声。

昙猷向着北面的山峰走去,因为双涧就是从那里流出来的。他在北峰脚下双涧汇流之处找了一块平地,垒石为墙,砍茅为顶,建起一座茅棚住了下来。

梦游天姥吟留别

谢灵运开通"谢公道",揭开了天姥山福地的面纱。从此之后,各路高僧和文人纷纷前来。但是,真正使天姥山闻名天下的,还是几百年后的李白。李白的一首《梦游天姥吟留别》使天姥山妇孺皆知。

李白(701—762),字太白,号青莲居士,祖籍陇西(今甘肃省秦安县)。后来因父亲入蜀,他便出生于绵州昌隆(今四川省江油市)青莲乡。

李白对天姥山和天台山情有独钟。根据学者研究,李白"一生曾经五入剡中,留诗三十余首,均为传世之作。其中最负盛名者有《梦游天姥吟留别》"。

除了五入剡中,李白曾经两入天台山。李白喜爱天台山的原因除了天台山景物的神秀之外,还跟桐柏观的高道司马承祯有关。据史书记载,开元十三年(725)春,李白初次出川的时候,就在江油遇见了司马承祯。司马承祯称赞他"有仙风道骨,可与神游八极之表"。李白十分高兴,当时便作了一篇《大鹏遇希有鸟赋》,赋中以"大鹏"和"希有鸟"分别比喻自己和司马承祯。就在那个时候,司马承祯向李白介绍了天台山的神秀风景和文化,引起李白的极大兴趣。为此,开元十四年(726),李白不远万里来到天台山,写下了一首《天台晓望》。要登天台山必须经过天姥山福地。所以,那一次进入天台山,李白对天姥山一定留下了深刻的印象。

后来,李白应诏进入长安,唐玄宗令他供奉翰林。他得到唐玄宗的宠信,同时也遭到高力士、杨国忠等人的嫉恨。在这段时间,司马承祯也应诏到了长安,他与司马承祯第二次相见,并且结成了"仙宗十友"。在与司马承祯的交往当中,他愈来愈向往司马承祯那种徜徉山水的神仙生活。

天宝三年(744)三月,生性淡泊的他毅然向唐玄宗上疏,辞去翰林之职。"明朝拂袖出紫微,壁上龙蛇空自走。"这一年的夏天,他先到了东都洛阳,遇到了杜甫。两人相约到梁宋(今河南省开封市、商丘市一带)会面,并一起去访道求仙。这年秋天,他们果真在梁宋会面了,很凑巧的是,还碰到了著名诗人高适。三人在梁宋畅游甚欢。到了初冬,三人分手,临别时,又相约第二年在东鲁会面。

与杜甫、高适分手之后,李白向山东而去。到了济州(今山东省济南市一带)后,他拜济州紫极宫道士高如贵为师。高天师为他授了道箓,正式履行了道教仪式。从此,他成了一名道士,为道教上清派第十五代传人。

天宝四年(745)秋天,杜甫如约来到东鲁,两人第三次会见。高适也如约来到。在东鲁,他们一起饮酒赋诗,一道寻访隐士高人,一起去济州拜访当时驰名天下的文学家、书法家李邕。

李邕当时担任北海太守,家中高朋满座。他们与李邕把酒论诗,直至深夜。李邕邀请李白在东鲁多住些日子,李白谢绝李邕的好意,说自己还想南下天姥山和天台山。

这一夜,酒宴散后,李白回到李邕特地为他安排的客房,正想沐浴安歇,忽然室内灯烛大放光明,一个仙人从空中降落到他的面前,对他说自己是魏显仁。

　　李白一惊，不禁想起曾经读过的《洞玄灵宝真灵位业图》，知道面前这位魏真人在仙班当中阶位很高，名列"玉清三元宫第四左位"。与正一真人三天法师张道陵、张子房、赤松子等神仙同列。他立即跪拜下去。

　　魏真人扶起李白，说："你不是想去天姥山吗？贫道是特地前来领你去的。"说罢，仙拂一挥，李白不由自主地乘风出了房门，飘上高空。

　　李白脚踩白云，跟着魏真人，向着南边飞去。一会儿，他们便到了吴越地区。李白从空中向下望去，只见地上有一个偌大的湖泊，天上的明月倒映在湖水当中，闪着烁烁的银光。银光当中，还倒映着自己的身影。接着，他们飞越碧波荡漾的剡溪。过了剡溪，便是崇山峻岭了。魏真人携着李白，降落在一个松竹茂盛的山坡上。在明亮的月光下，李白看见前面郁茂的松树林中，有一座很精致、很讲究的房子。魏真人说："那是谢灵运的房子。我们接下去就要走山路了，道路十分崎岖，去找谢公借两双'谢公屐'吧。"两人来到谢灵运的房子前面。童子开了门，谢灵运笑呵呵地迎了出来，给了他们一人一双"谢公屐"。

　　二人穿上"谢公屐"，登上高高的青云梯，到了一座高耸入云的山巅。站在山顶上，往远处看，能看见大海。这时，天空中忽然响起天鸡"喔喔喔"的叫声，鸡鸣声中，一轮红日在远处的万里惊涛中喷薄而出。

　　魏真人领着李白继续向前走。走完这片高原台地，进入峡谷。这峡谷两侧的山崖高可摩天。他们在峡谷中转来转去，不知转了多少个弯，李白忽听见"轰隆"一声巨响，峡谷右侧的山崖崩塌下来。石崖当中出现了一个深邃的山洞，山洞当中光华灼灼，仔细看去，一边是太阳，一边是月亮，李白惊奇极了。还没等他回过神来，天空中又传来一阵动人的仙乐。李白抬头望去，只见数不清的仙人从天上降了下来。队伍前面是一队虎豹在奏乐，接着是千百只鸾凤护拥着一辆五彩缤纷的天车，天车中坐着一个天姿国色的仙女。魏真人拉了一把看呆了的李白，说："天姥来了，快快跪下。"

　　听说是天姥，李白一阵惊奇：天姥就是西王母呀！赶紧跪下，伏地叩拜。

　　西王母在众仙人的护拥下缓缓进了山洞。

　　李白站起身来，正想跟进山洞。魏真人将他拉住："弟子，你道行太浅，要见王母,还得脱离红尘,再修十年。"

听了这话,李白心中难过,以手捶胸,一阵疼痛,醒了过来。原来是南柯一梦。

第二天,李白将梦中的情景一五一十地告诉了杜甫、李邕。对他们说,自己要上天台山寻找天姥。李邕挽留他多住几天,他谢绝了李邕的好意,决定当天就动身。

李邕又为他办了饯行酒,邀请了杜甫和东鲁当地的著名文人为他送行。酒至三巡,李白兴致勃勃,回忆起头夜的梦中情景,当场咏出了一首《梦游天姥吟留别》。

海客谈瀛洲,烟涛微茫信难求。越人语天姥,云霞明灭或可睹。

天姥连天向天横,势拔五岳掩赤城。天台四万八千丈,对此欲倒东南倾。我欲因之梦吴越,一夜飞度镜湖月。湖月照我影,送我至剡溪。谢公宿处今尚在,渌水荡漾清猿啼。脚著谢公屐,身登青云梯。半壁见海日,空中闻天鸡。千岩万转路不定,迷花倚石忽已暝。熊咆龙吟殷岩泉,栗深林兮惊层巅。云青青兮欲雨,水澹澹兮生烟。列缺霹雳,丘峦崩摧。洞天石扉,訇然中开。青冥浩荡不见底,日月照耀金银台。霓为衣兮风为马,云之君兮纷纷而来下。虎鼓瑟兮鸾回车,仙之人兮列如麻。忽魂悸以魄动,恍惊起而长嗟。惟觉时之枕席,失向来之烟霞。世间行乐亦如此,古来万事东流水。别君去兮何时还?且放白鹿青崖间,须行即骑访名山。安能摧眉折腰事权贵,使我不得开心颜!

神虎领路始建万年寺

万年山是天姥山福地当中的精华区域,万年寺则是天姥山福地当中一颗璀璨的明珠。

自从昙猷法师进入万年山辟室修禅之后,又过了将近五百年,到了唐太和七年(833)秋天,一个名叫普岸的青年僧人从襄阳一路跋涉来到万年山。普岸是禅宗高僧百丈怀海的高足,他是听到昙猷在万年山遇见五百罗汉的佛迹之后,才远道而来的。

普岸在万年山找了一个地方结庐修炼。

万年寺

一天,他正在茅棚中端坐修禅。忽然,门外响起猛虎的啸声。紧接着,一阵狂风席卷而来。随着狂风,门外窜进一大一小两只猛虎。普岸操起身边的禅杖，轻轻按着大虎的虎头，说："贫僧听说这座山是罗汉所居，才不远万里来到这里，想借此宝地修禅礼佛，幸勿惊扰。"

两只猛虎听了，摇摇尾巴，不再咆哮，静静地听了一会经，然后转身走出茅棚。走了几步，两只猛虎停下脚步回过头望着普岸，看见普岸未曾跟随而出，摇摇尾巴。普岸明白了，两只虎是在和他打招呼，要他跟着走。于是，普岸提起禅杖，出了茅棚。

一路上，虎在前、人在后，朝着东北方向，翻过三座小山，又涉过两条山涧。前面忽然现出一个平展展的山谷。普岸抬头环视，只见这山谷周围冈峦起伏，共有八座。冈峦团团围绕，而且是后山高过前山，确实是一处绝佳的风水宝地。

猛虎领着普岸，走进山谷，来到山谷北头一座翠峰下面。在一个有两条山涧合抱的地方停了下来，朝着前面一丛荆莽，"唔唔"地吼叫。

普岸走到荆丛面前，用禅杖轻轻拨开荆蔓，看见荆蔓当中有几堵坍塌的矮石墙，上面长满青苔，围成一个四四方方的屋基。普岸走进屋基，仔细端详。屋基中还有一个小小的地灶遗迹，地灶中还有一小堆漆黑的木炭呢。

普岸突然想起，这也许就是昙猷祖师当年修禅的石室遗址。

正在想着，半空中忽然响起一个声音："普岸，普岸，汝可在此建立道场，居此修禅。"

普岸闻声抬头，看见半空当中立着一个足足有几十丈高的金身罗汉，顿时不知如何是好。

罗汉见普岸惊讶，安慰说："普岸休惊，贫僧乃伏虎罗汉，两虎乃贫僧坐骑也。此地乃昙猷祖师佛迹，与汝有缘，虎才引你至此。"说毕，将手一招，两只猛虎呼地飞上半空。罗汉骑上大虎，领着小虎，朝着东南方向飞去，顷刻，便不见了踪影。

普岸激动极了，跪在地上，朝着罗汉远去的方向再三礼拜。

周围的山民听到罗汉显圣、神虎领路的故事，纷纷前来朝拜。在山民们的帮助下，不久，一个禅院落成了。普岸禅师将它取名为"平田禅院"。过了几年，在唐开成年间（836—840），为了纪念罗汉显圣，普岸又建起了一座"五百罗汉殿"。

像天台山很多寺观一样,平田禅院也毁于唐代的"会昌灭佛"。直到大中六年(852)才得到重建,改名为镇国平田寺。

五代后梁龙德年间,镇国平田寺又改名为"福田寺"。寺僧礼佛尊道,出现了佛道双修现象。他们在寺中建起一座"真君堂",奉祀仙人王子晋。

此后,寺名又经过多次更改。宋雍熙二年(985),福田寺改名为"寿昌寺"。宋崇宁三年(1104),又改名为"天宁万年寺"。南宋绍兴九年(1139),一度改名为"报恩广孝寺"。后来又恢复为"万年寺"。从此,直到今天,一直叫作万年寺。

万年寺是天台山名列"万年国清,护国太平"的四大名寺之一。历史上万年寺的规模相当宏大。日本僧人彻通义介曾经绘画《五山十刹图》,其中就有《天台万年伽蓝配置图》。从中可以看出,当年寺院前面建有"八角亭"。寺内建筑分五条轴线,其中以中轴线建筑最为宏观,共有殿、堂、寮、室四十多处。

清顺治元年(1644),万年寺曾一度毁于战火,后来由无碍法师重建。到了嘉庆年间(1796—1820),据记载,寺中有僧房一千多间,每次剃度僧人均在"半千"以上,可见规模之宏伟。到了民国十年(1921),万年寺占地尚有两万四千平方米,有山门、天王殿、大雄宝殿、斋堂、客堂、法堂、方丈室、戒堂、西方胜院等。

万年寺除了殿宇宏伟,还有数量可观的土地山林。据记载,在南宋绍定元年(1228),万年寺拥有田三千九百九十八亩,地一百九十六亩,山林六千八百三十亩。可见,万年寺的确是天台山中一个数得上的大寺院。

钱王赶石"万马渡"

"万马渡"是天姥山福地当中最为奇特的自然景观。

它的位置在天台和新昌两县交界的地方,偏天台一侧。要去万马渡,有两条路可走。一条,从天台县城出发,向西,到关岭隧道口。由隧道口右边的公路上行,一路向前,曲曲折折,约十千米,至一个名叫万马渡的村庄下车,不远便到;另一条,由新昌县城出发,至皇渡桥,进北侧山间公路,曲曲折折三千米,到雪家坑村,即到。

"万马渡"之奇,确实令人惊讶至极。一条自上而下的山溪,溪中流的不是水,而是重重叠叠的呈灰黑色的巨石,堆堆垒垒,不知有几万块。从上游直至雪家坑村的村外,总长度达二三千米。晴天丽日,我们看到的是累累巨石,听到的是石下流水的汩汩之声。如逢雨天,山洪暴发,景观更是美不胜收。奔腾而下的山洪,与巨石相碰、相撞,激起的水花千姿百态,犹如千万朵形状各异的昙花。耳边则是轰轰隆隆犹如雷鸣的水声,水赶石,石赶水,呐喊震天,恍如万马竞渡,形成了真正的万马渡奇观。

山溪当中的巨石大小不一,有重逾百吨,有重逾数吨。其形状,天台本土文人齐周华在其《台岳天台山游记》中曾经做过很形象的描绘:

> 五六里,至鲍家浪。溪涧中有黑石,乱堆里许,如豕负涂,如羊跪乳,如犊牴牾,如众驹蹂躏,又如熟睡者,如摩痒者,如埋头匿足者,如意想象,无一不肖,是曰仙人赶石。

凡是来到这里游览的人,站在溪边,在惊叹于大自然神奇造化之余,总要对这奇特而又怪异的景象做一番探究和想象:这么多、这么重的巨石,究竟是如何形成的?

古往今来,总结起来,无非是三种说法。

第一种,说是山体崩裂而成。例如,李白就是这么认为的。他在《梦游天姥吟留别》一诗中写道:"列缺霹雳,丘峦崩摧。洞天石扉,訇然中开。"

第二种,说是山洪暴发泥石流所致。直至今天,万马渡上游还有村庄,名叫发洪头,下游有村庄,名叫鲍(白)家浪。明代王思任在《游天台山记》中也是这么认为的:"以理察之,是山所融结圆块,水涌土搜,则累累滚积下。"

第三种是当代科学家的说法,认为系第四纪冰川之遗迹。

千百年来,尽管历代文人和当代科学家对万马渡的由来做了种种探索,但当地山民代代相传着另一种说法,说这些累累巨石乃是五代时吴越国王钱镠留下来的。明代王思任《游天台山记》也是这样记载的:"相传钱王策此石津钱塘,天晓不得去。"

钱镠(852—932),字具美(一作巨美),小字婆留,杭州临安人,五代十国时期吴越国的创建者。钱镠在位期间采取保境安民政策,经济繁荣,渔盐桑蚕之利甲于江南。可是,钱塘江两岸的百姓却要遭受海潮侵袭之苦。为了援救百姓,钱镠于八月十八日这一天,在钱塘江岸布下一万名弓箭手,对着江中警告:"潮神,汝若不知悔改,继续危害百姓,休怪我弓弩无情。"潮神自恃势大,不听劝告,仍然鼓噪而来。面对滔滔巨浪,钱镠一声令下,万箭齐发,直射潮头。潮神害怕,匆忙后退。

潮神逃走了,钱镠还是不放心。他生怕潮神卷土重来,便发动百姓修筑海塘。修海塘需要巨石,钱塘两岸都是平原,哪来这么多巨石呢?

钱镠信奉道教,尤其是信奉吕洞宾,为吕洞宾建了个规模宏大的吕祖庙。他想,吕祖神通广大,求吕祖帮帮忙吧。

钱镠带着文武百官来到吕祖庙,虔诚礼拜,祈祷吕祖为百姓运来巨石。

真是不可思议。当天晚上,吕祖便来到王宫,对钱镠说:"大王,离杭州几百里外的天台苍山上有数以千万计的大石,乃是当年孙悟空大闹天宫,打翻老君炼丹炉,从老君炼丹炉掉下来的火炭变成的。"

钱镠高兴地说:"太好了,太好了。"转念一想,又难住了,"天台山离杭州几百里远,这些巨石怎么运呢?"

吕洞宾笑了起来:"有贫道在,包你运到。"说过,拉着钱镠上了云头。不长时间,他俩便到了天台苍山。

钱镠降下云头,一看,妈呀,苍山上竟有这么多巨石呀,东一堆,西一堆,最大的一堆有两三百亩之广。黑黑的岩石真是如焦炭一般,大的如屋,小的如猪,最多的犹如水牛大小。

吕洞宾问:"大王,你要多大的石头?"

钱镠想,大的太大,小的太小,选中等的吧,就说:"用中等水牛大的吧。"

吕洞宾说声"好",又说:"大王,你且退过一旁,待贫道作起法来,将巨石变作牛群,你赶着走便是。"

说完,吕洞宾站上一块巨石,嘴里念念有词。念完,将手中仙拂一挥,大喝一声:"还不快走。"

话音刚落,那些水牛大的石头竟然排成一行,向着山下走去。

钱镠骑在带头的石牛之上,领路向前。

走呀,走呀,大约走了一个更次,石牛才走了不到十里。钱镠焦急起来,神仙赶石是不能让凡人知道的。这样慢走,天亮之前,肯定到不了杭州。如此一来,岂不前功尽弃。

灵机一动,他对吕洞宾说:"吕祖,能不能将石牛变作石马,奔跑起来,快一点。"

吕洞宾说:"大王想的和贫道恰好一样。"说完,嘴里又是一阵念念有词,仙拂一挥,说声"变"。顷刻之间,所有的石牛都变成了石马,奔腾起来。

一会工夫,他们便奔到了万年山。

此时,马儿奔得汗水直淋,口渴难熬,看到山中流淌着一条山溪,呼啦一声,纷纷奔去山溪当中喝水去了。

正喝得高兴,山坡上出现了一群人,他们大声吆喝起来:"马,我们的马在那里呀!""快去,快去。"循着喊声,山坡上的人们从山上向溪边直冲过来。

原来,山坡上的人群是当地的万年山人。万年山上有一个大庄主,养着一群马。平日里马不干活的时候,他们把马放在山上吃草。这天,不知为什么,马群忽然不知去向。庄主领着庄丁寻到这里,误以为钱镠赶的石马就是他们的。

吕洞宾看见天机已经泄漏,法术已经失效。只得对钱镠说:"大王,天机已经泄露,巨石无法运走,我们快走。所需巨石日后再想别的办法。"说完,吕洞宾拉着钱镠,一个腾身,上了云头,顷刻不见踪影。溪里的马群因为失去仙气,重新变回石头。

庄主领着庄丁赶到溪边,一看,哪里是什么马匹,都是马匹一样大的巨石呀。

从此，那些巨石便永远留在万年山这条溪涧里。因为形状犹如万马竞渡，后人就将它叫作"万马渡"。

明万历二十一年（1593）十一月，福建莆田人吴献辰约同友人来到这里游览，兴之所至，在一块平整光滑的巨石上题写"万马渡"三个大字，命人镌刻，此石至今犹在。

资料来源

1.《神仙传》　　　　　　　　　　[晋]葛洪撰　《道藏精华录》

2.《搜神记》　　　　　　　　　　[晋]干宝撰　上海古籍出版社 1998 年

3.《后汉书·方术列传》　　　　　[南朝宋]范晔撰　《四库全书》史部

4.《道迹灵仙记》一卷　　　　　　[南朝宋]顾欢撰　《正统道藏》洞玄部

5.《登真隐诀》　　　　　　　　　[南朝梁]陶弘景撰　《正统道藏》洞玄部

6.《天地宫府图经》　　　　　　　[唐]司马承祯撰　《正统道藏》洞神部

7.《服气精义论》　　　　　　　　[唐]司马承祯撰　《正统道藏》洞神部

8.《唐天台山新桐柏观颂(并序)》　[唐]崔尚撰　《全唐文》卷〇三〇四

9.《南史·陶弘景传》　　　　　　[唐]李贤寿撰　《四库全书》史部

10.《神仙感遇传》　　　　　　　　[五代]杜光庭撰　《正统道藏》洞玄部

11.《洞天福地岳渎名山记》　　　　[五代]杜光庭撰　《正统道藏》洞玄部

12.《太平广记》　　　　　　　　　[宋]李昉等撰　人民文学出版社 1959 年

13.《华阳陶隐居内传》　　　　　　[宋]贾嵩撰　《正统道藏》洞真部

14.《西岳华山志》　　　　　　　　[金]王处一编　《正统道藏》洞真部

15.《茅山志》　　　　　　　　　　[元]刘大彬编　《正统道藏》洞真部

16.《历世真仙体道通鉴》　　　　　[元]赵道一编撰　《正统道藏》洞真部

17.《喻世明言》　　　　　　　　　[明]冯梦龙撰　人民文学出版社 1985 年

18.《委羽山志》　　　　　　　　　[明]胡昌贤著　《藏外道书》

19.《天台山方外志》　　　　　　　[明]传灯撰　《百通国学经典文库》

20.《罗浮山志汇编》　　　　　　　[清]宋广业撰　《藏外道书》第 19 册

21.《西华仙箓》　　　　　　　　　[清]王言撰　世楷堂藏版

22.《天台山全志》　　　　　　　　[清]张联元编　《百通国学经典文库》

23.《天台山游览志》　　　　　　　陈甲林编　商务印书馆 1937 年

24.《天台山传说》 曹志天等编著　浙江人民出版社1983年

25.《天台山风物志》 朱封鳌著　浙江大学出版社1991年

26.《王屋山志》 济源市地方史志办公室编　中州古籍出版社1996年

27.《中华高僧》 ［梁］释慧皎等著，卢海山、申山译　中州古籍出版社1998年

28.《桐柏春秋》 赵子廉编著　香港天马图书有限公司2003年

29.《青城山志》 王纯五主编　巴蜀书社2004年

30.《中华道藏》 张继禹主编　华夏出版社2004年

31.《中国隐士与中国文化》 蒋星煜著　上海人民出版社2009年

32.《空谷幽兰》 ［美］比尔·波特著，明洁译　南海出版公司2009年

33.《陶弘景评传》 钟国发著　南京大学出版社2011年

34.《寻访终南隐士》 张剑峰著　南海出版公司2011年

35.《天台山道教史》 朱封鳌著　宗教文化出版社2012年

36.《隐没的贵族:当年隐士也疯狂》 李靖岩编著　西苑出版社2012年

37.《霞城赤龙》 赵子廉编著　西北大学出版社2013年

38.《司马承祯集》 吴受琚编　社会科学文献出版社2013年

39.《洞天仙踪》 朱封鳌、曹志天著　宗教文化出版社2017年

40.《度予亭集新编》 ［明］张文郁等著，张绍栋编纂　2016年

41.《道在山林,周弥六合——浙东天台山"洞天福地"的山岳景观流变及文化意象研究》 郑青青、金荷仙、陈楚文《中国园林》2020年第12期